平安王朝の葬送

死・入棺・埋骨

朧谷 寿 著

思文閣出版

装幀　上野かおる

目　次

平安王朝の葬送
——死・入棺・埋骨——

第一章　摂関初期の天皇の葬送

はじめに

古代を対象とした天皇の葬送に関しては、これまでに幾篇かの研究が公表されており、(1)それらの先行研究に学ぶところが多い。それらはおしなべて王権との関わりに焦点を置いているものが多く、そのこと自体、わが国の歴史を考えるうえで重要であることはいうまでもないが、小論の意図は摂関期の天皇の葬送儀礼の具体相をさぐることにある。それを通して貴族（とりわけ公卿層）の葬送との相違点を抽出し、そのうえで皇権の在り方にまで踏み込めればと考えている。その背景には長期にわたる国際日本文化研究センターでの共同研究「公家と武家」において平安貴族の葬送を取りあげた経緯があり、(2)そして小論も「公家と武家Ⅲ――王権と儀礼の比較文明史的研究――」のテーマでの共同研究によるものである。

天皇の葬送に関して西口順子氏は以下のように指摘(3)している。

在位中に崩じた院政期の堀河天皇の死と葬送過程を詳述し、その前史として平安時代の天皇のなかで在位時に崩御した桓武・仁明・文徳・光孝・村上・後一条・後冷泉の七名の天皇のそれぞれの死と葬送を概観したうえで、「在位中の崩御のときは、譲位の有無にかかわらず、譲位の形式をとることが例となっていたことを思わせる。だから、天皇は天皇として死んでも、新天皇が践祚して、神璽宝剣を渡した時点で、院として葬られる。それは、前天皇ではあるが、すでに天皇ではない人としての葬送であった」とし、さらに敷衍して次のように述べている。

> 天皇の死は、次代の天皇への剣璽の授受＝践祚ののち始めて葬送次第が定められ、実施された。それは、天皇の死として完結するものではなく、神の子孫たる天皇としての存在を抹消して、ただ人として葬送されることを意味した。天皇の死にとっていちばん大切なことは、譲位が可能な状態であれば生存中に譲位のことを行い、不可能であれば、死後ただちに、いかに譲位らしくことを運ぶか、である。死後の問題は、そのことが終わらないうちは進行しないのである。

ちなみに院政期に入ってからの在位時崩御は堀河・近衛・安徳の三天皇である。これらの命題の検証をも視野にいれて摂関期の天皇の崩御から埋骨にいたる実態をみていくことにする。なお、天皇の大まかな事績をそれぞれの冒頭に付した。(4)

ところで醍醐天皇皇子の左大臣源高明（九一四～九八二）が著した『西宮記』には、天皇の崩御から葬送にいたるまでの詳密な記載が箇条書きのかたちであり、葬送過程を知るうえで大きな手がかり

となるので、本題に入る前に取りあげておこう。(5)

詔書事、雖二已崩一如二必在一有二赦令一、大臣已下行レ事、上卿奉レ勅停二音奏一、大祓了初奏時、上卿依レ仰々二外記一、警固・固関、吉時、大臣以下就二大行皇帝御所一、請二神璽等一奉二新主一（割注略）山陵事、検二地形一事、点地、納言・参議・弁・外記・史・式部大輔・主計頭・陰陽寮相二従祭事一、四至中寺破却、給二料物一、放二御鷹一事、任二葬司一事、山作司・作路司・養役夫司・前後次第司、任二諸司二分已上一、踏二一鋤一事、四位、覆レ土事、納言、延長、職掌人々遁隠、或夫、或六位勤云々、挙哀事、有二遺詔一停レ之、仁和天皇崩時有二挙哀一、……閇二宮門一事、仰二左右衛門一、待賢・藻壁・上東門不レ閇、仁和、経二七日一開。近代、不レ閇、内膳供二御膳一事、咒願、御出、弁着レ陵後咒願、被レ定二行事一、行事上宰相着レ陣定二行事所々人一、造レ棺事、内匠寮作レ之、若脱屣者院、作レ之、

また造棺に関しては、

大輿如レ床四角有レ轅、其上四角朱欄、々内立二小障子一、以レ帛作、黒縁、障間内立二同障子一、其中立二小屋形一、々如レ加二廂五間屋一、々上張二紫絹覆一、瓦形廻二五間一施二帛帷一、有二同冒額敛一、内置二須々利一、以レ帛張如レ槨、中有二御槨一、木工・修理・内匠六位官人候、蔵人所人八人舁レ之、二人執レ燎前行、殿上五位一人執レ杖、引道置二御在所縁一、所司撤二小屋形須々利一、御輿長八人、四位二人、五位六人、伝舁到二御所一、六位二人秉レ燭前行、引道者如レ前、御輿長二人、四位、供二御浴服一、

と棺の造作ならびに移動の具体相が記されている。さらに「御入棺事」については、

御輿長十六人、信乃衣袴、生絹下襲、舁二御棺一、載二御輿一、所司等進二須々利具一、蔵人所執レ帛行障、十六基蔽繞、駕丁四十四人、道間相替、以二床子四脚一付二御輿一、蔵人所人四人立二御輿一、四角持二火瓫一居二高坏一、以レ布結着、蔵人四人、以二帛袋一入レ香持レ瓫中焼、雅楽・絵所・作物所人執二歩障一、人数不レ注、調布袴、絹下襲、孝子、着二商布衣袴・絹下

襲・布冠・素帯・布鈍色帽・褠袴・藁履・白杖・檜笠一、立二御輿後一、扶持者着二当色一相従、御前僧四十口、導師咒願、念仏等、綱所催、大舎人・内竪・主殿寮人四十人、秉レ燭在二歩障外一、雖二天明一不レ滅、香輿二分在二前後一、旧例共在レ前、一張二大虵瓶燭一、一居二香花一、大蔵・図書供レ之、四角各所上張二紫絹一、上張二白蕊花形一、下施二朱欄一、侍従迎レ火、数不レ定、

（孝子とは父母の喪中にある人。なお傍注は省略した）

とあり、「陵内事」では陵内の設営に関して以下のようにある。

侍臣鋪二地敷一、内陣張二生絹一、墻外張二調布一、墻内外東南西面開レ門、鳥居垂レ帷、南外門外設二布屏幔一、外陣内西門南東向立二浄庭一、構二三間屋一無レ棟、上下四辺張二鋪帛一、布板敷、孝子幄在二墻外西四五丈一、南去丈許、東向山作所屋、御輿入二陵庭一、停二喪庭東一、輿長撤レ榔昇二御棺御喪庭一、行障蔽レ之、歩障立二垣外一蔽二喪庭一、進二御膳一、黄幡安二御輿小屋形中一、次建レ之、仰二木工一作レ竿、孝子可レ持二幡端一、御物安二陵中一、硯・平生御物、除二重代一、延長例、御琴調納之平調、上物事、蔵人二人、於二陵艮地一焼二御物小屋類一、導師咒願後、御輿長昇二御棺一安二陵中一、初開二陵地一、用二四位一、覆レ土事、納言可レ用、喪庭雑具分二配近辺諸寺一事、供奉陣帰事、孝子向レ壙拝哭事、帰路、小禊、

以上に記載の天皇の崩御から埋葬までの儀が、完全な形というか天皇の葬送の雛形といえるものと思うが、平安時代にはおしなべて倹約を旨とする傾向にあったようで、上掲のことがらを念頭におきながら具体的にみていくことにする。

一　桓武～仁明天皇

○桓武天皇

晩年の平城京で即位した桓武天皇は七十余年続いた奈良の都を放棄して二度の遷都を敢行し、落ち着いたのが平安京であった。この都が古代の最後の首都として四百年ほど続いたのである。長命を保ったが、晩年は自ら招いたこととはいえ怨霊に悩まされ続けた。

その天皇が大同元年（八〇六）三月に内裏の正殿（のちの紫宸殿）にて七〇歳の生涯を閉じた。(6) 早速に葬儀の衣装を担当する装束司、山陵造営の山作司、山陵へいたる道路整備の作路司、葬送を先導する方相に関わる作方相司らが任命され、京はもとより畿内をはじめ近国から五千人の人夫が動員され、山陵地として山城国葛野郡宇太野が選ばれた。(7) しかし、この直後から京の周辺の山々で大規模な連続火災が起こり、陽光弱く、月食が起こるなど怪異が頻発したので、卜筮させたところ宇太野の地が賀茂社に近いことによる祟りと出たので(8)山城国紀伊郡の柏原山陵に葬った、とある。(9)

図１　桓武天皇 柏原陵
（写真はすべて著者撮影、以下同）

ちなみに『延喜式』巻二十一 諸陵寮の桓武天皇柏原陵に関して

「在二山城国紀伊郡一、兆域東八町、西三町、南五町、北六町、加二丑寅角二岑一谷一、守戸五烟」とあり、兆域の一辺が約一、二キロにおよぶ広大なものであった。なお二六〇年ほど後のことであるが、高倉天皇の即位を山階に所在の天智天皇陵はじめそれ以降の御陵に報告する記事の中に「柏原、桓武天皇陵、在二稲荷山南野一」とある。(10) こういったことが知られるものの肝心の入棺、葬送、埋骨などのことは知られない。

○平城天皇

平城天皇は実質三年という短期の在位で同母弟の神野親王（嵯峨天皇）に譲位し、直後に起きた薬子の変で失脚して追放され、平城京にて寂しい生涯をおくり、一四年後に崩御、楊梅陵に葬られ、(11)『延喜式』（前掲）には「在大和国添上郡、兆域東西二町、南北四町、守戸五烟」とあり、規模は桓武天皇に比すべくもなく小さい。楊梅陵は平城宮大極殿跡の真北に南面してある。葬送に関わる記事はいっさい見られないのはいうまでもない。

図2　平城天皇 楊梅陵

○嵯峨天皇

薬子の変の危機を乗り越えた嵯峨天皇は安定した政治を持続させ、卓抜した漢詩文の才能を発揮して多くの人材を輩出して高い文化を育んだ。そして在位一五年で譲位し、自ら営んだ嵯峨院（嵯峨離宮）にて文化に親しみ、承和九年（八四二）七月十五日に五七歳で崩御した。それを待っていたかのように二日後には承和の変が起こり、東宮であった恒貞親王が廃されて道康親王（文徳天皇）の立太子が実現した。藤原摂関家の濫觴と見なされる事件である。

生前に嵯峨天皇は崩後の葬送などに関して「除二去太上之葬礼一、欲レ遂二素懐之深願一、故因二循古事一、別為二之制一、名曰二送終一」「死何用重二国家之費一」としたうえで詳細な遺詔（遺言）をのこし、薄葬を指示しているが、葬送に関わるところを拾うと次のようなことである。(12)

欲二朝死夕葬、夕死朝葬一、作レ棺不レ厚、覆レ之以レ席、約以二黒葛一、置二於床上一、衣衾飯唅、平生之物、一皆絶レ之、復斂以二時服一、皆用二故衣一、更無二裁制一、不レ加二纏束一、着以二牛角帯一、択二山北幽僻不毛之地一、葬限不レ過二三日一、無レ信二卜筮一、無レ拘二俗事一、謂二諡誄飯咒願忌魂帰日等之事一、夜尅須レ向二葬地一、……挽レ柩者十二人、秉レ燭者十二人、並衣以二麁布一、従者不レ過二廿人一、謂二院中近習者一、男息不レ在二此限一、婦女一従二停止一、穿レ坑浅深縦横、可レ容レ棺矣、棺既已下了、不レ封不レ樹、土与レ地平、使二草生一レ上、長絶二祭祀一、但子中長者、私置二守冢一、三年之後停レ之、（中略）是日、放二棄主鷹司鷹犬、及籠中小鳥一、又准二拠遺詔一、仰二百官及五畿内七道諸国司一、停二挙哀素服之礼一、……遣下二勅使等於伊勢、近江、美濃三国一固中守関門上、

朝に逝去したなら夕刻には埋葬し、棺は薄く作り、それを莚《むしろ》で覆って床の上に置く。葬儀のための

服は新たに作らずに時服（朝廷から二季に賜わる衣服）を用いること。肥沃な土地を山陵に充ててはならず、三か日以内に葬儀を済ませ、葬送は夜にすること。棺を運ぶ者と秉燭者は各一二人として麁布（麁は麤の俗字、目の粗い布の衣服）を着用のこと。墓壙は棺が入る程度の浅さにし、樹木は植えず、上面を平らにして草は生えるにまかせて長く祭祀を絶つように、ただし「子中長者」こと仁明天皇は墓守を置いてもよいけれど三年で止めること、などなど。様々な点におよんで倹約に努めるように諭している。そして翌日条に「択二山北幽僻之地一、定二山陵一、以二商布二千段、銭一千貫文一、奉レ充二御葬料一、即日御葬畢」と、葬送があったことを伝えている。

図3　嵯峨天皇 山上陵

ところで嵯峨天皇陵に関して前引の高倉天皇即位の報告（8頁）の中に見える「嵯峨天皇御陵」の場所について「在二大覚寺辺一」とある[13]、その場所が不毛の地か否かは措くとして、現在、大覚寺の北西にある「嵯峨山上陵」（宮内庁治定）は全く確証はないが、「嵯峨院の北方の山上に葬られたことは確かであるから、現陵を含む山丘のどこかに山陵が所在していたことはいうことができる[14]」という。

嵯峨天皇が異常ともいえるほど執拗な遺詔を残した理由を山田邦和氏は、淳和上皇の薄葬の遺詔が廷臣の反対で危うく無視されそうになった、そのことと関連するのではないか、とみており、「嵯峨上皇の遺詔は、淳和上皇の先例に学びながら、薄葬思想と現実との妥協点を巧妙に見極めた結果の産物であったと評価すべき」と帰結する。

次に淳和天皇の葬送についてみておこう。

○淳和天皇

嵯峨天皇の異母弟の淳和天皇は承和七年（八四〇）五月八日に淳和院で崩御した（五五歳）。その二日前に上皇は、東宮で皇子の恒貞親王に対して崩後のことを次のように「顧命」つまり遺言して後事を託している。(15)

……斂葬之具、一切従レ薄、朝例凶具、固辞奉レ還、葬畢釋レ縗、莫レ煩二国人一、葬者蔵也、欲二人不一レ観、送葬之辰、宜レ用二夜漏一、追福之事、同須二倹約一、又国忌者、雖三義在二追遠一、而絆二苦有司一、又歳竟分二綵帛一、号曰二荷前一、論二之幽明一、有レ煩無レ益、並須レ停状、必達二朝家一、（中略）重命曰、予聞、人殆精魂皈レ天、而空存二冢墓一、鬼物憑焉、終乃為レ祟、長貽二後累一、今宜砕レ骨為レ粉、散二之山中一、

埋葬はなるべく質素に、葬具の下賜は固辞し、葬儀が終わったら速やかに服喪を解き、国民を煩わせてはいけない。葬は隠すこと（蔵）で人が見るものではなく、夜におこなうこと（これは常態である）。国忌は先祖を供養することであるが、官人の負担になるばかりで益がないから止めるように。

年の終わりに挙行の荷前《のさき》（十二月に諸国から貢進された調庸などの初荷を山陵などに献上する年中行事）も同様である。人が死ねば魂は天に帰るのに墓があると物《もの》の怪《け》が乗り移って祟りとなる、ということを聞いているので、長く子孫への遺訓とし、それゆえに骨粉にして山中にまくように、と。

この上皇の意志を知って近臣の中納言藤原吉野は、親王が散骨した例はあるが、いまだ天皇の例はないとして「我国自二上古一、不レ起二山陵一、所レ未レ聞也、山陵猶二宗廟一也、縦無二宗廟一者、臣子何處仰、」（過去に山陵を造らない例など聞いたことがなく、宗廟がなかったら臣下は何を仰げばよいのか）と。

図4　淳和天皇 大原野西嶺上陵

すると上皇は「嵯峨上皇の御裁断を仰いでほしい」と語るのが精いっぱいであった。

自分を卑下し、質素倹約の言葉が常套語のように連なるのは二年後の嵯峨上皇の遺詔にも見られるところで、この淳和上皇の遺詔を下敷きにしていることは疑いなかろう。しかし、上皇の意志はほとんど無視されたかたちで朝廷が動いていることは崩御当日の記事によってわかる。

その日、近江・伊勢・美濃国の三関の固関《こげん》（関所の封鎖）がおこなわれ、装束司・山作司・作路司以下が任命され、御葬料の支出、五畿内近国から千五百人の人夫が調達されている。また全国の国郡司の官人に対して明日（「九日未四剋」）より喪服（「素服」）を着けて三日間、日に三度の挙哀《こあい》（葬儀のあと死者を祭るため参列の僧が哀、哀、哀と三度声を挙げる礼）を課しており、京官はいうまでもない。[16]

しかし、この朝廷の動きが阻まれて淳和上皇の遺骸は火葬のあと骨粉にして京都は洛西の大原山の山上からまかれたのである（散骨）。[17] 現在、大原山（小塩山）の山頂に大原野西嶺上陵がある。

桓武天皇の周辺系図

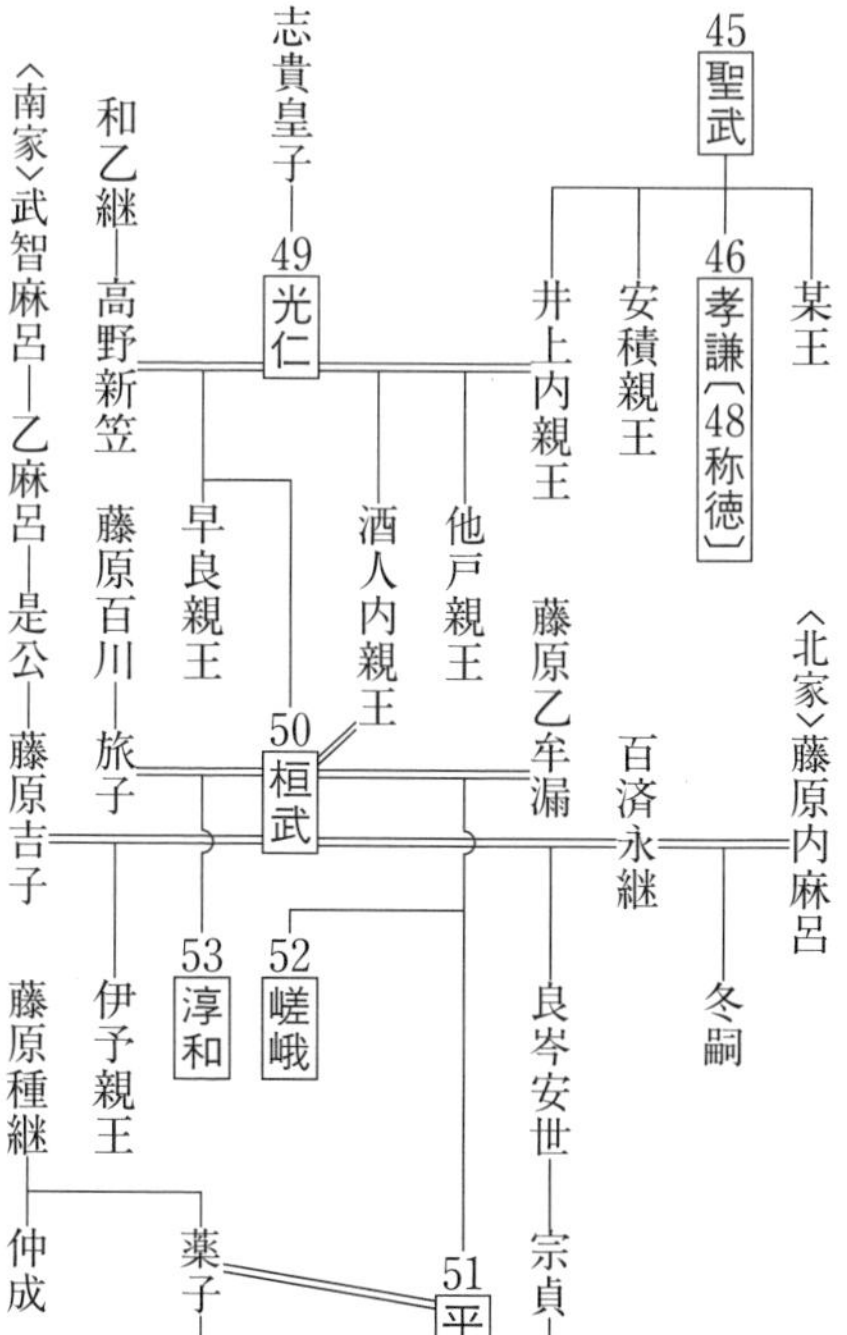

○仁明天皇

淳和天皇の崩御の日に東宮の正良《まさら》親王（仁明天皇、嵯峨天皇第一皇子）が践祚したゆえに譲位はおこなわれていない。在位一八年の間に先述の承和の変が起きている。嘉祥三年（八五〇）三月、仁明天皇は内裏の清涼殿において四一歳の生涯を閉じている。(18)

天皇は幼少の頃より腹痛ほか内臓疾患や頭痛に苦しみ、元服後は胸痛に悩まされ、種々の薬に頼る日々であった。(19)そして崩御の年の正月早々に「聖躬不予」(20)に陥り、一か月後には、病いはげしく痩せ衰え、僧たちが御簾の内に入って天皇の床を囲むようにして加持を勤めている。(21)また紫宸殿において六〇ないし百人の僧による大般若経を三日間にわたって転読し、清涼殿においても三日間を限って法華経を講じ、京の七か寺において誦経している。(22)いっぽう使いを柏原陵（桓武天皇陵）に遣わして天皇の病悩平癒を嘆願したところ御陵内に祟りがあるということであった。(23)

崩御の翌日に御葬司が任命されたこと以外に葬送に関わる諸司のことは見えず、遺骸が四日後に山城国紀伊郡深草陵に埋葬されたことが知られる。そして同日の記事に「遺制薄葬、綾羅錦繡之類、並以二帛布一代レ之、鼓吹方相之儀、悉従二停止一」とあり、(24)贅沢な衣装の代わりに普通の絹を用い、鳴物や方相氏（葬送の棺を乗せた車の先導役）をすべて停止する、と薄葬を遺詔している。嵯峨・淳和天皇の前二代に準じたものという。初七日《しょなのか》には近陵七か寺に使いを遣わして功徳を修しているが、暴風雷雨により嵯峨天皇陵の樹木が倒れたということで公卿に視察させている。(25)

崩御の三週間後のこと、近衛府の官人を深草陵に遣わして陵の周囲に三メートルおきに樹木を植栽させ、四日後には陵上に立てていた卒塔婆に納めてあった陀羅尼がひとりでに地に落ちていたので参議伴善男を遣わして安置させている。[26] 伴善男といえば一六年後の応天門事件で失脚する男である。

仁明天皇陵の「深草陵」の兆域（四至）について『延喜式』（前掲）に「在㆓山城国紀伊郡㆒、兆域東西一町五段、南七段、北二町、守戸五烟」とあって近陵としており、『三代実録』には「東西限一町五段、南限純子内親王冢地、北限峯」「東至㆓大墓㆒、南至㆓純子内親王冢北垣㆒、西至㆓貞観寺東垣㆒、北至㆑谷」[27] とある。ここに見える貞観寺は嘉祥寺の後称であり、嘉祥寺は文徳天皇が仁明天皇のために建立したもので、貞観四年（八六二）に貞観寺の名が出ている。[28] そして嘉祥寺の出現は仁明天皇にとって格別の意味があった。

図５　仁明天皇 深草陵

仁明天皇の崩後翌年の記事に「移㆓清涼殿㆒為㆓嘉祥寺堂㆒、此殿者　先皇之讌寝也、今上不㆑忍㆑御㆑之、故捨為㆓仏堂㆒」とあり、これが陵寺の出現を物語るものである。[29] 文徳天皇は、父の崩御所となった清涼殿に住むのは忍び難い、ということで深草陵の傍らに移築して仏堂とし、寺名は年号に因んで嘉祥寺と命名された。

深草陵の一郭に一四年後に薨去した女御藤原貞子が葬

られているが、(30)天皇の寵愛がすこぶる厚かったというから宜《むべ》なるかなである。

二　文徳～醍醐天皇

前節では桓武から仁明まで平安初期の天皇をみてきたが、ここでは摂関期のそれをみることにする。千年におよぶ摂関体制は藤原北家の独占であるが、それは九世紀中期の良房に始まる。良房の摂政宣下は貞観八年（八六六）の応天門事件の直後のことであるが、事実上の摂政に近い権限を有したのは、八年前の九歳になる外孫、清和天皇の即位を契機とする。その意味において摂関期の天皇の嚆矢と見なされるのが清和天皇であり、わが国における幼帝もここに始まった。摂関期を対象とする『大鏡』がこの天皇の父にあたる文徳天皇から起筆していることが思いあわされる。

○文徳天皇

九世紀初頭、嵯峨天皇の即位直後に起きた薬子の変を契機として設置された令外官である蔵人所の初代の長官、蔵人頭となって北家躍進の契機をつくったのは良房の父の冬嗣であった。そしてその娘の順子が仁明天皇の女御となって生んだ第一皇子が文徳天皇である。この天皇は、承和の変（八四二年）で廃された東宮恒貞親王（淳和天皇皇子）に代わって皇太子となり、父帝の崩御にともない帝位についた。この廃太子事件は良房の暗躍とみられる。二四歳で即位した文徳天皇は八年後の天安二年

図6　文徳天皇 田邑陵

（八五八）八月に冷泉院の新成殿で三二歳で崩御した。早速に葬儀の衣装を担当する装束司、山陵造営の山作司、道路整備の作路司などが任命され、伊勢（鈴鹿）・近江（逢坂）・美濃（不破）の三関警固がおこなわれ、山陵を山城国葛野郡田邑郷真原岡に定めてそこに土葬された(31)。そのことに関して「送終之例、皆従二倹約一、一如二仁明天皇故事一、但変二前例一、只是作方相而已」と、仁明天皇に倣って倹約に徹している。ちなみに在位のまま崩御した仁明・文徳天皇父子は次帝への譲位はみられず、土葬であった。

○清和天皇

文徳天皇の女御であった藤原明子所生の惟仁親王は第四皇子にもかかわらず、外祖父良房の後見を得て生後八か月で東宮となり、三二歳の若さでの父帝の崩御によって九歳で即位した。清和天皇であるが、在位中の二三歳の時に摂政良房が薨去すると、後継となった養子の右大臣基経が政治を輔佐した。そして数年後、在位一九年で第一皇子の貞明《さだあきら》親王（陽成天皇、母は女御藤原高子で基経の同母妹）に譲位するが、これは基経の要望らしい。

譲位後の清和上皇は、基経の山荘である鴨東の粟田院を中心に嵯峨の棲霞観（源融の別荘）や水尾に住んだが、譲位三年後の元慶三年（八七九）五月四日、清和院から粟田院に遷御し、四日後に宗叡僧都を戒師として落飾した。(32)ここに見える清和院は染殿とともに藤原良房・明子・基経ゆかりの邸宅で、南の清和院は清和上皇の居所に提供されていた。上皇は崩御の四か月前には水尾山寺に仏堂を建立するために同寺から棲霞観に遷ったが、(33)三か月後には病いも重くなり棲霞観から円覚寺に遷御して(34)一週間ほどで亡くなった。元慶四年十二月四日の申の刻のことで享年三一歳という若さであったが、崩御日の『三代実録』には簡単な事績とともに臨終にいたる様子が詳しく記されている。

　譲位後の清和上皇は後院として準備された清和院で過ごすことが多く、仏陀に帰依して質素な生活をおくり、山城・大和・摂津国などの「名山仏隴」を歴覧し、丹波国の水尾山を終焉の地と定めていた。やがて死と向きあって酒・酢・塩・豉（味噌）を断ち、仏を念じながらの静かな彼岸への旅立ちとなった。

　至㆘夫沙門修練者之所㆓難行㆒、緇徒精進者之為㆗高迹㆖、雖㆓尊居㆑極尽蹈㆑之矣、寝疾大漸、命㆓近侍僧等㆒、誦㆓金剛輪陀羅尼㆒、正向㆓西方㆒、結跏趺座、手作㆓結定印㆒而崩、震儀不㆑動、儼然若㆑生、念珠猶懸、在㆓於御手㆒、梓宮御㆑棺、其制同㆑輿、以㆔聖躬坐崩遂不㆓頽臥㆒也、遺詔火㆓葬於中野㆒、不㆑起㆓山陵㆒、使㆘㆓百官及諸国㆒不㆗挙哀素服㆖、亦勿㆑任㆓縁葬之諸司㆒、喪事所㆑須、惣従㆓省約㆒、是夜、地大震動、五六過及止、

いよいよ臨終という時に上皇は僧たちに誦経を命じ、自らは定印を結び、念珠を手に懸け、結跏趺坐のまま崩じた。その厳かな姿勢は少しも動かず生きているようであったという。したがって通常の寝棺では用をなさないので輿のようなものにしている。死後の儀について上皇は、中野で火葬にして山陵は造らず、内外の諸官の挙哀・素服をせず、葬送に関わる諸司の任命をおこなわず、喪事はすべて簡略にするようにと遺言している。なお後文に地震のことが見えるが、実は清和上皇崩御の前後に地震が頻発しており、崩後は連夜のように震動している。[35] この地震について陰陽寮は「合㆑慎㆓兵賊飢疫㆒」と奏上しており（十二月七日条）、不穏な世情を反映しているようだ。

火葬は三日後のことであるが[36]『三代実録』十二月七日条には、

是夜、酉四剋、奉㆑葬㆓太上天皇於山城国愛宕郡上粟田山㆒、奉㆑置㆓御骸於水尾山上㆒、

とある。つまり夜に粟田山で荼毘に付され、遺骨は水尾山中に埋葬されたのである。[37]『大鏡』にいう「水尾の帝」をはじめ諸書で清和天皇を水尾天皇とも称するゆえんである。

図7　清和天皇 水尾山陵

葬送の時には陽成天皇は素服を着けたが、「太政大臣及殿上近臣、清和院上下諸人」、つまり藤原基経以下の廟堂の重臣や後院の近侍者たちは縞素を着し[38]、他

の者たちはそれもなく、上皇の遺言に従っている。続く初七日には、粟田寺、円覚寺、観空寺、水尾山寺といった亡き上皇ゆかりの七か寺にそれぞれ使者を派遣して転念功徳を修している（『三代実録』十二月十日条）。

ところで清和天皇の火葬は葬制のうえで注目される。それは、八世紀中期の聖武天皇以降から続いてきた土葬が清和天皇で火葬になり、このあと一世紀近く土葬と火葬が混在するが、一一世紀初頭の冷泉天皇から火葬に転じていることである。(39) つまり清和天皇の火葬はひとつの転換点としての意味をもつといえよう。

○陽成天皇

図8　陽成天皇
神楽岡東陵

清和の後をうけて九歳で践祚した陽成天皇（二歳で立太子）代は叔父の基経が摂政として政治を後見した。しかし天皇には、宮中で馬を乗りまわし、乳母を手打ちにし、動物を虐待して殺すなどの奇行があり、あげくの果てには病気と称して譲位を仄《ほの》めかしたという。こういった数々の乱行から基経が廃位を遂行したということになっている。(40) いずれにせよ即位した次代の光孝天皇が、皇太子を経験しないうえに五五歳という破格の高年齢であることが、そのあたりの事情を暗示している。

在位八年、弱冠一七歳で退位した陽成天皇は、その後六五年間を生きぬき、その間に後継の三代の天皇を見送るかたちとなった。八二歳を迎えた陽成法皇は、天暦三年（九四九）九月末日の早朝に冷然院で崩御、その遺骸は夕刻に円覚寺へ移された[41]。そして三日後に葬送が挙行されたが、その様子は「今夜奉レ葬二陽成院太上天皇於神楽岡東地一」という記載が知られるのみで、この記事から土葬が想定される[42]。こんにち左京区浄土寺真如町にある神楽岡東陵がそれと伝わる[43]。

○光孝天皇

図９　光孝天皇 後田邑陵

母同士が姉妹、加えて政治に無関心ということで基経の推挙により帝位についた光孝天皇は、在位四年にして仁和三年（八八七）八月二十六日に宮中の仁寿殿において崩御した。その前後に地震が頻発している[44]。崩後に挙哀・喪服のこと、五日後に「小松山陵」に葬られたとあり（小松帝の称はこれによる）、荼毘に付したという記事もないから土葬であろう[45]。さらに六日後の『日本紀略』（八日条）によると、参議左大弁の橘広相らを山陵に派遣して兆域の四至を定め、その中にある八か寺を壊させているが、先掲の『西宮記』の「山陵事」において「四至の中の寺は破却し、料物を給う」とあるが違法ではなかった。

その四至に関して『延喜式』（巻二十一 諸陵寮）には後田邑陵として「葛野郡田邑郷立屋里小松原」に陵戸四烟とともに範囲の記載が見られ、それによると西と北は峰となっており、東は清水寺東《ママ》を限り、南は道であった。いっぽう『西宮記』と『江家次第』の十二月の荷前の項では、後田邑陵の場所を仁和寺の西としている[46]。その場所に関して、一世紀余り後の藤原宗忠の『中右記』には注目すべき記事があるので以下にみておく[47]。

一二世紀初頭のこと、仁和寺の覚行法親王が北（喜多）院僧坊を造作した際に西築垣が山陵内に入り込んで部分的に掘り破ってしまった。その後に山陵がしきりに鳴動して法親王が入滅したという[48]。加えて堀河天皇の病気とあっては、きっと祖廟の祟りであろうということで、右衛門権左藤原実光を派遣して調べさせたところ事実であった。そこで謝するための山陵使を派遣することになり、宗忠がその任に選ばれたという次第である。

その当日、参内した宗忠は大内記藤原敦光の手になる、内覧奏聞を経た告文を携え、幣物持参の輩を前行に小松山陵（後田邑陵）へと向かった。陵前で二拝したあと告文を読みあげ、二拝して幣物を焼いた。そこへ仁和寺別当の覚意僧都が来たので、謝意は天皇の命によるもので、破られた山陵の廻見も仰せられたが、夜陰になったのでこうして木の下にいる、と語った。そこで宗忠は覚意から破損の様子を聞かされた。そして『延喜式』では山陵の四至が不分明なので、二月十三日に実光をして実験せしめたが判然としなかった経緯がある。このことを奏聞してはということになり、深夜に帰参した宗忠は蔵人に報告してその夜はそこで宿している。ところで後田邑陵の兆域に関して次のような記載が見える。

右就二民部省図帳一、宜三令レ勘二申四至兆域一者、引二勘彼省所進一、大同三年、承和十一年図帳等之処、件子細無二所見一、但如二延喜式一者、件陵四至、東限二清水寺一者、而彼大同三年図帳、葛野郡五条立屋里四坪、注二載清水田一段余歩一、若是件坪内建二立清水寺一歟、然而依レ無二仁和以後図帳一不レ能二勘決一、

重要な点は、『延喜式』にいう東を清水寺とするのは明らかな誤りで、上述の葛野郡五条立屋里四坪(49)に所在の清水田とすべきであろう。なお大同三年（八〇八）は桓武天皇崩後二年、翌年には嵯峨天皇の即位と薬子の変を控えている平城天皇代であり、まさに政情不安定な時であった。そういう時点では山陵使派遣がよくみられることの証である。

○宇多天皇

光孝天皇の短期の在位は当初から予想されたことであるが、関白基経への配慮から皇子女すべてを賜姓皇族としていたため、関白の意向を入れて、前日に第七皇子の源定省を親王に復し、崩日に立太子、ついで践祚となったのが宇多天皇である。(50)天皇は、阿衡の紛議で辛酸をなめさせられた関白基経

の死後、親政をめざして（寛平の治）摂関を置かず、これを引き継いだ皇子の醍醐天皇の在位中まで合わせて四〇年間もの最初の摂関不置時代を迎えることになった。在位一一年、三一歳の若さで譲位した天皇は御所を転々とした。(51) その中には、父が手がけ崩後に完成させた仁和寺も含まれ、ここで落飾した宇多法皇は、その一郭に御堂を建てて居住し、またこの東方の一条南の宇多院にも住んだが、天皇名はこれらに因むものである。そして宇多天皇陵も仁和寺の北方に存在し、山名をとって大内山陵と呼ばれた。

図10　宇多天皇 大内山陵

法皇の初例ともなった宇多は承平元年（九三一）七月十九日に六五歳をもって仁和寺御室で崩御したが、(52)『貞信公記抄』同日条に「戌一剋許法皇崩二於仁和寺一、此夜奉レ遷二大内山一直置」とあり、遺骸はただちに大内山に運ばれたことがわかる。そして『吏部王記』（史料纂集本）の二十日条には以下の記述が見られる。

亥時奉レ移二法皇於大内山魂殿一、式部卿（敦実）親王・京極御息所（藤原褒子）腹童親王喪服、自余依二遺詔一悉停止、御棺先年所二造構一、竹為レ台、鈍色絹覆レ之、以為二小屋形一、大輿上繞二構木一、垂二絹帷一葬レ之、唯以レ瓫焼香、不レ造二香輿一、無二歩障・行障一、御輿長大夫十二人、以二殿上人六位卌〔卅イ〕六人一駕輿也、大夫等秉燈〔燭イ〕云々、

ここに見える「魂殿」はいうところの霊屋《たまや》であろう。あらかじめ用意していた棺の造り様も知られ、服喪もごく近親に限り、歩障（竹や木の枠に布を張りめぐらせた移動用の屏障具）も行障《こうしょう》（祭祀行幸または葬送の時に御輿などの前後左右を覆う白布）もなし、諸司諸国の挙哀素服をやめるなど倹約を旨とする葬送は天皇の遺言に従ったものであった(53)。『貞信公記抄』の九月六日条に「始レ従二寅剋一、法皇火葬」とあって火葬されたことを伝え、これによると遺骸は魂殿に一か月半ほど安置されていたことになる。しかし八月五日の火葬とする文献もあり、ほかの例に徴しても前者はあまりにも長すぎる感があり、後者を是とすべきではないかと考える(54)。

ところで桓武天皇から光孝天皇あたりまでの葬送に関しては勅撰史書である六国史に多くを依拠しており、入棺から埋葬にいたる経緯の具体的な描写が見えないが、これは編纂者の共通の認識がもたらすものであろうか。宇多上皇あたりから具体相が知られるが、それらは貴族の日記によるところが大きいといえる。

○醍醐天皇

宇多天皇の後継となった第一皇子の醍醐天皇は親政を引きつぎ、父の訓誡に従って藤原時平と菅原道真を並用して政治をおこなった。しかし、道真（右大臣に抜擢）の重用をよしとしない左大臣時平による道真の配流と客死、その後に起こった時平の死（三九歳）、皇太子の相次ぐ死（皇子の保明親王は二一歳、その子の慶頼王は五歳）、清涼殿への落雷と公卿らの霹死など在位中に異変が相次いで起こり、その原因がすべて道真の祟りに結びつけられた。そして落雷の年に天皇も病臥となり、間もなく四六歳の生涯を閉じたのである。それは父の崩御に先立つこと一年であった。ちなみに在位三三年は古代の最長記録であり、近世までの歴代のなかでも四位である。

代わって帝位についたのは皇子の寛明《ゆたあきら》親王（朱雀天皇）である。醍醐上皇が譲位の数日後にこの幼帝に訓誡を与えている(55)ことは注目すべきで、上皇自身が父帝から『寛平御遺誡』を与えられたことは有名である。

延長八年（九三〇）九月二十九日、醍醐上皇は出家して程なく西枕で崩御すると、二日後に造棺（棺は二重）のことがあり、二人の輿長（両人とも近衛中将）によって沐浴と御服奉仕がおこなわれたあと入棺のことがあった(56)。葬送は十日に挙行され、棺は右近衛府から発ったとあるから大内裏の西側の殷富門から出ており、出御のあとは陽明・殷富の二門をのぞく諸門は閉じられた。葬列は「薄倹」の遺言に従って扈従の輩も限定され、「行障」つまり御輿の前後左右は白い布で覆われ、その前に四〇人の御前僧がつき、導師は比叡山西塔の仁照が勤め、基継僧都が呪願を奉仕した(57)。このあたりは先に掲示した『西宮記』の記載と合致している。

以下、葬列の次第や陵墓などについて『吏部王記』ほかの史料で追ってみる(58)。

葬列が醍醐寺北山陵に到着したのは辰の四刻というから夜も明けて完全に明るくなっていたが、燎《かがりび》は灯したままで進み（前掲の「雖二天明一不レ滅」の通りでこれが慣例であったようだ）、道筋の八十六か寺は道の両側に幕を設けて、通過の間であろう、僧たちが鐘を打ちながら念仏を唱え、また宇多法皇の命で醍醐寺と勧修寺の数人の僧が念仏を奉仕するために山陵に召し出されている。山陵の結構は、穴を掘って板を置き地敷（唐筵に大紋の高麗縁を付けた敷物）を設け、御輿長が舁いてきた棺をその上に安置した。また陵中には硯、『楽毅論』などの書物、色紙一箱、倭琴、笛など愛用の遺品を納め、壙戸つまり墓穴の戸を閉め、その上を土で覆った。これも前掲『西宮記』とよく合う。

そもそも葬送行事の責任者は中納言藤原兼輔と参議藤原当幹であったが、二人とも病いを理由に辞退し、奉仕が決まっていた参議の平伊望らは理由も告げずに窃逃したため右衛門尉の阿刀常基が奉仕したが、闕礼が多かったという。初めに陵地を穿つのに、先例では四位の者があたるのを役夫が奉仕したり、墓穴の開閉は木工頭の任務であったが病いで辞退したために木工助があたったりした。

図11　醍醐天皇 後山科陵

陵の上に軽幄を設けて墓戸を閉め、黄幡（御輿の小屋形の中に置いてあった）を立てた。その間に左右の衛門尉が上物（辛櫃・御膳辛櫃）および槨小屋形（棺を入れるもの）、須々利（棺）、輿などを陵の東北の地で焼却した。また陵の周囲には柴垣や釘貫を巡らせたが、これらは近辺の諸寺に請け負わせている。翌日には三基の卒塔婆を立てた。

ちなみに陵の広さは東西八町、南北一〇町で八〇町、墓穴の深さは九尺で広さが三丈、校倉《あぜくら》の高さが四尺三寸で縦横が各一丈であった(59)。校倉の造作が注目されるが、土葬との関わりがあるのであろうか。

なお、嵯峨天皇以降は挙哀・素服・国忌・山陵などの挙行は在位中崩御の天皇に限られ、かつ土葬であり、上皇の場合はほとんど火葬で、挙哀以下はおこなわないのを常とした。しかし醍醐上皇は素服と山陵造営をおこない土葬であった。これに関して、醍醐上皇は譲位後に崩御したが、太上天皇の尊号宣下前であり、天皇として扱われたのであろう、との説が示唆的である(60)。

三　朱雀・村上天皇

図12　朱雀天皇 醍醐陵

○朱雀天皇

醍醐天皇の第一一皇子にもかかわらず八歳の朱雀天皇の即位は、皇太子の相次ぐ死と、生母が藤原基経の娘の穏子で唯一の中宮ということがもたらしたものである。そしてこのことが四〇年間も途絶えていた藤原北家による摂関再開の道を開き、伯父の左大臣忠平が摂政となって幼帝政治を輔佐することになった。醍醐上皇の崩御はこの践祚の一週間後であった。

朱雀天皇は帝位にあること一七年（その間は一貫して忠平が摂関）、それは承平・天慶年間にあたり、天下を騒がせた争乱（平将門・藤原純友の乱）が起きている。二四歳になった天皇は実弟成明《なりあきら》親王（村上天皇）に譲位し、[61]六年後の天暦六年（九五二）八月に崩じたが、それに先立って天皇は「不任喪司」「不行喪料」「不置山陵国忌」「止挙哀素服」などを遺詔していた。[62]葬送は五日後に挙行され、それについて『吏部王記』には次のようにある。[63]

御前僧廿人、大僧都善喜咒願、律師鎮朝為二御導師一云々、……自二郁芳門路一東行、経二東路一従二七条路一渡二鴨河浮橋一、亥時至二陵所一、諸寺夾レ路設レ幕念仏、院殿上四・五位人招二迎火一候二外陣辺一、御輿入二南門一、王卿退就レ幄、其山作之、□左中将藤原朝臣朝忠乃至僧二口奉二仕荼毘事一云々、其上物并御輿等於二内墻北一焼レ之云々、

（二、三の誤字・脱字は意味をとって改めた）

そして翌日条には「朝奉レ遷二御舎利醍醐寺東一、左中将藤原朝臣朝忠捧持、律師鎮朝・醍醐寺座主定助法師・陰陽助平野宿禰茂樹相従奉レ安云々」とある。

遺言に倣って質素倹約を旨として挙行されており、御前僧も半減している。朱雀上皇の遺骸は郁芳門大路つまり土御門大路を東行し東路（京極大路か）を七条まで南下して鴨川を浮橋で渡って夜遅くに陵所にいたったとあるが、肝心の上皇の崩所が詳らかでない。嵯峨天皇の創建による累代の後院といわれ、諡号ともなった朱雀院は譲位後に生母の穏子とここに遷御して後院としたが、崩御の二年前

に焼失したので崩御の場所ではなかった(64)。

遺骸は左中将らにより山城国の来定寺近くで荼毘に付され、翌朝に醍醐寺の東に埋葬されたが、そこは父が眠る醍醐陵の傍らであった(65)。上物や御輿などを内垣の北方で焼却しているが、この行為も慣例であった。

○村上天皇

図13　村上天皇 村上陵

次代は朱雀天皇の実弟で醍醐天皇の第一四皇子の村上天皇（二一歳）である。即位四年目で関白忠平が薨じたあと崩御までの一七年間というもの親政がおこなわれ、摂関不置の最後の時期となった。村上天皇代は大きな事件もなく、自らは漢詩や和歌および管絃を嗜《たしな》むなど文化人でもあった。後世の「延喜・天暦聖代観」の存在が示すように醍醐天皇とともに聖代視された所以であろう。

四二歳の天皇は、康保四年（九六七）五月二十五日の巳の刻に在位のまま清涼殿で崩御し、戌の刻に固関使派遣や諸衛による警固のことが決められ、所司が木契や松明のことを奉仕し、二日後に入棺がおこなわれた。なお村上天皇も素服・挙哀・宴飲・作楽の停止を遺言しており、それが実行されている。[66]

葬送は入棺から六日目のことであるが、この時期の日記がのこっていないため詳細を知ることはできないまでも、ある程度のことはわかる。天皇の棺は、夜の八時頃に清涼殿のすぐ真西にある陰明門、その西の内裏外郭の宜秋門を出て西へ、宴の松原を抜けて殿富門で大内裏を出て西進し、「葛野郡田邑郷北中尾(長尾)」の山陵にいたっている。親王や公卿以下が供奉したが、宜秋門のすぐ東北に所在の内膳司の南門のところで観理僧都が導師、法蔵権律師が呪願を勤めた。[67]埋葬の五日後には両衛門府に山陵への植樹が命ぜられ、かつ陵戸五烟が充てられている。[68]

村上陵の所在地である「葛野郡田邑郷北中尾」については「仁和寺西」[69]とか「仁和寺長尾」[70]とあり、近世の地誌書には長尾は鳴滝の古名としている。[71]これらにより明治時代に治定されたこんにちの陵からは南西に京都の市街が遠望される。

村上天皇は土葬であったが、[72]次代の冷泉天皇からは火葬が続くので一つの画期といえよう。もっとも土葬を遺詔していたのを誤って火葬にしてしまったという一条天皇の例もある。[73]

おしなべて天皇の在位中の功績が葬送に反映されるということは全くなく、むしろ名君ほど倹約を遺詔している例が認められ、葬送はそれを尊重して挙行されることが多い。

(1)　山陵（天皇陵の称で、皇后、皇太后、皇子女、天皇の父母・祖父母および有功臣の墓は御墓と称し、両者を合わせて陵墓との和田萃氏の分析による）に視点を置いた論考で管見に入ったものに、和田萃「殯の基礎的考察」（『史林』第五二巻五号、一九六九年、同著『日本古代の儀礼と祭祀・信仰』上〈塙書房、一九九五年〉に再録）・「陵墓治定の問題点」（日本史研究会・京都民科歴史部会編『「陵墓」からみた日本史』青木書店、一九九五年）・「日本古代中世の陵墓」（森浩一編『天皇陵古墳』大巧社、一九九六年）、服藤早苗「山陵祭祀より見た家の成立過程」（同著『家成立史の研究――祖先祭祀・女・子ども――』校倉書房、一九九一年）、岡田荘司「天皇喪葬の沿革」・小松馨「後一条天皇の喪葬儀礼」（上野竹次郎編『山陵』新訂版、名著出版、一九八九年、初版は一九二五年）、河添房江「葬送・服喪」（山中裕・鈴木一雄編『平安時代の儀礼と歳事』〔平安時代の文学と生活〕至文堂、一九九一年）、渡部眞弓「古代喪葬儀礼の研究――奈良時代における天皇喪葬儀礼の変遷――」（『神道史研究』第四〇巻二号、一九九二年）、荒木敏夫「即位儀礼と葬送儀礼――古代を中心として――」（永原慶二ほか編『講座 前近代の天皇 第四巻 統治的諸機能と天皇観』青木書店、一九九五年）、北康宏「律令国家陵墓制度の基礎的研究――『延喜諸陵寮式』の分析からみた――」（『史林』第七九巻四号、一九九六年）・「律令陵墓祭祀の研究」（『史学雑誌』第一〇八編一一号、一九九九年）、田中聡「陵墓にみる天皇の形成と変質――古代から中世へ――」（注1『「陵墓」からみた日本史』。なお、同書末尾に掲載の田中氏編「七～一二世紀「陵墓」関連年表」は詳細で便利である）、西山良平「〈陵寺〉の誕生――嘉祥寺再考――」（大山喬平教授退官記念会編『日本国家の史的特質（古代・中世）』思文閣出版、一九九七年）、堀裕「天皇の死の歴史的位置――「如在之儀」を中心として――」（『史林』第八一巻一号、一九九八年）、谷川愛「平安時代における天皇・太上天皇の喪葬儀礼」（『国史学』第一六九号、一九九九年)、山田邦和「元明天皇陵の意義」(森浩一・松藤和人編『考古学に学ぶ――遺構と遺物――』〈同志社大学考古学シリーズⅦ〉一九九九年)・「桓武天皇柏原陵考」(『文化学年報』第四八輯、一九九九年)・「淳和・嵯峨両天皇の薄葬」(『花園史学』第二〇号、一九九九年)・「天皇陵のゆくえ」(門脇禎二・狩野久編『〈都〉の成立――飛鳥京から平安京へ――』平凡社、二〇〇二年)などを挙げ得るが(二〇〇四年三月まで)、重要文献の見落としもあろう。ほかに視覚史料をふんだんに盛り込んだ近作、「歴史検証天皇陵」(『別冊歴史読本』第二六巻一七号、新人物往来社、二〇〇一年)も参考となるが、摂関期の天皇の陵墓についての記載はほとんど見られない。なお、京都新聞に連載の「森浩一の京都学事始め」による山田邦和氏との三回の対談(二〇〇〇年四月二四～二六日付朝刊)「平安京を取り巻く天皇陵」では薄葬・散骨・造墓など多岐にわたる問題を取りあげ言及されている。

(2)　本書第四章参照。

(3)　西口順子「天皇の死と葬送」(『仏教』別冊二、法蔵館、一九八九年)。

(4)　笠原英彦『歴代天皇総覧――皇位はどう継承されたか――』(中公新書、中央公論新社、二〇〇一年)、米田雄介編『歴代天皇・年号事典』(吉川弘文館、二〇〇三年)などを参照。

(5)　テキストは新訂増補故実叢書本『西宮記』(巻十二 天皇崩事)および土田直鎮・所功校注『西宮記』(『神道大系　朝儀祭祀編Ⅱ』神道大系編纂会、一九九三年)に拠った。

(6)　『日本後紀』大同元年三月十七日条。皇太子(安殿《あて》親王)は悲しみのあまり泣き叫び、手足を掻きむしり転げまわり、起き上がることができなかったという。そこで近衛中将坂上田村麻呂と春宮大夫藤原葛野麻呂の二人の参議が介助して母屋から東廂に遷し、剣璽を東宮に奉上している。平城天皇の出現である。皇太子は父の意志のままに立太子させられ、その庇護下にあった。いっぽう廃太子に追い込まれて憤死した早良《さわら》親王の怨霊に取り憑かれての病弱の日々で、そこへ頼みの父の死を目の当たりにして精神異常をきたしたのであろう。

（7）『日本後紀』大同元年三月十八・十九日条。

（8）『日本後紀』大同元年三月十九・二十一〜二十三日条。

（9）『日本後紀』大同元年四月七日条。なお同年十月十一日条には「改㆓葬皇統弥照天皇於柏原陵㆒」とあるので、半年前の「柏原山陵」から改葬されたと見なされている（『国史大辞典』〈吉川弘文館〉佐伯有清筆「桓武天皇」・戸原純一筆「柏原陵」）。これに対して山田邦和氏は、常識的にみて近接地に半年の間に改葬される状況は考え難く、その後の記録には桓武天皇陵について「柏原山陵」の呼称が多く、「柏原陵」と「柏原山陵」は同義語と見なすべきで、四月に陵地が設定され、実際の埋葬は十月まで遅れた可能性も考えるべき、とみている（「桓武天皇柏原陵考」、『文化学年報』第四八輯、二〇〇九年）。また、最初のを仮葬、半年後を本葬とみる向きもあるが（黒板伸夫・森田悌編『日本後紀』〈集英社、二〇〇三年〉巻第十三補注「柏原山陵」）、それはともかくとして山田氏の同所説に従うべきであろう。なお山田氏は奈良から平安時代初期にかけての天皇陵の結構・規模に関して何点かの論考を公にしており、とりわけ小論と関わる平安初期の山陵については「淳和・嵯峨両天皇の薄葬」（『花園史学』第二〇号、一九九九年）、「平安時代前期の陵墓選地」（古代学協会編／角田文衞監修『仁明朝史の研究――承和転換期とその周辺――』思文閣出版、二〇一一年）を挙げておきたい。陵墓選定を扱った後者では奈良から平安初期にかけての京と天皇陵空間に着目し、それに氏族墓地空間を絡ませ、また夫婦・一族同墓、異墓といった墓地空間も絡ませて論じられている。平安初期の天皇の葬送に関しては注(1)西山良平「〈陵寺〉の誕生」も参照。

(10)『兵範記』仁安三年四月三十日条。ちなみに高倉天皇の受禅は仁安三年二月十九日、即位は三月二十日である(同記)。『江家次第』巻第十一　荷前事。

(11)『日本後紀』(逸文)天長元年七月七・十二日、十月十一日条。

(12)『続日本後紀』承和九年七月十五日条。山田邦和氏はそのほぼ全文を引用して解説を加え、薄葬の実態を描出しているので詳細はこれに拠られたい(注9)。この遺詔の背景には二年前に崩御した異母弟の淳和天皇の薄葬の影響が考えられ、それを先にみる方が理解しやすいが、在位順に取りあげている本書に准じた。

(13)『兵範記』仁安三年四月三十日条。

(14)山田注(9)「淳和・嵯峨両天皇の薄葬」。「大覚寺伽藍図」『聖蹟図志』などの図を提示しながら検討を加えている。『国史大辞典』(戸原純一筆「柏原陵」)参照。

(15)『続日本後紀』承和七年五月六・八日条。

(16)『続日本後紀』承和七年五月八・九日条。

(17)『続日本後紀』承和七年五月十三日条に「勅、遣下左近衛少将従四位下橘朝臣岑継、及四衛府監尉志已下三十二人於淳和院一、監中護装束山作用民司等上、遺詔不レ受矣、今夕、奉レ葬二後太上天皇於山城国乙訓郡物集村一、御骨砕粉、奉レ散二大原野西山嶺上一」とある。朝廷の葬儀方針を変更させたその人は淳和皇后の正子内親王であり、そして内親王の気持ちが父の嵯峨天皇を突き動かし、ひいては双子きょうだいの仁明天皇を動かした（五月二十二日条参照）とみるのが山田邦和氏である。首肯される見解と思う。こうして淳和上皇の遺詔はほぼ実現したのである。三九年後に崩御の正子内親王（七〇歳）は「一如二先後太上天皇之遺制一」と夫の薄葬を口にして息絶えたという。ちなみに正子内親王は父の離宮の嵯峨旧宮を大覚寺とし、傍らに療治院を建てて病いの僧尼の療治施設にし、淳和院を道場とした（『三代実録』元慶三年三月二十三日条）。

(18)『続日本後紀』嘉祥三年三月二十一日条。その二日前に天皇は清涼殿において七仏画像を懸けて七仏薬師法をおこなって出家している（十九日条）。病気に苦しむこともあり、早くに近江・美濃・伊勢国へ固関使が発遣されている（十七日条）。

(19)『続日本後紀』嘉祥三年三月二十五日条。

(20)『続日本後紀』嘉祥三年正月六日条。二週間後の内宴の時には「縁二聖躬不予一、不レ御二仁寿殿一、於二清涼殿一、垂二御簾一、覧二舞妓一」の状態であった（二十日条）。

(21)『続日本後紀』嘉祥三年二月六日条。

(22)『続日本後紀』嘉祥三年二月十三・十五・二十二日、三月五・十日条。

(23)『続日本後紀』嘉祥三年二月七日、三月十四・十六日条。

(24)『続日本後紀』嘉祥三年三月二十五日条。ちなみに『文徳実録』同日条には「葬二仁明皇帝于深草山陵一、送レ終之礼、皆従二倹約一、是奉二遺詔一也」とある。病いが重くなった天皇は皇太子および諸大臣を床下に召して遺制を授けている（『続日本後紀』嘉祥三年二月五日条）。

(25)『文徳実録』嘉祥三年四月二十七日条。二七日《ふたなのか》、三七日《みなのか》、四七日《よなのか》、五七日《いつなのか》、六七日《むなのか》、七七日《なななのか》には七か

寺で御斎会を修している（四月五・十二・十九・二十六日、五月三・九日条）。

(26)『文徳実録』嘉祥三年四月十四・十八日条。仁明天皇に重用された伴善男が深草陵に何かと奉仕していることについては西山良平氏の指摘がある（注1「〈陵寺〉の誕生」）。

(27)『三代実録』貞観三年六月十七日（「冢」は「家」であったのを別本で改めたとある）、同八年十二月二十二日条。前者は清和天皇の詔で深草山陵の兆域を定めたもの、後者はその改定である。ここに見える純子内親王は嵯峨天皇の皇女で『三代実録』貞観五年正月二十一日条に薨去とある。そのほか漠然としたものではあるが『江家次第』（巻第十一　荷前事）は「在㆓嘉祥寺辺㆒」、『兵範記』（仁安三年四月三十日条）は「在㆓嘉祥寺中㆒」としている。

(28)『三代実録』貞観元年三月十九日、同十四年七月十九日、同十六年三月二十三日条。

(29)『文徳実録』仁寿元年二月十三日条。文徳天皇が清涼殿を移築した理由として村井康彦氏は「死者へのつよい畏敬の念が込められてはいるが、その根底に死を忌む観念があったとみて間違いないであろう」とみる（『日本の歴史⑧王朝貴族』小学館、一九九〇年、初版は一九七四年）。この陵寺も含めて西山良平氏は山陵の墓寺＝陵寺とし、研究史を概観したうえで陵寺の意義について述べている（注1）。山田邦和「平安時代天皇陵研究の展望」（『日本史研究』第五二一号、二〇〇六年）、古代学協会編／角田文衞監修『平安時代史事典』（角川書店、一九九四年）所収の「嘉祥寺」（竹居明男筆）など参照。ところで一か月後のこと、右大臣藤原良房が「東都第」（平安京左京の東北部に所在の桜花の名亭で「染殿花亭」の名もある〈『三代実録』貞観六年二月二十五日、同八年閏三月一日条〉）で故仁明天皇のため名僧により法華経が講じられている。そこに「往年　先皇有㆑聞㆓大臣家園樹甚美㆒、戯許㆓大臣㆒

以二明年之春一有レ翫二其花一、俄而仙駕化去、不レ遂二游賞一、属二春來花発一、大臣恨曰、 先皇所レ期之春、今日是也、春來依レ期、仙去不レ帰、花是人非、不レ可レ湛レ悲、道俗会者莫レ不二為レ之流悌一、公卿大夫或賦レ詩述レ懐、或和歌歎レ逝、」（『文徳実録』仁寿元年三月十日条）とあって仁明天皇は楽しみにしていた良房亭の桜花を見ずに亡くなったので、これを悲しんで涙を流さぬ者はなかったという。

（30）『三代実録』貞観六年八月三日、仁和三年五月二十四日条。

（31）『三代実録』天安二年八月二十七日、九月二・六日条。『延喜式』巻二十一 諸陵寮には「田邑陵 平安宮御宇文徳天皇、在山城国葛野郡、兆域東西四町、南北四町、守戸五烟、」とある。こんにち京都市右京区太秦三尾町に御陵が所在。

（32）『三代実録』元慶三年五月八日条。なお同史料には「円覚寺者右大臣粟田山庄也」「山庄即是円覚寺也」とあるので、ここでの基経の粟田山庄は円覚寺のことを指称しているとみてよく、清和上皇の出家以降この寺名になったらしい（注29『平安時代史事典』の三山進筆「円覚寺」の項）。

（33）『三代実録』元慶四年八月二十三日条。

（34）『三代実録』元慶四年十一月二十五日条。なお円覚寺については「是先太上天皇(清和上皇)始二於落餝一、終二於登遐之地一也」とある（仁和二年六月二十日条）。西山良平氏は円覚寺を清和天皇の陵寺とみている（注1「〈陵寺〉の誕生」）。

（35）元慶四年十二月六日「子時地大震動、自レ夜迄レ旦十六度震、大極殿西北隅竪壇長石八間破裂、宮城垣墻、京師廬舎、頽損者往々甚衆矣」、七日「是夜自レ戌至レ子、地二震動」、八日「自レ辰至レ丑、其間地四震」、九日「夜地震二度」、十日「此日、地物五度震」、以下年末までほぼ連日の震動である（『三代実録』）。

（36）注（1）所引の谷川愛氏論文では清和上皇の火葬は三条上皇とともに崩御から火葬まで三日という最短期間と指摘する。

（37）『尊卑分脈』第三篇には「十二月七日火葬於粟田山白川陵斂二御骨於水尾山陵一号二水尾帝一、後日奉レ号レ諡二於清和天皇一」とある。つまり粟田が清和天皇の火葬塚ということになる（山田邦和編「平安京周辺陵墓一覧表」一九九二年九月稿）。山田氏には奈良・平安期の天皇陵の文献と考古学を比定した一覧があるが、その最新版は「天皇陵への招待」（『図説　天皇陵』、『別冊歴史読本』第二八巻二一号、新人物往来社、二〇〇三年）に所掲の「奈良・平安時代の天皇陵判定表」である。以下、山田氏の引用はこれによる。ところで清和天皇にとっての水尾山寺（『三代実録』元慶四年三月十九日、八月二十三日条以下）は陵寺といえるもので、その嚆矢は九世紀中期の仁明天皇にさかのぼる。つまり天皇が清涼殿で崩御したことで次代の文徳天皇はこれを深草の仁明陵に移築して嘉祥寺としたことに始まる（注1所引の西山良平論文）。なお清和天皇には二〇人を超す妃がおり、皇子女は二世までにほとんどが臣下となり源氏を称した（清和源氏）。

（38）素服も縞素も白地の喪服であるが、前者は穢れの規制が強いのであろうか。増田美子『日本喪服史古代篇――葬送儀礼と装い――』（源流社、二〇〇二年）参照。

（39）注（1）所引の谷川愛氏論文に掲載の表を参照。なお清和の三代前の淳和上皇は火葬であるが、彼は山陵造作の否定と散骨を遺言し、それが実行された（『続日本後紀』承和七年五月六・十三日条）。それゆえの火葬であった。谷川氏は、平安時代について在位中に崩御した天皇はみな土葬で、譲位後に崩御した場合で嵯峨・醍醐をのぞけばほとんど火葬と指摘している。なお火葬は八世紀初頭の持統天皇を嚆矢とするが、その後には火葬と土葬がおこなわれるなど奈良から平安時代にかけて葬制の変化が指摘されているが、小論では必要最小限にふれるにとどめており、詳細は注(1)に掲げた諸論文に拠られたい。

(40) 角田文衞氏はこの説に異を唱え、基経が摂関政治の確立と維持を目的に後宮を巻き込んでおこなった強硬手段と解している（「陽成天皇の退位」、『王朝の映像』東京堂出版、一九七〇年）。

(41)『日本紀略』『九暦』天暦三年九月二十九日条。

(42)『日本紀略』天暦三年十月三日条。前掲の谷川愛氏も注(1)所引論文中の表で「土葬カ」としている。

(43) 神楽岡東陵に関して谷森善臣（一八一七～一九一一）の『山陵考』(三)には「山城国愛宕郡岡崎村荒芝の内、真如堂門前今は人家立ならびたり、の西方、神楽岡の東麓の地に、高さ三尺余、東西六丈許、南北七丈許あり、陸上に竹生茂れり、先輩達の説に、此帝(陽成天皇)の御陵なるよし云伝へたるに……」とある（『大日本史料』第一編之九〈天暦三年十月三日の項〉）。

(44)『三代実録』仁和三年八月二十六日条に「巳二刻、天皇崩二於仁寿殿一、于レ時春秋五十八」とある。地震の頻発は七・八月条参照。

(45)『日本紀略』仁和三年八月二十九日、九月二日条。

(46)『西宮記』巻六には「在二仁和寺西一」、『江家次第』第十一（大江匡房著で一二世紀初頭）には「在二仁和寺西大教院艮一」とある。三百年ほど下るが高倉天皇即位の報告の「後田邑陵」のところに「在二仁和寺一」とある。仁和寺は光孝天皇の発願によるもので、崩御の翌年に宇多天皇によって完成された寺院で陵寺と考えられている。

(47)『中右記』嘉承元年二月十九・二十八日条。『百錬抄』同二十八日条に「発二遣参議宗忠卿於後田邑陵一、謝二申堀損之由一、去十三日令三左衛門権佐実行実二撿之一、寛行親王修二造喜多院一之間、誤堀損、云々、任二式文一可二修固一之由宣下」とある。

(48) 覚行法親王は白河上皇皇子で仁和寺に入って出家、その後に親王宣下を受け、法親王の初例となった。長治二年（一一〇五）十月に自ら関わった新造の北院に渡り、一か月余り後にそこで三一歳の生涯を終えている（『中右記』長治二年十月三日、十一月十九日条）。ところで仁和寺子院の一つである北（喜多）院は済信（九五四〜一〇三〇）の創建で、この済信を師と仰ぐ性信法親王（一〇〇五〜八五、三条天皇皇子）もここにおいて出家。宗忠に状況を語った覚意（一〇五一〜一一〇七）も寛行も性信の弟子で北院に住持した。覚行が新造直後に他界したことで、山陵損傷を鳴動に結びつけてことさら非難されることになったというべきか。

(49) 金田章裕「郡・条里・交通路」（古代学協会編／角田文衞監修『平安京提要』角川書店、一九九四年）の図6「平安京周辺4郡の条里プラン概要」の葛野郡五条に立屋里が明記されており、そこが仁和寺の西南で鳴滝辺り（金田「平安京郊外の条里と荘園」、足利健亮編『京都歴史アトラス』中央公論社、一九九四年）、こんにちの後田邑陵の場所を包含している。また『中右記』（嘉承元年二月二十八日条）には寺主の言として「彼清水寺近代全無二其跡一、又立屋里在二広隆寺辺一之由」とある。

(50)『三代実録』仁和三年八月二十五・二十六日条。

(51) 目崎徳衛「宇多上皇御所」（朧谷寿・加納重文・高橋康夫編『平安京の邸第』望稜舎、一九八七年。なお初出の「宇多上皇の院と国政」は一九六九年に発表）。

(52)『日本紀略』承平元年七月十九日条。

(53)『貞信公記抄』『日本紀略』承平元年七月二十・二十五日条。また『続古事談』（第一 王道后宮）に「寛平法皇ハ、コトニ倹約ヲ好ミ給ケリ。御アトノ事、葬礼ノ事ナド仰セラレヲキケルニハ、莚ニテ棺ヲツヽミテ、カヅラニテコレヲカラゲヨトゾノ給ケル。重明親王、吏部王記ニカキ給ヘルナリ」とある。

(54)『大日本史料』（第一篇之六）は火葬を九月六日の項目で掲示しつつ八月五日のことを注記している。『扶桑略記』八月五日条に「火二葬山城国葛野郡大内山一、依二遺詔一不レ造二山陵一不レ入二国忌一」とあるのをはじめ『吏部王記』、『大鏡』（裏書）、『帝王編年記』などがそれである。九月火葬を伝える『貞信公記抄』の記事を八月の誤入とは考えられないか。そのことで着目すべきは『日本紀略』九月五日条の「夜、奉レ改二葬太上天皇於大内山陵一」の一文である。つまり九月は改葬とみれば八月のそれと齟齬を来たさないことになるが、いずれにしても問題は残る。なお、戸原純一氏は八月五日火葬説にはふれず、九月六日未明の火葬のあと拾骨せずそのまま土を覆って陵所としたとする（『国史大辞典』「大内山陵」項）。

(55)『吏部王記』（史料纂集本）延長八年九月二十六日条。

(56)『吏部王記』延長八年九月二十九日、十月一日条。御服は「綾冬直衣・綾袴・紅絹下襲等一襲、加二御冠・烏犀革帯・靸鞋・襪、及金平塵御剣・蘇芳枕一云々、剣是平生所レ御也、又錫紵一襲、河渡御衣等云々」というものであった。末尾に三途の川を渡る装束まで用意しているのは興味ぶかい。

(57)『吏部王記』延長八年十月八・十日条。棺の出立所を右近衛府とするのは『扶桑略記』（裏書）十日条で、重病におちいった上皇は朱雀院への遷座を断念して右近衛府に遷り（『日本紀略』九月二十七日条）、その二日後の九月二十九日の未の刻にここで崩御した（『日本紀略』・『扶桑略記』裏書）。

(58)『吏部王記』延長八年十月十一・十二日条。なお醍醐寺北山陵は宇治郡山科陵とも称し、醍醐寺の北、笠取山の西、小野寺の下《ママ》に所在した（『日本紀略』十月十日条）。いっぽう『政事要略』（巻二十九 荷前）には「醍醐山陵号二後山階一、寄二陵戸五烟、徭丁廿五人一」とある。

(59)『貞信公記』（逸文）延長八年十月十日条。その所在地を「亥四剋奉レ葬二於醍醐寺北、笠取山西方一」とする。

(60)谷川愛氏の前掲論文、また堀裕氏の前掲論文も参照（いずれも注1）。

(61)『日本紀略』『貞信公記抄』天慶九年四月二十日条。異常に若い譲位は生母である穏子の偏愛からくる病弱とみられるが、譲位後に方々への御幸が見られるからそればかりとも思えない。この譲位の背景には「朱雀院幸二太后一之時、令レ奉レ問二思食置事御一、太后被レ仰云、不レ見二宮在位之時一事遺恨也者、朱雀院為レ叶二彼御意趣一忽遜位、村上践祚、仍天暦御時為二先院宣一、参内人先可二参院一之由被二宣下一、依二母后一言一忽有二即位事一」（『山槐記』永暦元年十二月四日条）とあるように皇太弟成明親王の即位を見たいという穏子の意志が介在していたのである。

(62)『吏部王記』『扶桑略記』天暦六年八月十五日条、『北山抄』巻第四 上皇皇后崩御事。

(63)『吏部王記』天暦六年八月二十日条。

(64)上皇と太皇太后穏子の朱雀院への遷御は譲位三か月後のことで（『貞信公記抄』天慶九年七月十日条）、そこでは詩歌管絃の遊びが催され（同八月二十七日、九月十七日条）、翌年の天暦元年四月十五日には穏子の御悩で村上天皇が行幸しているから（同日条）この時点で母子ともに居住していたことがわかる。しかし天暦四年十月十五日には焼失している（『園太暦』文和二年二月五日条に掲載の「仙洞火事例」参照）。

(65)『扶桑略記』には「葬二愛宕郡山一、置二御骨於醍醐山陵傍一」（天暦六年八月十五日条）、『帝王編年記』には「葬二来定寺一、或記云、葬二法性寺東一、中尾（鳥辺野）南原陵、置二御骨於醍醐山陵傍一」（同二十日条）、『大鏡』裏書（第一巻）には「葬二山城国来定寺北野一、置二御骨於醍醐寺之山陵傍一」（同日条）とある。いまは廃寺となっている来定寺に関して、京都の地誌書の中で早い成立の『山州名跡志』（一七一一年刊）には「古ヘ法性寺ノ東ニ在リ、案スルニ此所東福寺ノ境内歟、此ノ寺天暦年中ニ存ス、東福寺建立ハ後也」と見える。

(66)『日本紀略』康保四年五月二十五日、『本朝世紀』『日本紀略』同二十七・二十八日、六月二日条。なお葬送までの八日間は廃務としている。

(67)『本朝世紀』『日本紀略』康保四年六月四日条。田邑郷北中尾の村上陵は近隣の仁和寺の管理下にあった（『中右記』嘉承元年二月二十八日条参照）。

(68)『本朝世紀』『日本紀略』康保四年六月九日条。

(69)『兵範記』仁安三年四月三十日条。

(70)『山槐記』治承四年七月二十一日条。

(71)宝暦四年（一七五四）に成った浄慧の『山城名跡巡行志』（第四）に「村上天皇陵　在二御廟山一　古記在二仁和寺之長尾一云々、長尾者鳴滝之古名也、」とある。

(72)　谷川愛氏は村上天皇を「土葬を行い、山陵を造営した最後の天皇」とし、堀裕氏は「在位中の天皇でありながら、殯儀礼が確認できない最初の天皇」と位置づけている（いずれも注1に所引の論文）。
(73)　『小右記』寛弘八年七月十二日条。

第二章　摂関盛期の天皇の葬送

はじめに

村上天皇は親政をめざしたが、次代の冷泉天皇は病弱ゆえ外大伯父の左大臣藤原実頼が関白となって天皇を輔佐し、以降は摂関常置の体制へと向かった。冷泉天皇の子の花山・三条天皇は藤原兼家・道長父子の権力形成の犠牲になったといってよい。いっぽう一条天皇の系統の後一条・後朱雀・後冷泉天皇（道長の孫）代の半世紀は道長の子の頼通の摂関体制下にあった。

一　冷泉・円融・花山天皇

○冷泉天皇

憲平親王（冷泉天皇）は村上天皇の第二皇子であったにもかかわらず、生母が藤原師輔の娘の皇后安子であったために生後二か月で東宮となり、父帝の崩御（四二歳）にともない一八歳で帝位につい

天皇家と藤原氏系図

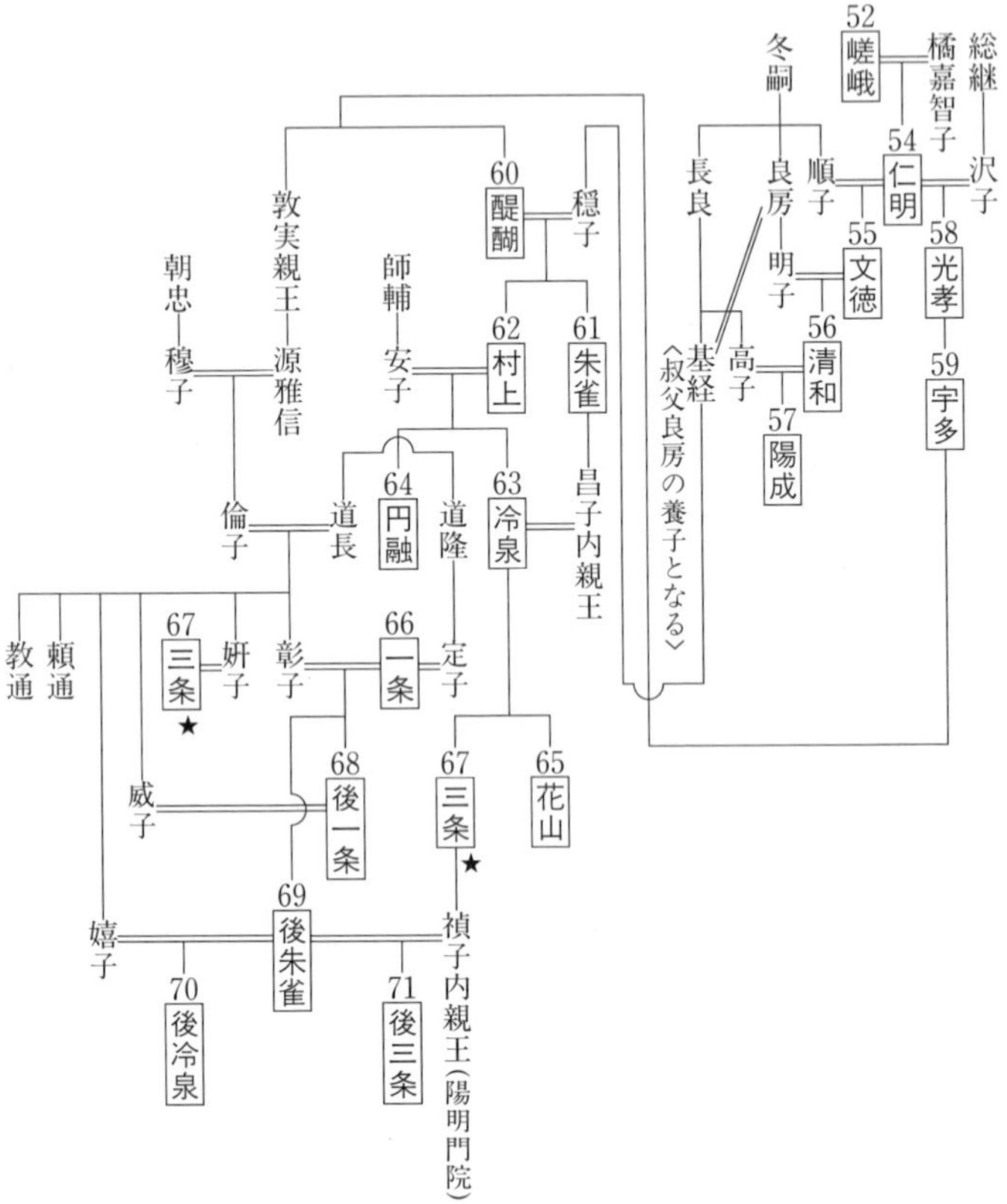
総継
沢子
橘嘉智子
52 嵯峨
54 仁明
58 光孝
59 宇多
冬嗣
順子
良房
長良
明子
55 文徳
56 清和
57 陽成
高子
基経
〈叔父良房の養子となる〉
穏子
60 醍醐
61 朱雀
62 村上
敦実親王
源雅信
朝忠
穆子
師輔
安子
昌子内親王
63 冷泉
64 円融
道隆
道長
倫子
定子
66 一条
彰子
妍子
67 三条
★
65 花山
67 三条
★
68 後一条
威子
69 後朱雀
嬉子
禎子内親王（陽明門院）
70 後冷泉
71 後三条
頼通
教通

たが、病いのため二年余りの在位期間で皇太弟の守平親王（円融天皇）に譲位してしまう[1]。その後、上皇として四〇年ほど生き長らえるが見るべきものはなく、寛弘八年（一〇一一）十月、六二歳をもって東三条殿の南院で崩御した[2]。それは一条天皇崩御の四か月後のことである。上皇の崩御から葬送・埋骨にいたる詳細な動向を『権記』に書き留めた藤原行成は、この三か月ほど前に奇妙な夢を見ている。その記事は、行成が亡き母と外祖父源保光（二人は長徳元年〈九九五〉に他界し、遺言によって土葬）の改葬をおこなって棺を焼き（寛弘八年七月十一日条）、翌日に骨灰を賀茂川へ流したことを記した後文で（同十二日条）、前半は一条天皇崩御に関わるものであるが行論の関係上ここで述べておく。

夏末夢、天大雪、時甚寒、其雪自レ天降、満二于板敷一、倩思レ之、自レ天降、遭二（一条）天皇御晏駕一也、満二于堂上一足踏者、躬自行二此夜之事一也、俗以二夏雪之夢一為二穢徴一也、或者又夢検非違使多降二自天一、立二床子於鳥戸野一、共坐レ之、卜二山陵一云々、于レ時（一条）院御悩之間也、当二于崩御一為二夢徴一、而依レ択二吉方一、不レ卜二此地一、其後冷泉院上皇自二九月朔一不予、十月二十四日遂崩、来月十六日可レ有二御葬一、其処可レ在二此野一云々、其夢相有二亦説一、又雖レ不レ可レ信、松桑有レ験、又謂二凡夫之通信一哉、

夏の終わりの夢である。天から大雪が降って板敷きが真っ白になったが、つらつら考えるに、これは一条天皇の崩御をあらわすものだ。俗に夏雪の夢は穢れの前兆といわれる。またある人の夢に、何人もの検非違使が天から降りてきて鳥辺野に床子（腰掛）を立てて坐り、山陵を占ったが、時あたか

も一条上皇の病気中のことであった。これは正夢となったが吉方ではなかったので鳥辺野は占わなかったという（史実では葬送の場は西方の「石陰」。一条天皇の崩御は六月二十二日）。その後、冷泉上皇が九月に入って病いに罹《かか》り十月二十四日に崩御、翌月十六日に鳥辺野で葬送あるべし、とあるが、この冷泉上皇云々の部分は追記ということになる。後述する一条天皇葬送の四日後でもあるので、このような夢を見たのであろう。

冷泉上皇の遺骸は、崩御の翌日の亥の刻に棺に納められ、三日後には警固事が諸国に命じられた。(3)葬送は十一月十六日のことで『権記』には次のようにある。

申剋許参二冷泉院一、……帰宅、戌剋又参レ院、同四剋御葬送也、此剋院別当源中納言以下院司及侍臣等着二素服一、内大臣、藤納言、右衛門督、雖レ為二院司一不レ着、……御輿持三上自二寝殿南階一、昇二入南廂同階一間、御輿長等昇二御棺一、奉レ入二於輿中一、撤二小屋形一、須々利高欄如レ例、但輿可レ候二簀子一也、行歩十六基持二廻階前一、其中階前導師、院源、呪願等了、出三御自二西方一、予壊二南垣丙方一、院司等候二障内一、藤納言以下候二障外一、自二町戸(ロカ)一北行、経三二条路一、因二粟田口路一、経二白河殿南路一、赴二禅林・円成寺等一西路北行、喪庭南外鳥居西外有二六丈幄一、内大臣以下候レ之、源中納言入二御葬所一行レ事、暫之右近中将済政朝臣為二勅使一奉レ問、子剋 月午程、余帰レ家、鴨河小祓、木工頭雅通奉レ懸二御骨一、黄幡主典代守忠持レ之、申剋許左大臣被レ参レ内、自二今朝一候レ院行レ事、主上此夜服二縗麻一御二倚廬一云々、

ここに見える、行成が赴いた冷泉上皇の御所であった「冷泉院」というのは、大内裏東南と接する

図14　冷泉天皇 桜本陵

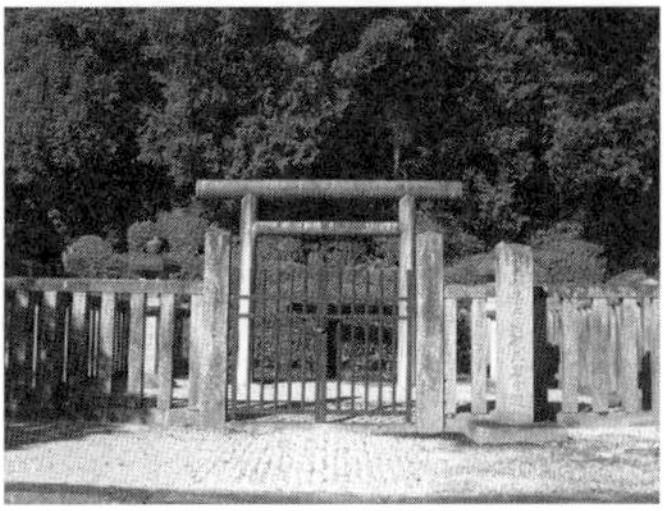
図15　昌子内親王 岩倉陵

後院として著名なそれではなく(4)、亡き冷泉上皇の遺体が置かれた東三条殿南院を指していることは葬送所へ向かう経路、すなわち町小路を北行して二条大路を東行という記述からわかる。夜になって寝殿に安置されていた棺を納めた御輿は、二条大路を東へ鴨川を渡って粟田口路をとり、藤原摂関家の別業である白河殿の南を経て禅林寺、円成寺に立ち寄り、その西路を北行して葬送所にいたっている。そこで荼毘に付され、遺骨は木工頭源雅通が首に懸けて運んで埋骨しており、その場所は桜本寺と至近の北方であった(5)。

葬送の日に三条天皇（冷泉天皇第二皇子）は倚廬《いろ》に御したとあるが、倚廬とは天皇が父母の喪（諒闇）の時に籠もる仮屋のことである(6)。葬送の一〇日後、道長は御陵に二〇人の沙弥を置き、仮舎を造るように命じているが、御陵は桜下(本)寺と至近なのでこの寺に置くことにしたとある(7)。

村上天皇の土葬に対して子の冷泉天皇は火葬であり、以後は火葬が一般化するので、この時期を葬送儀礼の一つの画期と捉える説があるが(8)、傾聴すべきである。

ついでながら冷泉天皇皇后の昌子内親王（朱雀皇女）は土葬であった。太皇太后昌子内親王が橘道貞（和泉式部と結婚中）の三条宅において重病におちいって出家し、名香を手に盛り、西方を向いて弥陀の宝号を唱えながら五〇歳の生涯を閉じたのは長保元年（九九九）冬のことであった。(9) 病いがちな冷泉天皇と同殿することはほとんどなかったが、寛和元年（九八五）岩倉の大雲寺内に観音院を創建しており（ゆえに観音院太后と称す）、ここが埋葬地となった。

崩御の翌日の辰の刻に棺を造り始め、子の刻に亡骸を御湯で拭いて棺に納め、ただちに観音院へ移送、二時間ほどで到着している。三日後には葬送が挙行された。(10) その朝に地鎮をおこなって魂殿（霊屋）を造り、その内部を二尺ばかり掘り下げて薦布・絹などを敷き、薪を積んでそこに棺を据え、さらに魂殿内いっぱいに薪を積んだ。そこで阿闍梨たちによる光明真言の唱名があり、加持沙を棺の上に灑《そそ》いで魂殿を固めた。(11) それが終了した時点で葬送に用いた車・牛・屛風・几帳・簾・御手水具などは寺家に施入している。

図16　円融天皇 後村上陵

図17　円融天皇 火葬塚

御陵は左京区岩倉の岩倉陵である。

○円融天皇

冷泉天皇の譲位にともない践祚した弟の円融天皇は、叔父兼通・兼家兄弟の摂関をめぐる熾烈な争いに翻弄され、在位一五年、二六歳の若さで帝位を降り、翌年病いにより落飾し、[12]御願寺の円融院（円融寺とも、いまの龍安寺の地にあった）に居住して六年後に崩御した。崩御の五日後に入棺がおこなわれ、その二日後には円融寺北原へ葬送、荼毘に付されて父、村上天皇の傍らに埋骨された。[13]なお、遺言によって素服・挙哀・国忌・山陵を停止しているが、このような停止は宇多・朱雀両天皇あたりから慣例となっている。[14]

○花山天皇

次代の花山天皇は、一七歳で即位したけれど父、冷泉天皇と同様に二年の在位で譲位に追い込まれている。即位時に外祖父の藤原伊尹、その娘で母の冷泉女御であった懐子はすでに亡く、叔父の権中納言藤原義懐が政治を後見したが、藤原元方の怨霊に取り憑かれるなど新帝には異常な行動が目立ち、即位式の時に褰帳の命婦を高御座内に引き込んで犯したという逸話（『古事談』巻第一　十七）など艶聞も多い。東宮懐仁《やすひと》親王の即位を画策する外祖父の藤原兼家は、寵愛する女御藤原忯子が懐妊のまま他界したことで失意のうちにある花山天皇を子の道兼に命じて出家に誘い込み、元慶寺（花山寺）で果たすと間髪をいれず践祚を実現させた。七歳の一条天皇の出現である。

花山法皇は寛弘五年（一〇〇八）二月八日の亥の刻に崩御するが（四一歳）、それは父の冷泉上皇に先立つものであった。法皇の入棺は崩御の三日後の亥の刻のことで、遺体の沐浴には戌亥方つまり西

図18　花山天皇 紙屋川上陵

北方の水を用いている。棺も崩御所である花山院（近衛高倉東南）の東の対の「戌亥方北垣辺」で造作している。亡くなった場所が沐浴の水・造棺の方角を左右するのは興味深い。遺詔により挙哀・素服・国忌・山陵などが停止されており、「毎事不レ異二凡人一」とある。入棺には二人の僧と二人の出家者が従事したが、出家者の一人は入道中納言こと藤原義懐（法名は寂真）であった（『権記』二月十一日条）。花山天皇の出家を耳にするや翌日に出家して比叡山に籠もり修行に励んだ義懐は、どんな気持ちで遺骸と対面したことであろうか。この五か月後には彼も五二歳の生涯を閉じている。[15]

法皇の葬送は六日後の十七日の亥の刻で、その場所を道長は「大和寺東辺」と記しており、『日本紀略』には「紙屋川上法音寺北」に葬ったとある。[16]一八世紀前半に成った『山城名勝志』（巻之七）には、大和寺について桓武皇子の良岑安世の子で遍昭僧正の弟の良松を開基とし、法音寺については施無畏寺跡の南にあったと記す。そしてこれより数十年後にできた『中古京師内外地図』を見ると、法音寺の北に施無畏寺、その北に大和寺、そして紙屋川をはさんで東に花山院陵の描写がある。これらは『御堂関白記』ほかの記述と矛盾するものではなく、こんにちの花山天皇陵の位置はおおむね妥当と考えてよさそうである。

二　一条・三条天皇

○一条天皇

次代の一条天皇の崩御は、寛弘八年六月二十二日のことで冷泉上皇崩御の四か月前であった。七歳で即位して四半世紀におよぶ帝位のうち一〇年目からは道長政権下にあった。平安時代の三三人の天皇の中で二番目の在位の長さに比して、三二歳という享年の低さは幼年の即位を象徴するものである。一か月前から病みがちであった天皇は、崩御の月初めに東宮の居貞《おきさだ》親王（三条天皇）を呼んで譲位の意思を告げ、十三日に譲位、六日後に出家している。その二日後、法皇は重態の身で、傍につき添う中宮彰子に向かって先に逝く心境を「露の身の草の宿りに君を置きて塵を出でぬることをこそ思へ」と詠み、見守る人々は雨のような涙を流したという。崩御前夜のことである（『御堂関白記』）。天皇の信頼の厚かった藤原行成は崩後の様子を詳細に書き留めているので、『権記』を中心に『御堂関白記』『小右記』などを見ながら、その動向を追うことにする。

二十二日になって死線を彷徨《さまよ》っていた一条法皇は念仏を唱えていたが、午の刻には崩御が確認されている。場所は一条院内裏の中殿（清涼殿の北の対を充当）の夜御殿。葬送に関しては、大炊頭賀茂光栄の勘申による雑事定めと実行とでは多少の時差がある。入棺は三日後の二十五日の子の四刻で、その一四時間前の巳の四刻に一条院の西北の小門のところで造作の棺が主典代・後院の人たちによって中殿の南簀子まで舁き運ばれ、そこからは殿上人により夜御殿の南戸内まで運び込まれた。亥（北西）の方角から汲んだ水で沐浴された遺骸は装束を着けて棺に納められ、[17]中宮彰子・東宮敦成《あつひら》親王（後一条天皇）はじめ有縁の人々が形代を入れた。注目されるのは八日の葬送所なども含め西北の方角が重要視されている点で、後に述べる通りである。

なお『御堂関白記』の二十五日条によると、道長は、乾の方（西北）で荼毘に付す場所として「巌陰」の前方に吉所があって御喪所（葬送所）としては良いが御陵所にはならないとの報告を受け、さらに三日後には、金輪寺[18]に上って御陵所を検分してきた源俊賢・藤原広業・賀茂光栄から「その場所は故殿と大北方の墓所の傍なので良い場所」との所感を得ているが、日次・方角が良くないとの理由で他所になったことについては後述する。

ここにいう故殿と大北方とは道長の両親の藤原兼家と時姫のことである。兼家は正暦元年（九九〇）に六二歳で薨じ、葬送所と思しき所が「鳥部野北辺也」と知られるだけで詳細は伝わらず、[19]時姫にいたっては天元三年（九八〇）正月十五日の卒去（『小記目録』）が知られるのみであるが、上の記事から金輪寺に葬られていることがわかる。

いっぽう、浄妙寺の創建の目的について道長は、「此願非レ為二現世栄耀・寿命福禄一、只座二此山一先考（兼家）・先妣（時姫）及奉レ始二昭宣公一諸亡霊、為二無上菩提一、従レ今後、来々一門人々為レ引二導極楽一也」（『御堂関白記』寛弘二年十月十九日条）と述べており、両親が木幡に葬られていることを暗示する。

そういうわけで両親の遺骨の埋納所は一門の墓地である木幡の蓋然性が高いので改葬されたということになろうか。なお金輪寺の所在地は明らかではない。

一条法皇の葬送は七月八日におこなわれ、四〜六月が闕巻の『小右記』も七月の記事はあるので『権記』『御堂関白記』と併せてみていく。

寅の四点というから朝一番に賀茂光栄による地鎮があり、ついで山作所のことがあった。昼前には御輿が中殿北西の渡殿の板敷の上に運び込まれた。御輿の大床の上には帷を懸け、前後に小障子を立て、左右に高欄を付けた小屋形がのっており、その中に須々利が置いてあったが[20]、棺を納めるために小屋形・須々利を撤去している。八人の御輿長により夜御殿の南戸から舁き出された棺は、秉燭の左中弁・右中弁の先導で御輿のところまで運ばれ大床上に舁き置いて須々利と小屋形で覆った。御輿は西を前にし、棺は東枕にしてあった（入滅・入棺時のまま）。権僧正慶円（天皇の出家時の戒師）が呪願、権大僧都院源が導師となって二〇名を超す僧たちによる読経があり、御輿が一条院を出発したのは夜の一一時頃であった。中殿の西、西北舎の東北を経て、乾方の築垣を壊して一条大路に出て大宮大路を北行して京外へ、行成の世尊寺の北側の道を西へ、壬生大路末から斜めに船岡山の南西の麓を通って北へ、紙屋川に沿って北上し、山作所へ上っている（葬送所）。

棺を乗せた御輿が長庭にいたるころ一五人の諸大夫（四・五位の官人）が秉火で迎えたが、御輿は所衆の持つ一六基の行障で覆われていた。焼香者、香を頚に懸けた所衆、黄幡を持った主典代らがつき従い、休所において御手水・御膳を供し、竈所では、中納言の源俊賢・藤原隆家・行成、権僧正慶円以下十数名の官人や僧が立ち会って荼毘に付された。その間、上物（供えた品物）を外垣の外の北東で焼却している。(21) なお山陵・国忌・素服・挙哀は遺言に従って停止されている。この日、藤原実資は慎むところがあって列席しないことを前日に頭弁へ消息で伝え（『小右記』七月八日条）、参列した子の資平から報告を受けて日記に書き留めたのである。

荼毘にいたる一連のことが終わったのは翌朝のことで、拾骨は藤原隆家・行成・兼隆の公卿以下六人と慶円ら僧がおこない、四升ほどの大きさの白壺に入れ、僧正慶円が光明真言を念誦し、その遺骨を参議藤原正光が頸に懸け（参議がこの役を奉仕したのは未聞、と実資はいう）、院源僧都が供奉して円成寺へ向かった。これを左大臣道長らと見とどけた行成は帰路の途次で小禊をし、帰宅したのは昼前であった。円成寺は仮の安置所であり、納置に備えて中納言源俊賢と深覚大僧都が掃除に従事した。

図19　一条・三条天皇 火葬塚

なお、葬送の場所について『小右記』九日条には「巌陰、長坂東(22)云々」とあり、納骨所に関しては「可レ奉レ置二金輪寺一、而依二日次不一レ宜、暫安二置禅林寺辺寺一云々、……後聞、御骨安二置円成寺一、来月二日可レ奉レ埋二金輪寺辺一云々」とあるが、二日後の十一日条には「院御骨初定レ可レ置二金輪山一、而改三定猶安二置円成寺一、過二三箇年一可レ奉レ置二円融院一者」

図20　一条天皇 円融寺北陵

とあるので、この段階で八月二日の金輪寺云々は消えている。ちなみに八月二日は一条院中殿において四十九日の御斎会がおこなわれている。七月二十日のこと、早朝から円成寺に修理職の工人らを派遣して納骨堂を造り（堂の造作は方一間の三昧堂の形状で堂内には桶を置く）、夕刻には完了して骨壺を桶に入れ、堂に納めている。(23)

ところで一条天皇は生前、中宮彰子および藤原道長や近習の人たちに土葬にして父、円融天皇陵の傍らに埋葬して欲しい、と語っていたが、それを道長は失念していて火葬にしてしまったのである。そのことに気づき慨嘆した道長は、方忌み（「大将軍在二西方一」）の間はこのましばらく円成寺に安置しておいて三か年後に円融法皇陵の傍らに移せばよいということになった。(24)

したがって東方に位置することになる仮安置所の円成（城）寺について、『権記』七月条には「仁和寺法皇御室在二塔西一、僧房南端也」（十七日）とか「是仁和寺法皇御室也、華山法帝又御存生御二此所一、仍曰二御室一也」（二十日）とあって、宇多上皇や花山天皇の御在所であったことを語る。その場所についてはすでにふれたので繰り返さないが、(25)遺骨は平安京外の西北から東山まで延々と運ばれたことになる。

ところで遺骨が円成寺へ仮安置されたその日のこと、人魂が二つ竈殿に落ち、夜明けに白雲が天にわたったのを人々は歩障雲と呼んだという。その夜には敦康親王邸にも人魂があらわれて西北を指して走ったという（『権記』七月九日条）。その方向は葬送の場所であった。

方忌みから三年間という限定で円成寺に仮安置された遺骨が円融寺の北方へ移送されたのは、九年後のことであった。源経頼は『左経記』寛仁四年（一〇二〇）六月十六日条に次のように記している。

故一条院御骨為レ避二方忌一、年来奉レ置二円成寺一、而依二方開一、主計頭吉平朝臣奉レ仰、可レ奉レ置二御骨一之処、卜二鎮円融寺辺一、今日奉レ渡、大宮少進季任朝臣奉レ持二御骨一云々、是依レ為二彼院判官代一也、仍今日許下二御簾一、止二音楽一、余奉二仕朝夕陪膳一、無二警蹕一、風聞、入道殿（道長）御二坐円成寺一、被レ行二諷誦一、布施絹卅疋、為レ訪二仙院御幽骨一也云々、以二戌剋一奉レ遷二御骨於円融寺北方一、円融院御陵辺也、其儀、御骨壺奉レ納二小塔一、納二韓櫃一、僧四人荷レ之、季任朝臣親奉レ副レ之、中宮大夫（藤原斉信）、太皇太后宮大夫（源俊賢）、兵衛督（藤原公信）、式部大輔、広業、等歩行供奉、皆是御存日近習人也、入道殿入レ夜自二円成寺一帰京云々、関白殿（頼通）被レ行二万僧供一云々、

土葬の遺言は叶わなかったけれど亡父の傍らに埋葬との遺言は果たされたわけで、道長も胸を撫で下ろしたことであろう。もっとも冷泉天皇以降は火葬が続いたから道長が失念したのも無理からぬことではある。現在、京都市右京区の朱山の地に陵墓が治定されているが確証に乏しく、広範囲のいずれかの地ということしかいえないように思う。

○三条天皇

四半世紀におよぶ東宮を経験して帝位についたのが三条天皇である。そして東宮には藤原道長の娘で中宮彰子所生の一条天皇第二皇子の敦成親王が四歳で立った。三条天皇には一八歳になる第一皇子の敦明《あつあきら》親王がおり、母の皇后藤原娍子も健在であったが、後見人となるべき外祖父の藤原済時（大納言）はすでにこの世になく、敦成親王の立太子は衆目の認めるところであった。道長の究極の目標は天皇の外戚になることであり、そのためには外孫の一日も早い即位の実現が必要であった。そこで道長は、眼を患う三条天皇に再三にわたって譲位を迫り、二度にわたる内裏の焼失も追い打ちをかけ、ついに天皇は五年足らずで帝位を降りることになる。譲位直前に詠んだ「心にもあらでうき世にながらへば恋しかるべき夜半の月かな」が天皇の心中を吐露していよう。

長和五年（一〇一六）正月二十九日、三条天皇は枇杷殿にて譲位し、神璽と宝剣を携えた道長以下の一行は枇杷殿の東門を出立し、南の陽明門大路を東進して敦成親王の待つ土御門第へ南門から入っている。五〇〇メートルほどの道程は行幸のようであったという。ここに九歳の後一条天皇が誕生したのであり、東宮には敦明親王が立った（『御堂関白記』『小右記』）。外孫の即位で道長は一年余り摂政となったが、後を頼通に委ねている。

東宮となった敦明親王は、翌年に父の三条上皇が崩御すると三か月後に東宮を辞し、代わって後一条天皇の実弟の敦良《あつなが》親王（八歳）が東宮となった。(26) 敦明親王は小一条院の号を授けられ准太上天皇の

図21　三条天皇 北山陵

待遇を得ている。そもそも敦明親王の立太子は、三条天皇が譲位の条件として提示した結果によるから、父亡き後の辞退は予想されたことではあった。ここに道長は天皇・東宮の外祖父となり、翌年秋には三后を娘で独占するといった前後に例をみない快挙をなし遂げ、望月の歌を披露することになる。(27)

寛仁元年（一〇一七）五月九日の朝八時頃に御所の三条院（東洞院西、押小路南）で崩御した三条天皇の入棺・葬送に関しては、詳述を旨とする『小右記』の闕巻が惜しまれるが、簡略ながら道長が書き留めている。(28)

早朝召二文高一、院御葬令レ進二勘文一、後定二行雑事一、戌時御入棺并御出、以二巳時一遣二左大弁一、令レ見下可レ置二御骨一所上、返来（ママ）寺後山吉所也、文高相共定二申御墓所一、舟岳（船岡）〔西カ〕東北方者、以二頼光朝臣一御葬由内令レ奏、按察大納言（藤原斉信）行二固関事等一、付レ国云々、依レ有レ労不レ候二御共一、是除後不〔目脱カ〕レ能二行歩一、又病後無力無レ極、仍不二奉仕一、非レ無レ志、不レ任レ身、

陰陽師秦文高の占申に従って葬送が挙行されたようで、三日後の夜に入棺のことがあり、荼毘に付された遺骨は船岡山の西北に埋葬された。その場所は先に述べた一条天皇の「岩蔭」と同所であった。(29)源頼光は三条院別当を勤めていた関係から奉仕している。当の道長は、葬送に立ち会う意思はあった

ものの病後のため取りやめている。

三条天皇の四二年の生涯は決して幸せではなかったと思う。さらには中宮妍子は父と夫の板ばさみで心痛めた日々であり、父の道長に先立つこと三か月、三四歳の崩御は悲哀に満ちている。

三　後一条天皇

外祖父藤原道長の後援により九歳で帝位についた後一条天皇は、二〇年後の長元九年（一〇三六）四月十七日に在位のまま清涼殿の昼御座において二九歳で崩御された。天皇の納棺・葬送・服喪などについては源経頼（時に参議右大弁）の『左経記』に「類聚雑例」として別掲され（以下とくに断らない限り『左経記』による）、実に詳細な記録となっており関説する研究も多い[30]。後一条天皇の葬儀に関しては、関白左大臣藤原頼通の直廬《じきろ》で随時に雑事定めがあり、それを経て挙行している。その議事の経緯も『左経記』に詳しいが、ここでは在位のままで崩御した天皇ゆえの遷座所の問題、新帝への三種の神器の移譲、尊号のことを含め入棺・葬送・埋骨といったことを中心にみておく。

清涼殿で在位のまま崩御した後一条天皇の葬儀については問題があったようで、崩日の十七日条に次の記述が見える。

漸及二戌刻一之間、遂崩二於清涼殿一、……関白相府（藤原頼通）被レ示二仰諸卿一云、可レ有二御譲位一之由奉レ詔、次参二啓東宮一之間忽以晏駕、於レ今者不レ可レ被レ行二其儀一、只令レ持二御劔等一早可レ被レ参二

昭陽舎一也者、次召二左少将行経朝臣・中将資房朝臣等於昼御座前一、被レ仰下令レ持二神璽宝劔等一可レ持二参昭陽舎一之由上、即自二承香殿北路一被レ参二彼舎一矣、……大行皇帝御在所方男女上下莫レ不二哀哭一矣、

（傍点筆者、以下同）

崩御前に譲位という天皇の意志を受け、その旨を東宮敦良親王へ伝える間に天皇が崩御したため、それは叶わなかった。そこで天皇の象徴である神璽・宝剣を清涼殿の昼御座から東宮の御在所である昭陽舎（梨壺）へ移している。後一条天皇の遺体の周辺に控える人々は悲しみのあまり号泣したという。ここで先帝のことを「大行皇帝」と記しており、これは太上天皇つまり上皇のことであるから譲位と認識しているのである。太上天皇については一か月後のこととして、関白の宿所に呼ばれて雑事を命じられた大外記清原頼隆は、亡き天皇にいまだ尊号を奉っていないが如何なものかと申し上げ、関白から先例を問われて、漢の高祖を引き合いに出して一条天皇の例をあげ、「尊号未レ被レ下之間称二太上天皇一、抑太上天皇者大行皇帝之号也」と具申し、関白も同意している。(31)

いっぽう、『日本紀略』同日条には「子刻、諸卿近衛以二璽劔一奉二皇太子於昭陽舎一、依レ有二遺詔一、暫秘二喪事一、以二如在之儀一、今日、譲二位於皇太弟一、大床子、并小御厨子、時簡、殿上御椅子等、運二新帝御所一」とあり、崩御の四時間後には剣璽をはじめ大床子などの調度を新帝のところへ運んでいる。ここで崩御を伏せて「如在之儀」としていることが注目され、つまりは譲位のかたちを取っているのである。(32)

譲位のかたちを取ったことにより、遺体を禁中（清涼殿）から発葬するのは憚りがあるので他所か

らということになった。まず候補にあがった一条院は破損がはなはだしいとの理由で却下され、次の法成寺は寺家に遷座の例がないので如何なものかとの意見に対し、先帝（後一条天皇）は時おり法成寺に臨幸して叙位・除目をおこなっており、他寺に准じる必要はなく何の憚りもない、との返答。ここで問題が生じ、「自二清涼殿一以二吉方一可レ定二御葬所一歟、将自二遷坐之所一可レ取二吉方一歟、其事一定之後可レ定二奉レ遷之所一歟」、つまり御葬所は清涼殿の吉方とするのか、遷座所の吉方か、そのことを議したうえで遷座所を決めるべきとし、先例にあたって陰陽師に勘申させている（四月十九日条）。

三日後には一条院もしくは法成寺のいずれかとし、この両所の申の方角をもって御葬所と定めたらよろしかろう、いずれ御在所（遷座所）が決定したうえで御葬所を定める、ということに落ち着いた。ところが一転して、先帝の母、上東門院彰子の意向により遷座所が上東門院（土御門第）と決まり、この邸の東の対を「殯殿」としている。この日の寅の刻というから朝一番、中宮藤原威子は檳榔毛の車で鷹司殿へ行啓した[33]。

午後に一条院の御堂で造作した棺を夜になって糸毛の車に乗せ清涼殿に運び込んでいる。経路は大宮大路を南へすぐの上東門から大内裏に入り、内裏へは西北の式乾門、さらに徽安門を通って清涼殿北面で車から降ろしている。通った門があまり用いることのない脇門なのは事がことだからであろう。ここからは棺を舁いて清涼殿の北廂、東廂を通って夜御殿に入り御所の傍らに置いた。次に申の方の水で遺体を沐浴し、薄物薄色の直衣《のうし》、白生絹の単重《ひとえがさね》・袴とともに棺に納め、そのほかに冠、錫紵、中宮威子と娘の章子（一品宮）・馨子（斎院）両内親王姉妹の「阿末加津」（天児《あまがつ》、つまり形代）なども入れている。

真夜中になって夜御殿から棺を舁いて黒戸（清涼殿の北廊）のところで御車に乗せ、藁履を着けた左・右中弁の松明の先導で蔵人・雑色《ぞうしき》らが御車に付き、慶命・永円以下の僧が藁沓を着けて後に続き、その後ろに関白以下二〇名ほどの公卿・殿上人が袍・巻纓・藁沓姿で白杖を持って従った。激しい雨だったので傘をさしかける従者も加わっている。清涼殿を出発した一行は、北へ弘徽殿・登花殿の西路を通って徽安門・式乾門を抜け、大内裏を上東門から出て土御門大路をまっすぐ東へ、京極大路を南下して土御門第へは東門から入り、東の対に御車を着けている。まず前大僧正慶命が、弁官の持つ松明を取って御所に進み大殿油に火を灯し（出発のさいに遺体が安置されている夜御殿でも慶命が大殿油に火を灯している）、数人が棺を舁いて大床子の上に北枕で安置、四方に几帳を立て南廂には棺当番の僧らが控えた（四月二十二日条）。

五月に入って内大臣以下の公卿らが関白頼通の直廬で御葬所・御骨奉蔵の寺などについて議し、六日後の五月十九日に葬送をおこなっている。寅の刻というから朝一番の暗いうちに陰陽師を遣わして地鎮祭をおこない、検非違使や工夫らをして山作所（葬場）を造営し、いっぽうで行路および橋などの造作をおこなっている。夕刻には衛門府の役人に命じて土御門第の東墻(垣)の一本を壊して御輿路を造らせ、その後に駕輿丁らが一条院で調えた御輿など（ほかに火輿・香輿・行障・歩障など。棺をはじめこれらはすべて一条院で調整）を運び込んでしばらく東墻の外に置いた。一時間後に駕輿丁がこの御輿を殯殿《もがりどの》（土御門第の対）の東階より廂内に舁き入れ、小屋形・須々利[34]を撤去し、関白以下の諸卿が見守るなか遺体を納めた棺を西枕にして槨に安置して小屋形・須々利で覆った。導師による呪願の後、御輿長が御輿を殿舎より舁き下ろし、それを二〇人の駕輿丁が舁いて山作所へ向けて出発した。その前後左右を行障・歩障[35]などで覆っていたことはいうまでもない。

黄幡を持った官人を先頭に炬火者、御前僧、歩障、火輿、行障、御輿、香輿らと続く葬送列の後方には関白以下の公卿、諸司の官人列（巻纓の衣冠姿に藁履《わらぐつ》を履き白木の杖を持つ）らもつき従って相当な人数である。経路は東北の門を出て土御門大路を東へ法成寺の北を通って鴨川の西堤を南へ三町ほど行った勘解由小路末で河原を渡り、神楽岡の南路を東へ、円成寺の西路を北上して山作所にいたっている。その間、一五〇余か寺が進路の両側から幄幔鳥居を立て香花灯明を供えて念仏で送ったという。円成寺は京都市左京区鹿ケ谷の大豊神社辺にあった仁和寺の院家であるが、応仁の乱で衰退し大和に移転して廃寺となっている。なお山作所の場所について『日本紀略』には「奉レ火二葬浄土寺西原一、神楽岡東面也」、『扶桑略記』には「葬二神楽岡東辺一、今菩提樹院是也」とあり、神楽岡の東の左京区浄土寺・鹿ケ谷のあたりの古地名は桜本であり、冷泉天皇陵として桜本陵（51頁図14）が知られる[36]。

この山作所の作り様は、方一〇八メートルの幔を巡らせた荒垣、その内側に方七二メートルの内垣（高さはいずれも一・八メートル）からなり、それぞれ南に高さ三・九、幅三・六メートルの鳥居があり、垣内は一面に白砂が敷き詰めてある。(37) そして内垣の中央に東西四・五、南北六・〇、高さ三・六メートルの貴所屋（竈所で中に薪を積んだ鑪《ろ》が置いてあり、四方には水が入った大桶を備える）を、鳥居の左方で荒垣と内垣の間に東西、南北、高さ各二・四メートルの葬場殿を設けている。(38) いずれも四面と屋上を幔で覆っている。「件山作所体頗雖レ違二先例一、依二寛弘八年例一所レ行云々」とあるから父の一条天皇の例に倣っており、一般の例とは異なっていたようだ。

周囲を行障で覆われた御輿は葬場の東庭に運び込まれ、小屋形などが撤去され、棺が下ろされて葬場殿に北枕で安置し、左中弁藤原経輔が陪膳役となって御膳を供している。そして導師の呪願の後、御輿長らによって棺が貴所に運ばれ北枕に安置、その間も行障で覆われていたことはいうまでもない。

図22　後一条天皇 菩提樹院陵

生絹で冠の額を結んだ官人らにより棺の蓋を上げて薪を挿しいれ、「始レ自レ艮至二于乾一次第付レ之、北方不レ渡レ之」とあるから東北から始めて時計回りに西北へと順に点火したが、頭のほうは避けている。こうして念仏を唱えるなか荼毘に付された。それは辰の刻というから午前八時ぐらいになっていた。相前後して天皇が日常用いていた御物や御輿・御膳・御手水具などを挙物所において焼却している。

その後、貴所屋の板敷・壁などを破却し酒をかけて火を消し、導師を勤めた前大僧正慶命らが呪《まじな》った砂を御葬所の上にまき、遺骨を拾って茶垸壺に納め、(39)砂を入れて蓋をし、梵字の真言書一巻を壺に結びつけ、白皮で裹《つつ》んで縫っている。この骨壺を左中弁藤原経輔が首に懸け、慶命の先導で近隣の浄土寺に安置した。いっぽう、貴所屋跡は土で覆って墓とし、石の卒塔婆を立て、周囲には釘貫を巡らせて樹木を植えた。貴所屋は火葬したところで、ここが菩提樹院と呼ばれる火葬塚である。(40)

すべてが終わり、関白藤原頼通は帰路につき、途中の鴨川で牛車などの祓いをおこなっている。それは「只以二草人形一不レ備二祭物一」と簡略なものであった。土御門第に帰り着いたのは午後三時頃である。

以上、省略したところもあって全容とまではいかないけれど、天皇の葬送記事としては最も詳細なものといえよう。そして葬送の様子は、一条天皇のそれにすこぶる類似しており、山作所が一条天皇に範をとったことが想起される。それと後一条天皇は在位のまま内裏で崩御したことで、遺体が内々に土御門第へ運ばれ、ここから正式に葬送をおこなっている事実には穢れの問題が関わるようで、新天皇が住まう内裏が穢れては支障をきたすことによるという。(41)内裏での死を否定する根拠として首肯すべき見解と思う。

四　後朱雀・後冷泉天皇

○後朱雀天皇

後一条天皇の後継は皇太弟であった年子の敦良親王（後朱雀天皇）であり、先帝の崩御にともない即位したのは二八歳と高年齢であった。しかし在位一〇年にして寛徳二年（一〇四五）正月十八日、三七歳で東三条第において崩御した。前年の冬から病いがちであった天皇は、崩御の二日前に皇子で皇太子の親仁《ちかひと》親王（後冷泉天皇）に譲位している。[42] 納棺・葬送に関しては記録がのこっていないため知りえず、かろうじて「高隆寺」の西北の原で荼毘に付し、遺骨は円教寺に安置されたことがわかる。[43]

道長の四女の嬉子（一九歳）は後冷泉天皇を生んですぐに他界したが、天皇は二一歳で即位して四半世紀ちかい在位を保ったから、道長による二段構えの叔母と甥の婚姻策は功を奏したことになる。その結果、藤原頼通の摂関は破格の半世紀におよんだ。それは後一条・後朱雀・後冷泉三代の在位期間に相当する。

図23　後朱雀天皇 円乗寺陵（手前）
後冷泉天皇 円教寺陵（中央）

○後冷泉天皇

後冷泉天皇が治暦四年（一〇六八）に四四歳の生涯を閉じたのは関白頼通の高陽院《かやのいん》の中殿においてであった。それを伝える『本朝世紀』には、

卯剋、天皇崩㆓于高陽院㆒、関白左大臣(教通)以下諸卿参入、酉剋、大臣以下奉㆑渡㆓璽劔於東宮㆒、御年卅五、同院、左少将俊賢、右少将家賢奉㆑持㆑之、大略如㆓御譲位㆒云々、

とあり、[44]崩御後に剣璽を閑院の東宮尊仁《たかひと》親王のもとへ渡しており、譲位のかたちはとっておらず、そのことは『百錬抄』同日条の「如在例也」によってもわかる。

後冷泉天皇の場合も父帝と同じように文献がないために納棺・葬送の詳細な経緯はわからず、一六日後に船岡の西北の原で荼毘に付され、遺骨は仁和寺山（円教寺）に埋納したとある。[45]父の後朱雀天皇と同所ないし至近らしい。

（1）村上天皇第一皇子の広平親王は母が大納言藤原元方の娘の更衣、祐姫（元子とも）で后としての地位が低かったため東宮になれず第二皇子の憲平親王（冷泉天皇）がなってしまった。そのことで元方親子は憂いに沈み、死後に怨霊となって冷泉天皇に取り憑いたといわれる（『大鏡』ほか）。また憲平と守平の間に為平親王がおり、同母であったから冷泉天皇即位の時に東宮になるはずであったが、結果としては弟が東宮となった。その理由は、妻が賜姓皇族の左大臣源高明（村上の異母兄）の娘であったことから、権力がその方へ流れるのを警戒した藤原師尹ら一族が画策し、円融天皇即位の直前に高明を朝廷から追放してしまった。それが安和の変である。

（2）『日本紀略』『権記』『御堂関白記』寛弘八年十月二十四日条。
（3）『権記』十月二十五・二十八日条。
（4）『御堂関白記』十一月十三日条の「参二入冷泉院一……」も同意。ちなみに『日本紀略』寛弘八年十月二十四日条には「戌刻、冷泉院太上皇崩二于南院一」とある。
（5）『御堂関白記』十一月十三日条によると、安倍吉平らに葬送所と御陵所を実見させ「桜本寺北方在二平地一、件葬并御陵吉由、吉平定申」の返事を得ている。『帝王編年記』十一月十六日条には「葬二桜本寺乾原一」、『日本紀略』同日条には「桜本寺前野」で火葬したとある。『小右記』十八日条には墓所と葬送所が同所であったような記述がある。なお禅林寺は現在の永観堂のことであり、円成寺と桜本寺はいずれも廃寺。円成寺は「円城寺」とも記し、九世紀後半に右大臣藤原氏宗の椿ケ峰山荘を受け継いだ妻の藤原淑子（関白基経の妹）が仏寺としたのに始まる。淑子の猶子となっていた源定省（のちの宇多天皇）はこの山荘で育ち、天皇となった時に定額寺とした。そのことで真言宗仁和寺の院家となった。応仁の乱後に大和国へ移転。円成寺の北にあったのが桜本寺である。今日の東山々麓の鹿ケ谷にある大豊神社（円成寺の鎮守社）辺りがその跡地という（『京都坊目誌』上京第二七学区／鹿ケ谷町「大豊神社」「円城寺址」、古代学協会編／角田文衞監修『平安時代史事典』〈角川書店、一九九四年〉の角田筆「円成寺①」「宇多天皇」項、日本歴史地名大系『京都市の地名』〈平凡社、一九七九年〉「左京区／円成寺跡」項）。長年不明となっており明治になって鹿ケ谷法然院町の現在地に冷泉天皇桜本陵を定めたが、ここを大きく離れることはなかろう。なお『千載和歌集』巻第十七 雑歌中に「頭下ろしてのち東山の花見ありき侍りけるに、円城寺の花おもしろかりけるを見てよみ侍りける　前中納言基長」の詞書で「いにしへに変らざりけり山ざくら花は我をばいかゞ見るらん」の一首がある。権中納言藤原基長の出家は承徳二年（一〇九八）のことである。

(6)『御堂関白記』『小右記』同日条。倚廬については『国史大辞典』（吉川弘文館）に「板敷を普通より下げ、廬の簾、布の帽額などを用い、すべて簡素である。天皇は剣璽を持して渡御、錫紵を着られる。その期間は十三日間（諒闇一ヵ年を十三ヵ月とし、日を以て月にかえる）であるが、時によって伸縮があった。しかし倚廬は他の御所にしつらえて代用することが例であり」とある（中村一郎筆「倚廬」の項）。兼好法師は倚廬について「諒闇の年ばかり、あはれなることはあらじ。倚廬の御所のさまなど、板敷を下げ、葦の御簾を掛けて、布の帽額《もかう》あらあらしく、御調度どもおろそかに、皆人の装束・太刀・平緒まで、異様なるぞゆゆしき」と記し、質素なさまがわかる。この諒闇は元応元年（一三一九）崩御の談天門院、藤原忠子（後宇多法皇妾で後醍醐天皇の母）を指す（西尾実・安良岡康作校注『新訂　徒然草』、岩波文庫）。

(7)『御堂関白記』寛弘八年十一月二十五日条。

(8) 荒木敏夫「即位儀礼と葬送儀礼——古代を中心として——」（永原慶二ほか編『講座　前近代の天皇第四巻　統治的諸機能と天皇観』、青木書店、一九九五年）。

(9)『小右記』『日本紀略』長保元年十二月一日条。

(10)『小右記』長保元年十二月二・五日、『権記』同五日条。

(11) 光明真言には「真言密教でとなえる呪文の一つ。……これをとなえると一切の罪業が除かれるといい、この真言をもって加持した土砂を死者にかけると、生前の罪障が減する」（『日本国語大辞典』第七巻〈小学館〉「光明真言」の項）との意味が込められている。また、魂殿内に薪を積んで棺を据え、さらに薪をいっぱいに積みあげて魂殿を固めたことについて、福山敏男氏は「小右記にはその後の火葬のことを記さず、権記にも火葬を用いるなと遺命があったと記すから、殿内の薪は点火するためではないらしい」と述べ（「中尊寺金色堂の性格」、『寺院建築の研究 下』〔福山敏男著作集三〕中央公論美術出版、一九八三年、初出は一九六九年）、清水擴氏は「遺体を保存するための措置であったと考えられるから、火葬はある期間を経て執り行われたとするのが妥当だろう」「遺命に従って直ちに火葬にすることは控えたが、後日を期して荼毘に付せるよう、殿内に薪を積み満たした」と推定している（「古代天皇の葬法と建築」、『平安時代仏教建築史の研究――浄土教建築を中心に――』中央公論美術出版、一九九二年、初出は一九八九年）。

(12)『日本紀略』寛和元年八月二十九日条。

(13)『日本紀略』『小記目録』『扶桑略記』正暦二年二月十二・十七・十九日条。

(14)『日本紀略』『扶桑略記』正暦二年二月十九日条。谷川愛「平安時代における天皇・太上天皇の喪葬儀礼」（『国史学』第一六九号、一九九九年）など参照。

(15)『権記』寛弘五年七月十七条。

(16)『御堂関白記』『日本紀略』『権記』寛弘五年二月十七日条。なお埋骨は翌日におこなわれた（『小記目録』）。

(17)『御堂関白記』六月二十五日条に「御入棺奉二御装束一、是御家料被レ調二中宮一也」とあって中宮彰子が調進している。

(18)『権記』二十八日条には「向二金輪山一、占二御骨可レ安之処一云々」とある。

(19)『日本紀略』正暦元年七月二日条。『本朝世紀』同年七月条に「□摂政大臣葬送也、葬官無レ被レ補□鳥部野北辺也、七大寺并諸寺等各唱二念仏一、依レ例、弁少納言外記史率二史生左右史生官掌召使等一参二彼葬送之山辺一、献二厨家酒肴一、是故実也」とあるが、肝心のところが虫損である。

(20)小屋形、須々利については本書第一章5頁に所引の『西宮記』の記事と符合する。

(21)これが慣例であったことは朱雀天皇の項で述べた。

(22)『日本紀略』には「今日、奉レ葬二先皇於北山長坂野一、左大臣以下参集、正光卿持二御骨一、暫奉レ安二置円城(成)寺一」、『帝王編年記』には「葬二北野永坂内本善寺前一、安二置骨於円成寺一」(いずれも七月八日条)とある。一条天皇の葬送所として「巌陰、長坂東云々」をはじめ三条天皇、道長娘の寛子、嬉子(後朱雀天皇妃)らが荼毘に付された場所で、巌(岩)蔭、巌(岩・石)陰などと書く。いまの京都市北区衣笠に所在。『京都市の地名』(注5)の「北区」に詳しい。

(23)『権記』二十日条によると、納骨堂については「無レ庇、三面佐久利皮女、一面有レ戸、四角々木上葺レ板如二屏上一、其上置二蕨形一、中置二葱花形一、堂内置二押覆桶一、桶上押紙」、桶の造り様は「白瓷壺、以二茶垸器一為レ蓋、白革袋裹レ之、納可五升〔千桶カ〕」とある。一方、『小右記』同日条には「伝聞、故院御骸骨日来奉レ安二置円成寺一、今日吉日、仍作下如二小韓櫃一物上、深蓋、納二御骨嚢一、作下如二念代一物上方二尺、面有レ戸、一納二殻櫃一、々々上造二小屋一、居二宝形一安二置戸内一」とある。ところで当初に埋葬地と予定された金輪寺には点定の絵図を書き石の卒塔婆を造って設置までしたという(『小右記』七月二十日条)。

(24)『小右記』七月十二・二十日条、『権記』『御堂関白記』同二十日条、『栄花物語』巻第九。

(25) 注(5)参照。

(26) 『御堂関白記』『小右記』寛仁元年八月九日条。

(27) 『小右記』『御堂関白記』寛仁二年十月十六日条。太皇太后に彰子、皇太后に妍子、皇后に威子。この翌日に道長は視力の衰えを実資に漏らしており（『小右記』）、五か月後には出家を遂げている（『小右記』寛仁三年三月二十一日条）。

(28) 『御堂関白記』寛仁元年五月十二日条。なお、三条院での崩御は『日本紀略』同九日条に見える。

(29) 『栄花物語』巻第十三に「十二日の夜ぞ御葬送せさせたまふ。一条院のおはしましし岩蔭にぞおはしましける」とある。ほかに「奉レ葬二三条院於石垣一」（『日本紀略』十二日条）、「葬二於舟岳北野一」（『扶桑略記』九日条）、「葬二船岡西辺一奉レ埋二御骨於北山小寺中一」（『帝王編年記』十二日条）が参考となる。

(30) 上野竹次郎編『山陵』（山陵崇敬会、一九二五年）に「後一条院天皇、菩提樹院陵」の項目で崩御から拾骨、御陵地の簡単な記述が見られ、同書の新訂版（名著出版、一九八九年）に付録として所収の小松馨「後一条天皇の喪送儀礼」は日時を追って段階的に整理しており、同じく岡田荘司「天皇喪送の沿革」、佐藤真人「天皇の喪送と仏教儀礼――平安時代を中心に――」、並木和子「平安貴族の葬制――女性の例を中心に――」も後一条天皇の葬送についてふれている（いずれも『歴史手帖』〈第一七巻二号、一九八九年〉に掲載のものを再録）。そのほか中村義雄「王朝貴族と通過儀礼」（『王朝の風俗と文学』塙書房、一九六二年）、福山敏男「中尊寺金色堂の性格」（注11）、清水擴「古代天皇の葬法と建築」（注11）、荒木敏夫「即位儀礼と葬送儀礼」（注8）、堀裕「天皇の死の歴史的位置――「如在之儀」を中心として――」（『史林』第八一巻一号、一九九八年）、谷川愛「平安時代における天皇・太上天皇の喪葬儀礼」（注14）、山田邦和「平安時代天皇陵研究の展望」（『日本史研究』第五二一号、二〇〇六年）なども後一条天皇の葬送にふれている。

（31）『左経記』長元九年五月十九日条。なお五月一日条に「又有下可レ奉二称号一之議上、相府命云、尋二一条院御時例一、無二宣旨一只奉レ称二一条院一云々、仍准二彼例一奉レ称二後一条院一如何、彼此被レ申云、甚佳事也」とあり、尊号が「後一条院」に決定したことを知る。

（32）「如在之儀」については、堀裕「天皇の死の歴史的位置」（注30）を参照。

（33）檳榔毛車を用いたことについては「天徳四年、永祚二年皇后御服間乗二檳榔毛一行啓云々」とあり、前者は右大臣藤原師輔薨去による娘の中宮安子、後者は関白藤原兼家薨去による孫の中宮定子を指す。前日の二十一日条には「明日寅刻中宮可レ遷二御従一位源朝臣鷹司家一、依レ例可レ催二候供奉公卿侍臣諸司等一者」とあり、鷹司殿は土御門第の西隣に所在し、母源倫子の持ち家で中宮威子が居住していた。この中宮も五か月後、疱瘡を患って出家、崩御している（三八歳）。

（34）『左経記』には「小屋形須々利」とか「須々利小屋形」とあるが、これが別物であることは『西宮記』（巻十二　天皇崩事）の「大輿如レ床四角有レ轅、其上四角朱欄、々内立二小障子一、以レ帛作、黒縁、障間内立二同障子一、其中立二小屋形一、々如レ加二廂五間屋一、々上張二紫絹覆一、瓦形廻二五間一施二帛帷一、有二同冒額歛一、内置二須々利一、以レ帛張如レ榔、中有二御榔一」によって知られる。

（35）行障については「以二帛絹一縫レ之、長各五尺余五幅、蔵人所雑色以下十六人、着二当色一持レ之、御輿左右各五人、前後各三人」、歩障は「行障外左右各四条、条別長各六丈、五幅以二帛絹一縫レ之、小舎人并後院蔵人召使等四十八人着二衣冠当色等一左右相分持レ之、条別五人各以二白木竿一為レ柄、前後引塞」と

あって実相が知られる。そして歩障は行障の外を取りまいており、また火輿（「歩障内立二行障外一」）や皇輿（「在二行障外歩障内一」）の説明からもうなずける。

(36) 注(5)『京都市の地名』の「左京区／桜本陵」参照。

(37) 後一条天皇崩御の一年前に崩じた村上皇女の大斎院選子内親王の場合にも外垣・内垣・鳥居の存在が知られる（『左経記』長元八年六月二十五日条）。

(38) 後一条天皇の山作所（葬場）については小松馨・山田邦和両氏に想定復元図があり（注30に所引の論文）、山田氏はその参考として京都大学北部構内や長岡京市西陣町の遺跡で見つかった平安・鎌倉期の火葬塚をあげている。

(39) 拾骨に関わったのは「権大納言、新大納言、前大僧正慶命、権小僧都済祇等」とあり、『日本紀略』などから権大納言は藤原長家（道長息）、新大納言は源師房（頼通猶子）であることがわかる。

(40) 『日本紀略』五月十九日条に「遺詔、停二素服挙哀一、不レ任二喪司一、不レ置二国忌山陵一、従二今日一立二伽藍於神楽岡東一、名曰二菩提樹院一」とある。後一条院の遺詔によって国忌・山陵・素服・挙哀などが停止されている。なお『扶桑略記』には「葬二神楽岡東辺一、今菩提樹院是也」とある。この菩提樹院は天皇の母、上東門院（藤原彰子）の建立になるもので、のちに故天皇の御骨を浄土寺から移し、皇女の章子内親王（二条院）は東に御堂を建立し、ここで崩じている（『京都坊目誌』上京第二七学区／浄土寺町、注5『平安時代史事典』の竹居明男筆「菩提樹院」・山田邦和筆「菩提樹院陵」の項など）。

(41) 注(30)堀裕論文。七〇年近く前に内裏で崩御の村上天皇はただちに死として扱われているし、のちの堀河・近衛天皇もしかりであるが、村上天皇は後院、ほかは里内裏であったので、新天皇は内裏ないし別の里内裏を居所とできた、と指摘している。

(42)『扶桑略記』『百錬抄』寛徳二年正月十六・十八日条、『栄花物語』巻第三十六。

(43)『帝王編年記』『扶桑略記』寛徳二年二月二十一日条。「高隆寺」は香隆寺のことで蓮台寺とも関わるらしい(『山城名勝志』巻之八、注5『平安時代史事典』の五島邦治筆「香隆寺」)。円教寺は仁和寺を中心に造営された四円寺の一つで一条天皇の御願寺である(平岡定海「四円寺の成立について」『日本寺院史の研究』、杉山信三「仁和寺の院家建築」『院家建築の研究』——ともに吉川弘文館、一九八一年)。

(44)『本朝世紀』『扶桑略記』『百錬抄』『水左記』治暦四年四月十九日条。

(45)『扶桑略記』『百錬抄』『本朝世紀』『帝王編年記』治暦四年五月五日条。なお『栄花物語』は治暦四年から三年近くの記事を欠く。

第三章　院政期の天皇の葬送

はじめに

周知のごとく院政とは、応徳三年（一〇八六）に在位一五年目の白河天皇が三四歳の若さで八歳の皇子、善仁《たるひと》親王（堀河天皇）に譲位して太上天皇となり、天皇政治を後見した政治体制をいう。(1)そして、その前兆として白河天皇の父の後三条天皇に院政の意志がみられたけれど上皇となって五か月後に崩御したことでそれは果たせずに終わった、という理解があるが、(2)そうではなく病いによる譲位との説が近年では有力である。

一　後三条・白河・堀河天皇

○後三条天皇

後三条天皇は名を尊仁《たかひと》といい、後朱雀天皇（藤原道長の娘彰子所生）の第二皇子で、三条天皇皇女の禎子内親王（陽明門院、母は彰子の妹の妍子）を母とする。天皇にいたった皇子として、久しくみなかった摂関家の娘を母としない皇子の誕生であり、なんと一一代前の醍醐天皇以来、一七〇年ぶりのことであった。

尊仁親王は義兄で第一皇子の後冷泉天皇の践祚にともない一二歳で皇太弟（東宮が天皇の弟の場合の呼称）となった。これは父の意向によるものであったが、その父は二日後に三七歳で崩御してしまう。時の関白藤原頼通からは疎んじられた東宮を大きく支えたのは春宮大夫となった権大納言藤原能信であった。翌年に能信は養女の藤原茂子を東宮妃として入れ、ここに誕生するのがのちの白河天皇である。東宮在位が四半世紀におよんだ尊仁親王は兄天皇の崩御により践祚したのである。

践祚にともない後三条天皇は藤原教通を関白としたが、外戚関係にないことを強みに牽制しながら藤原能信の養子の能長や村上源氏の源師房らを登用して親政をめざし、多くの成果をあげた。なかでも顕著なものは荘園整理を目的とした記録所の設置と宣旨枡（公定枡）の制定である。とりわけ前者は藤原摂関家の領地囲い込みに対する楔《くさび》の意味を担ったといえよう。そして摂関頼通・教通兄弟のもとでは将来の帝位を約束する外孫が一人も誕生していないことも天皇には幸いした。天皇自身は摂関家の娘を一人も妃に迎えておらず、それは偶然というよりも天皇の強い意思のあらわれとみたい。

摂関の呪縛の弱いことも相俟って親政を推し進めた天皇ではあったが、病いがそれを阻んだ。延久四年（一〇七二）十二月、五年足らずの在位で後三条天皇は、第一皇子で東宮の貞仁親王に譲位し

(白河天皇)、一週間後に上皇は新東宮(第二皇子実仁親王、二歳の皇太弟)を伴って内裏から関白藤原教通の二条第に出御した。(3)

年が明けて上皇は母である陽明門院の御所に参観御幸、(4)その三日後には前丹後守藤原公基の六条宅に方違えの御幸をしている。(5)そして月が替わって上皇は母の陽明門院と皇女聡子内親王とともに石清水・住吉・天王寺参詣へと出発。関白以下二十数名の公卿や官人が供奉し、難波の浦を見たり、長柄橋を見ながら船中で和歌会を催したりの八日間におよぶ長旅であった。(6)これが上皇にとって最後の旅となったのである。

還御してからも楽しかった旅の様子を恋しく思う日が続いたが、やがて治まっていた病いが頭をもたげてきたのである。四月に入って白河天皇は、父上皇の病気を見舞って二条第へ行幸し、その夕刻に上皇は但馬守源高房の大炊御門第に移御した。(7)そして二週間後にはここで出家した。(8)その六日後、後三条法皇みずから作成の祭文を、平癒を祈って園城寺新羅明神へ奉幣し、(9)数日後に天皇は法皇を大炊御門第に見舞っている。(10)

さまざまに手を尽くしたがその効なく月が替わって程なく後三条法皇は源高房邸において四〇歳という若さで命を終えた。(11)崩御の直後について『栄花物語』(巻第三十八　松のしづえ)には以下のように記す。

つひに五月七日うせさせたまひぬ。宮々、女院の思しめしまどはせたまふさまかぎりなし。ものおぼえさせたまはぬ御心にも、その日やがて、一品宮、女御殿、尼にならせたまひぬ。後にぞ戒などもうけさせたまひける。御はらからの前斎宮(良子内親王)もならせたまひぬ。あさましくあはれなりともおろかなり。若くめでたき御髪《みぐし》どもを削がせたまひて、いかにめでたくおはしますらん。かたち変へつれば、四五十人の人だに若くこそ見ゆれ。ましていかにおはしましけん。御忌のほどに、堀河女御(藤原昭子)もなりたまひぬ。堀河院におこなひてものせさせたまふもあはれなり。

後三条院の皇子女や女院たちは途方にくれ、正気も失わんばかりの心境で、崩御当日に一品宮こと聡子内親王と女御殿こと源基子は剃髪してしまったという。白河院の同腹の妹の聡子内親王の剃髪については『今鏡』[12]に聡子内親王が父の崩御の日に「御髪剃《おろ》させ給ひて、仁和寺に住ませ給ひき」とあり、「仁和寺の一品の宮」と呼ばれた所以であろう。このように後三条院の同母妹や妃、皇女らが相次いで出家しているが、一品宮と女御殿は三十に満たない歳であった。

残念なことにこの時期の貴族の日記が闕巻となって伝わらず、後三条院の納棺・葬送・埋骨の具体相は知られないが、その遺骸は崩御の一〇日後の夜に神楽岡の南原で荼毘に付され、遺骨は中納言源資綱が頸に懸けて禅林寺に赴き安置されている。[13]

なお崩御から一〇年後のこととして後三条天皇陵に関する記述が見える。[14] それは「今日申剋、上皇被レ奉ニ御書於後三条院山陵ニ」で始まり、生後七か月で東宮となる宗仁親王(のちの鳥羽天皇)の立太子のことを祖父の白河法皇が亡き父の御陵に報告するという内容である。作成された御書（権中納言大江匡房作）を院別当で参議の源能俊が携え、次官の藤原忠清（院殿上人）を伴って仁和寺に向かい後三条院陵の前で読みあげ、その後、大炊所の火を召して焼却している。ここで知られるのは、この時点で後三条天皇陵は仁和寺に所在したということである。そのことをはっきりと教えてくれるのが四年後の出来事である。

　その時も白河法皇は後三条天皇陵に告文を奉っているが、それは皇子である堀河天皇の病気平癒祈願が目的であった。(15) 法皇が自ら清書した告文（大江匡房作）を携えて権中納言藤原宗忠は三人を伴い「冷泉院堀川辻」で車に乗って西へと向かい、「円宗寺北大門大路」を北へ一町ほど進んだところで下車した。そこからは歩いて円融院僧の案内で山陵へと向かっているが、山陵は円融院の敷地にあった。

図24　後三条天皇 円宗寺陵

　歩を進めるとひっそりと物寂しいところに山陵はあり、松や柏といった常緑樹が高く繁り、円融天皇以後の五、六代の天皇陵の所在がわからなかったという。そこで後三条天皇陵への案内をねがい、荊棘《けいきょく》を払いながら進む僧に導かれて西向きの後三条天皇陵の前に来た。そこに一枚の畳を敷き、両段再拝（四度の礼拝）して告文を読み、終わって両段再拝して告文を焼却した。読みあげた後に焼却するのが慣例

院政期天皇家と藤原氏・平氏系図

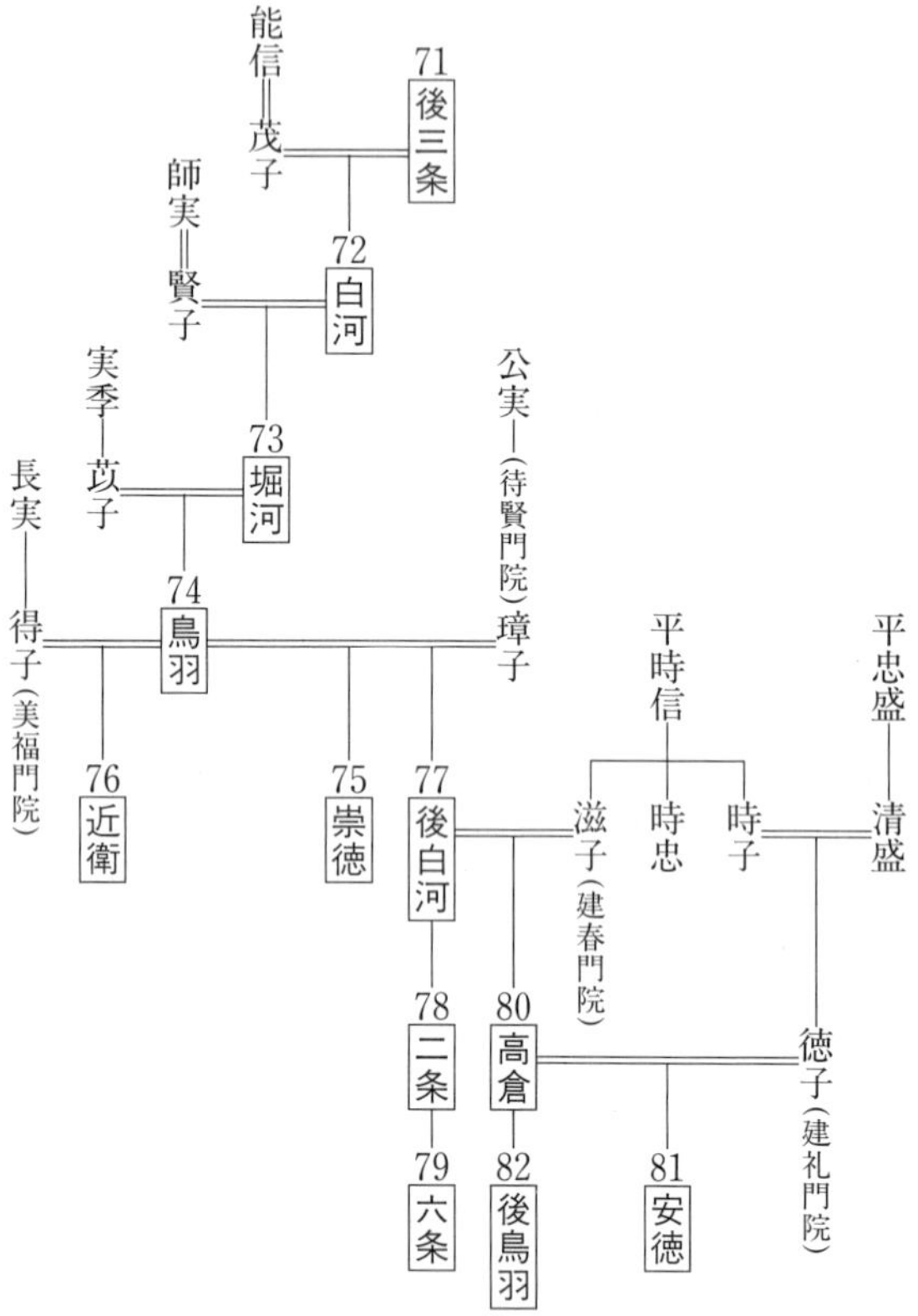

のようである。帰路は、日暮れの風が冷たく颯々《さつさつ》と松を揺らしていた。

そもそも円宗寺は、仁和寺の周辺に営まれた四円寺と称する御願寺の一つで、仁和寺の南東にあった。それは円融天皇の円融寺（円融院とも）、一条天皇の円教寺、後朱雀天皇の円乗寺についで最後に造営された御願寺であり、四円寺の中で最大の規模を誇ったという。後三条天皇御願の円宗寺は延久二年（一〇七〇）十二月に供養がおこなわれ、その後も諸堂の造営をみた。はじめ円明寺と称したが、源保光建立の寺院が同名であったため円宗寺に改められた(16)。ちなみに後三条天皇の四十九日法要が円宗寺において挙行されている(17)。

つまり神楽岡の南で火葬に付された後三条天皇の遺骨は一時期、禅林寺（永観堂）に安置されたが、のちに御室の円宗寺に改葬されたのである。円宗寺陵は現在の京都市右京区龍安寺朱山の龍安寺内に所在している。

○白河天皇

白河天皇は後三条天皇の第一皇子で名を貞仁親王と称した。母の藤原茂子は権中納言藤原公成の娘として生まれ、権大納言藤原能信の養女として育ち、後三条天皇の東宮時代に入侍している。そして父の即位の翌年に一七歳で東宮となり、三年後の父の病死を受けて即位し、その五か月後に父の崩御に遭っている。

院政の創始者として破格といってよい白河天皇は、一五年の在位に比して上皇・法皇としてその三倍の年月を過ごし、堀河・鳥羽・崇徳の三代にわたって院政をおこなって実権を握り、京内の院御所である三条西殿の西の対において七七年の生涯を閉じた。[18] 時に崇徳天皇（一一歳）代のこと、白河法皇が本院（一院）、鳥羽上皇（二七歳）が新院であった。

崩御の前日の昼、白河法皇は二条東洞院亭に御幸し、待賢門院（藤原璋子）の安産を祈って丈六の愛染明王像三体、等身の愛染明王像二〇体などの供養をおこなった。加えて法皇の息災のお祈りも兼ねていたのである。二時間ほどで還御した法皇は、床についた後に「霍乱之気」が起こり、[19] 夜通し下痢が止まらなかったという。しばらくは伏せていたが間もなく公にし、鳥羽上皇、待賢門院の渡御があり、関白藤原忠通以下も参集してきた。[20] 日が替わって巳の刻（午前一〇時頃）に法皇は崩御するが、その日の動きを権大納言藤原宗忠の『中右記』を掲示し、他の日記を参酌しながら見ておこう。[21]

巳時許下人来云、院御所人々騒動、京中馳二車馬一、不レ知二御在様一、成二不審一處、関白殿給二御消息一云、法王御事大略一定也、乍レ驚相二具中将宗能・右少弁宗成一馳レ車、参二入三院御所三条北烏丸西第一、入レ従二東御門一間、雑人満二門内一、走参、先参二新院一、殿上人々済々、南庭作二丈六御仏五体一之間、仏師数百人、又被レ作二始五重御塔一工等奉二庭中一、凡雑人成レ市以参二本院御方一、御在様問二人々一、強無二答人一、但阿波守有賢朝臣相逢談云、従二昨日申時一御霍乱、終夜御痢病不レ止、今朝猶不レ留、御気色誠微々、女院、新院、仁和寺大宮、山座主、法印覚猷候二御前一、此巳時許令レ崩給

了、御年七十七、誠日月失レ光如ニ暗夜一、吁毬哀哉、予聞ニ此事一心神迷乱、不レ及ニ言談一、

崩御の噂に御所の界隈が騒然としたさまが伝わってくる。藤原宗忠が二人の子息を連れて御所（三条西殿、時に本院・新院・女院が居住されていた）へ駆けつけて東門から入ろうとしたら門内に雑人たちが溢れていた。『永昌記』の「陣外緇素(道俗)車馬馳騁」に相当するが尋常なことではない。とりあえず鳥羽上皇のところへ参ると公卿以下が多く集まっており、南庭では数百人の仏師が仏像や五重塔の造作に取りかかっていた。[22] いっぽう雑人らは白河法皇の御所へ大挙して参上し、法皇の容態を聞き廻っているが、みな口を噤《つぐ》んで答えなかったという。ただ源有賢の情報から、法皇は昨夕から霍乱に掛り、夜通し下痢が止まらず、そのまま亡くなったということである。

『中右記』によれば法皇の崩御に立ち会ったのは待賢門院、[23] 鳥羽上皇、仁和寺大宮(皇子の覚法法親王か)、天台座主仁実、法印覚猷[24]であったが、『長秋記』では法皇臨終の床に伺候した人として、「女房なつとも、いはひを、両院、資遠、資盛等[25]」を挙げている。その『長秋記』によると、息を引き取るまで、霊験あらたかな八幡・賀茂・春日・日吉・祇園の五社に風誦（読経）をおこなわせ、すでに述べた仏像や塔の造作、三〇人余りの経師に写経をさせ、大僧正行尊や天台座主らによる加持をおこなうなど手を尽くしている。しかしその効なく「及ニ巳一刻一之間、気絶眼閉、人皆悲泣」ということに相なったのである。

夜になって近習たちが本院御所（御喪所）に参入してきて、藤原長実・基隆といった主だった輩が

遺体の安置に従事している。そのさまは板敷に高さ一五センチ余りの砂を積みあげ、その上に「放二御畳裏并薦等一、午二面筵一奉レ臥二砂上一」とあるが、この部分の具体的な姿がはっきりしない。遺体は単衣で纏われていた。皇子である覚法・聖恵両法親王が交替で夜居《よい》を勤めている。

法皇の崩御に大きな衝撃を受けた藤原宗忠は、法皇を評して「威満二四海一天下帰服、……可レ謂二聖明君・長久主一」と述べている。[26] ところで法皇の享日が七月七日、享年は七七歳という「七」尽くしであるが、直後にこのことを指摘した人がいる。厳清法橋という僧侶であるが、権大納言藤原宗忠のもとを訪ねて「七十七之人の七月七日卒去有二其故一云々、然而不レ知二其故一如何、法王御歳七十七、七月七日崩給、是可レ尋事也、」と語っている。[27]

崩御の翌日に入棺がおこなわれているが、本来なら詳細な記事が期待される『中右記』の作者の藤原宗忠は不調で欠席し「後聞、亥時御入棺了」と記すのみである。ただ見逃せないのは、天皇名の「白河」は法皇自身の遺言に従ったという記述である。[28] 天皇名は崩御後に識者らにより決められるのが一般的であるが、「白河」の場合は遺言であった。入棺については『長秋記』を中心に『永昌記』を参照しながらみていくことにする。[29]

八日には御葬送雑事について権大納言藤原宗忠・(治部卿)源能俊、参議藤原長実らで議定があり、その後、遺体のある本院の北面において治部卿を中心に入棺定めがおこなわれた。それを受けて藤原長実は重常という工《たくみ》を召して、入棺は亥の刻ゆえ未の刻から戌の刻までに、鳥羽殿に納置の木材をもって本院（御喪所）の角殿御倉町で造るよう命じている。[30]造作の棺が本院の北門から運び込まれ、中庭を通って御所に昇き入れられた。入棺に先立って御湯殿のことがあった。葉付きの一枝の樒《しきみ》（仏前に供える木）入りの水が入った土器《かわらけ》（折敷に載せてある）を持参させ、藤原長実が樒の枝で顔に水を灑《そそ》ぎ、遺体を北枕にして入棺し、生前に着用していた単衣・袴・裳などを入れている。この棺は布で覆われ、名香が焚かれるなか仁和寺法親王以下が念仏を唱えている。

棺には「阿末加津」（天児《あまがつ》）つまり形代としての人形を入れているが、その人物について「皇后宮、前々斎院、前斎院、前斎宮、四ケ所形代、両法親王二人形代、合被レ入、前々斎宮依二母女御衰日一不レ被レ入、」とある。[31]ここにいう皇后宮つまり皇后とは白河法皇三女の令子内親王と想定される。[32]前々斎院は官子内親王、前斎院は悰子内親王ということになるが後者は疑問も残る。[33]前斎宮は白河皇女の善子内親王（鳥羽天皇代）である。なお「母の衰日」で入れなかったという前々斎宮とは善子内親王（堀河天皇代）のことで、母とは白河女御の藤原道子を指す。

このように「阿末加津」納入者は法皇の皇子女であり、まさに「本院御子達許可二令レ入給一之由令レ存也、」[34]に見合うものである。

葬送は入棺から一週間後のことであるが、前日の午後には雷鳴が轟《とどろ》き雨脚が強くて泥道となり、明日を案じる宗忠である。[35]当日の模様を流れに焦点をおいて素描しておこう。[36]なお遺言として「国忌・山陵・素服・挙哀可レ被二停止一者」とあるが、これは慣例の要素がつよく、地位に応じた素服の着用などは見られるものの国忌などは廃止の傾向にあった。(37) また「廃朝・固関・警固五日」としている。なお「今夜、新院着二御錫紵一、是如二主上御錫紵一云々、東北廊自レ本板敷也、仍件廊准二倚廬一也」（『中右記』）とあり、鳥羽上皇は錫紵を着用し、喪に服して籠る仮殿である倚廬は慣例どおり板敷の東北廊を当てている。(38)

出立は戌の四点（夜の九時半頃）とされ、内大臣源有仁をはじめ故法皇の近臣たちが(39)参集してきた。出御に先立って御所（三条西殿）の西北の築垣の一部を壊して路を作っているが、(40)この行為はよく見られるところである。ところで秉燭におよぶ間というから出立にはまだ間がある時点でのこと、雑人たちが鎖の懸かっている西北の門に殺到して狭い場所に多くの人が乱入するといった狼藉があり、御輿や法性寺座主らの参入の妨げになったという。

破った築垣から北の対の西の妻戸の前庭に運び込まれた御輿はしばらく埏《えん》（柔らかい土）の上に置かれた。そして御輿の蓋（「小屋方」「すすり屋方」(41)）を撤《と》って一二人の御輿長（「駕丁也」）が棺を舁いて御輿の中に安置して蓋を戻し、その上を絹で覆っている。これに関して参議藤原為隆は「役人走陰不レ勤、或合レ眼不レ役、検非違使助遠・盛兼等奉レ出、」といった体《てい》たらくぶりに「平生之御感忽以消滅、可レ悲々々、」と述懐する。(42) 白河上皇といえども屍になってしまったら無力ということか。

混乱があるなど予定の時間（夜の九時）を遅れ、御輿の西方に就いていた法印覚猷が磬を打って葬送に向かうことを敬白し出立した。御輿の前後左右は白い布で覆われていた（行障）ことはいうまでもない。御所（烏丸姉小路西南に所在の三条西殿、『長秋記』は後院とする）の西北門から出た御輿列は姉小路を西洞院大路まで西進し、これを北へ大炊御門大路まで進んで突きあたる大内裏の東路である大宮大路を北へ一条大路まで行き、それを西へ西大宮大路、さらに南へ近衛大路まで進んでいる。この部分は大内裏の東・北・西の周辺路を巡るかたちになる。そして近衛を西へ道祖《さい》大路まで進んで北上し一条大路から京外（北野）へ出て墓所（火葬所）に向かっている。

その間、「路頭行列、一不ㇾ存二次第一、御輿飛来、不ㇾ堪二行歩一之者、遙遅二後陣一、勇敢者還二走御輿之列二云々、」（『永昌記』）、「御輿長□殿上人不二副御輿一、或先或後」（『中右記』）と、行列の足並みが揃わず、「人夫四十人交二結番一舁二御輿一、一番廿人也、皆着二当色一、」（『永昌記』）で出立したにもかかわらず御輿を担ぐべき後院の人夫の脱落で検非違使の役人がひそかに御輿を舁くあり様であった。そう語る源師時の「各僕従等放言争行之間、成二闘争一之故、」（『長秋記』）から行列の混乱ぶりが知られる。

「巌浄の極楽堂」（不詳）の南を経て香（高）隆寺(43)の西北野（「衣笠岳之東下」）の墓所にいたっており、京外に出る頃には雨が止んだという（『長秋記』）。その近くには堀河天皇の墓所もあった（『中右記』）。前火を先頭に御輿などが「清庭御所」（「清庭殿」とも。「葬場殿」のこと）に入ろうとする間に人々が競い入り「狼藉無ㇾ極」きあり様であった（『永昌記』『中右記』）。「清庭御所」での動きを『長秋記』は次のように記している。

于ㇾ時清庭御所案二御棺一、件清庭御所在二外荒垣内鳥居西腋一三間板葺竹庇屋也、自二殿上一至ㇾ軒覆二白生絹一、又簾代懸二同絹一、不レ知二内事一、此間前火二一本在二清庭舎北前一、依二礼部命一、役人自二外鳥居外一退帰了云々、次供二御手水椽一、手洗二貫簀一、堀川院御時無貫簀、御手拭台如レ常、御輿長等役、供レ膳法印覚猷、後三条院度覚尊座主奉仕例云々、件等物具只取双、仍罷出了、次供二御膳一、御厨子所預久仲調二備之一、高坏十二本、用二様器一、有二打敷等一也、供レ儀如レ先、仍罷之、堀川院度六本也、後法印云、不レ立二御箸一、只居双、仍罷出、

板葺の清庭御所の規模としつらい、御手水、供御膳（法印覚猷）などが知られるが、このことも含め荒垣、内垣、葬場殿、貴所などに関しては後一条天皇の例が有効である。[44] 覚猷の言として供御膳で箸を立てずに並べたという話は興味深い。

図25　白河天皇 火葬塚

火葬の前段階の儀をおこなう清庭御所に対して荼毘を挙行する一郭は「貴所」（「竈所」）と称して清庭御所の北にあり、その間は筵道[45]となっていた。清庭殿での儀のあと御輿長一二人に舁かれた御輿は筵道を北へ進んで貴所へ移動した。内垣中の東西は行障で遮り、貴所の四面は歩障が引き巡らされていて外部からは見えない。

前火が貴所の北方に立てられ、棺の蓋が開けられて身体の廻りに折松薪などを積み、その上に藁を置いて蓋はせず、これについては「於レ男開二棺蓋一葬、於レ女入レ薪又覆レ蓋」ということ

であった。ここで前火を取って小松、ついで薪に火をつけているが、それは乾（西北）から艮（東北）つまり時計と反対回りにつけている。(46) その間、両親王（仁和寺宮・長尾宮）、法印（法性寺座主）、法眼（三井寺座主）が近くに伺候して念仏を唱えていた。いずれも法皇の皇子たちである。

荼毘後の拾骨、山陵にいたる様子を『長秋記』から見ておこう。(47)

事了灑二水及酒等一了、此間北面衛府者取レ鋤破レ爐、爐東西敷二紫縁畳一、可レ拾二御骨一人々双居、東座二品親王、法性寺座主、長実卿、西座三品親王、三井寺法眼、内大臣、各座前置二折敷敷紙一、箸等一、二品宮挟二一骨一授二弟宮一、々々挟取置二折敷一、後各拾二一盃一不レ足程許拾集、長実卿群之奉レ入レ斗納二金銅壺一、検非違使季則持二参壺一、長実卿奉二選入一了、覚猷法印入二土砂一、季則堅二壺口一、鉄小管釘等皆自レ本被レ儲云々、件壺、御存生時令二儲置一給也、有二金銅蓋一、如二厨子戸一結レ之、事了以レ壺裹二白絹一、長実卿奉レ懸歩二出筵道一、……予香隆寺構二一間塗籠有戸一、其中立二障子帳一、奉レ案二御骨一、人々分散云々、

拾骨は夜が明けた辰の刻（午前九時）におこなわれた。荼毘のあと水と酒を注ぎ遺骨の入った爐の東西に設えた座に三名ずつ六名が坐り、各座の前には折敷と箸が置いてあった。まず二品親王（仁和寺宮）が箸で「一骨」を挟んで弟宮（三品親王、長尾宮）に渡し、弟宮はそれを箸で挟み取って折敷に置いた。その後、各々が遺骨を箸で拾ってそれぞれの折敷の上に置き、それらを参議藤原長実が斗（柄杓のようなもの）で集めて金銅の壺（法皇の生存中に用意）に納め、そこに法印覚猷が土砂を入れ、

検非違使が壺口を固め整えている。そして金銅の蓋をし、壺を白絹で裹んでいる。拾骨の経緯をこれほど具体的に述べたものは稀であろう。なお、拾骨の様子は通常だと扈従たちは竈所の近くから見学できたのに「今般地形無二便宜一、不レ如レ参二清庭一待二彼出御一者」ということであった。このようなこともあってか、人々が荒垣の中に乱入して見物するといった狼藉が見られ、これを制止する人がいなかったという。(48)

白絹に裹まれた遺骨を長実が頸に懸けて香隆寺まで赴いて塗籠に安置している。墓所に留まっていた治部卿は近辺の寺々の所司を召して「御墓事雑物」などを分給している。葬送の雑具は「練絹」を用いるのが前例であるが、ここでは行障・歩障・清庭御所の覆いなどすべて「生絹」を用いており、法皇の生前に用意していたもので「殊美麗也」とある。「尚如レ本玉体、従二一夜之煙一、白骨納二小瓶之底一、自レ古至レ今無下免二此難一之人上」とは源師時の感慨である。

藤原長実が遺骨を首に懸けて香隆寺に向かい、内大臣以下七、八名の近習が参仕している。遺骨は白河法皇の遺言で鳥羽殿の塔の中に安置することになっているけれど「及二明年一大将軍在レ南」、つまり方角が禁忌ゆえに堀河天皇の例に倣って一時的に香隆寺に収められたのである。(49)すべてが終わって皆が帰路についたのは「翌日午刻」という。

ところで白河法皇は常々次のようなことを仰っていた、と藤原長実が語っている。(50)

吾崩後不レ可レ行二荼毘礼一、早鳥羽塔中石間可二納置一也、七々経仏、毎日経布施等皆所二儲置一也者、

而今年春仰云、山大衆等与ニ故関白師通不義一也、死後相議云、掘ニ其骨一事戮（ママ）云々、案ニ此事一、吾屍骨不レ葬、恐レ如レ此有ニ発心輩一歟、依レ是忽変ニ多年宿意一、俄儲ニ火葬儀一

かねがね白河法皇は土葬で鳥羽殿の塔中への安置を望んでいたが、叡山大衆による故関白藤原師通への不義（遺体を暴いて云々）の談合の噂を耳にして、自分に対してもそう思う輩もいるであろう、ということで火葬に変心した、という。そのために墨・薪ほか諸品の準備がともない、覚猷らが中心になって事にあたったという。

香隆寺に仮安置されていた遺骨は二年後の天承元年（一一三一）七月に鳥羽殿へ移されることになった。それに先立って安置するための御堂（九体阿弥陀堂）として故院御所（終焉地）であった三条西殿の西の対を移築しているが、その造営には鳥羽上皇の命を受けて平忠盛があたり、一か月足らずで成し遂げている。その供養がみられたのは前日のことである[51]。

そして迎えた当日、安置する場所について『長秋記』には「鳥羽御塔」とあるが、それは三重塔であった[52]。『長秋記』によると、香隆寺から鳥羽殿まで遺骨を頸に懸けて運ぶ人として葬送場から香隆寺まで運んだ藤原長実が予定されたのであろう。その長実が申すには「このところ所労で久しく出仕しておらず、騎馬なら堪えられるが障りはないか」と。これに対して頭弁が宣（天皇の言葉）を消息で伝えてきた。「その件で、騎馬については格別の仰せはなく、歩行が無理ならひそかに騎馬でも、長実の心に任せるべし、との仰せであった」と。この前提に、尾張守藤原顕盛がその任として議せら

れたが、「然而尚下劣由有二其沙汰一云々、」ということがあった。この顕盛は長実の二男で時に三二歳。[53] 長実の父の顕季は、母の藤原親子が白河天皇の乳母であったことで院近臣として活躍した。この関係から子の長実が白河法皇の葬儀で大役を仰せつかったのであろう。長実の娘の得子（美福門院）はのちに鳥羽天皇の皇后となって近衛天皇を生んでいる。

図26　白河天皇 成菩提院陵

遺骨を頸に懸けた長実以下、尾張守顕盛、左中将藤原成通、備前守平忠盛、安芸守藤原資盛らの一行は申の刻に香隆寺を出発。一〇町ほど南下したところで長実は騎馬となり、この後「他人々先後相雑不レ従レ伴」とあって足並みが揃わなかったようだ。彼らは葬送場から香隆寺へのおりに参仕した輩であった。

鳥羽の安置所（三重塔）の結構と納骨を『長秋記』によって垣間見ておこう。方四尺の「石筥（箱カ）」の底に大石を据えて穴を穿ち、そこに骨壺を安置し、石蓋で覆って土を置き、その上に銅筥に入った御経（銅紙塗金字経）を置いてさらに土を置き、銅小塔に納めた金胎両阿弥陀仏像を据えてその上を石蓋で覆い、土の底に埋めている。預や工らは順次、綱で釣り下ろして作業を進め、それが終わると四面の戸を方杖で内側から打ち塞ぎ、最後に塔の屋根に出て梯子で下りたという。

これがこんにちの京都市伏見区竹田浄菩提院町に所在の成菩提院陵ということになる。(54) 院政を創始した上皇にふさわしい埋葬・納骨といえよう。

○堀河天皇

堀河天皇は白河天皇皇子で名を善仁《たるひと》親王と称した。村上天皇曾孫の右大臣源顕房を実父とする賜姓皇族に生を受け、関白藤原師実の養女となっていた母の中宮藤原賢子は、善仁親王が六歳の時に二八歳で崩御する。この二年後の同日に善仁親王は立太子ならびに践祚しており、何よりも堀河天皇は白河上皇によって創始された院政の初の天皇であったということである。その天皇は病いに悩まされることが多く、二九歳という若さで在位のまま崩御してしまう。

嘉承二年（一一〇七）初秋の七月十九日に天皇は帰らぬ人となるが、その様子を藤原宗忠は以下のように記している。(55)

主上辰剋許御気色已断給也、但先自唱二大般若法華経号并不動尊宝号一、次唱二釈迦弥陀宝号一、向二西方一給、身躰安穏、只如レ入二睡眠一給也、然而為レ思二邪気疑一、命二近候人々不レ令レ驚也、予初聞二此事一、神心迷乱、已失二東西一、雖レ然又依二殿下仰一、不レ語二人々一、只一身悩乱、万事不レ覚也、已及二未一点一、大僧正被二退去一、御修法御読経僧侶漸以分散、已令レ崩給之由、禁中遍聞、男女近習人々悲哭之声非レ可レ勝レ忍、始レ自二殿下一至二于諸人一、哀慟之心殆欲レ消レ魂、

もはや生人の顔色にない天皇は宝号を唱えながら穏やかな様子で眠るように彼岸に向かったという。[56]関白はじめ見守る人々の悲嘆は甚だしい。当の宗忠は「今生可レ奉レ見之剋、只在二此度一」と、御簾の下に走り寄り、左衛門督源雅俊（天皇の叔父）の手を取って悲泣しながら今一度、天皇のご尊顔を拝したいと切望して、御簾の隙間から見せてもらっている。それは「容顔不レ変、如レ入二御寝一、凡呑二悲流涙一、不レ知二帰方一、独付二御簾下一只鎖レ魂了、頃而帰二殿上方一」というもので、涙に咽《むせ》び魂を閉ざされ、しばしその場を動けなかったという。そして、この日から四十九日（七七日）の間、堀河殿に伺候して亡き天皇の旧恩を追慕し、しばらく出仕を控える、とは忠臣、宗忠の言である。

天皇の傍らにあって臨終にいたる様子を具《つぶさ》に日記に書き残した女性がいる。名を藤原長子といい、『讃岐典侍日記』がそれである。天皇に近仕する長子でないと書けない内容であり、その一端を記しておく。[57]ちなみに姉の兼子（日記では藤三位）は堀河天皇の乳母であった。

病いで退出していた藤三位（兼子）が天皇の重態を聞いて参内してみると、苦しげな様子の天皇は、大弐の三位に後ろから抱えられ、大臣殿の三位（藤原師子）が添い臥し、作者（長子）はいわれるままに天皇の足を押さえていた、という。暑い時で、天皇が盛んに「汗を拭け」と命じたので、枕もとの陸奥紙で拭いていると、「いみじく苦しくこそなるなれ。われは死なんずるなりけり（たいそう苦しくなってきた、間もなく死ぬのだな）」といって「南無阿弥陀仏」を唱える。そして苦しそうに咳をし、「苦しくて我慢できない、抱き起こしてくれ」と、いつもなら抱き起こすのにひと苦労するのに、いとも簡単に軽々と起こすことができた。大弐三位（藤原家子）に背中をもたせかけ、作者が天皇の手を取ると、氷のように冷たく感じられたという。

ひたすら念仏を唱える天皇の口もとを、大臣殿の三位が手水で浸す。ともすれば天皇は「太神宮（伊勢神宮）、助けさせたまへ」と唱えたが、その験もなく急変していった。遅れて参上した増誉僧正は、常なら几帳で隔てられるのに、この時ばかりは僧正、大臣殿の三位、大弐の三位、作者が、天皇とひとかたまりに身を寄せあっていたという。僧正は声を張りあげて一心不乱に念仏を唱えるが効なく、念仏を唱えていた天皇の口もとも動かなくなった。居合わせた天皇の伯父・従兄弟や乳兄弟・乳母たちは悲しみに堪えきれず、地震かと思わせるほどに襖をがたがたと揺るがし、声をあげて泣き、作者は天皇の汗を拭いた陸奥紙を顔に押し当てて遺体の傍に坐していた。やがて近親の殿上人がやって来て格子を下ろして暗くし、内大臣が、天皇の衣服を着せ替えて畳を薄くしよう、と泣きながら申して、単衣を取り寄せて天皇の遺体に掛けた。

しばらくすると昼御座の方から、がたがたと何か取り壊すような音と多くの人の声がするので何事かと思っていると、女房がやって来て「ああ、情けないこと。たった今、神璽と宝剣を新天皇のもとへお移しする、と騒いでいるのです。昼御座にある道具や御帳の中の神璽・宝剣・鏡などを取り出しているのです。例の音は御帳を壊す音なのです」と、泣きながら申し、作者は悲しさで涙が止まらなかった。

三種の神器の移譲[58]にもおよぶなど崩御前後の動静が切実に伝わってくる書きぶりで、希少な描写なのであえて記したゆえんである。

堀河天皇の入棺は崩御から三日後の夜中におこなわれた。[59]その日の夕刻、内大臣以下の公卿が殿上において葬送定めをおこない、陰陽家の賀茂道言を召して日時を勘申させ、この日の子の刻に入棺、二日後の戌の刻に葬送と決まった。葬送定めが崩後から三日も経ってからおこなわれたのには公卿らの悲嘆が大きかったことに加え複日、重日が続いたことによる。[60]

造棺は越前守藤原仲実らが従事し、崩御された堀河殿と至近の油小路三条坊門に所在の藤原基隆邸の直廬でおこなわれた。その棺は子の刻に油小路を一町ほど北へ、二条大路を左折し堀河殿へは北小門から運び込まれている。邸内では西北の対を通り中殿（清涼殿）北面の御在所の大床子の上に安置された。棺には賢暹が認めた真言経や天皇が着用した喪服（錫紵）を入れている。そして「蔵人広房取レ水候、家定朝臣問レ之、御俗供二御膳一陪膳敦兼朝臣、内府以下近習公卿両三人侍臣八人、勤二仕此事一、予候二簀子辺一是沙汰、」とあって生前と同じようなかたちで御膳を供している。

ここに見える藤原基隆・敦兼、源家定ら八名は「御入棺所役」「釜殿役人」として名を連ねている。藤原基隆・敦兼といえば、母がいずれも堀河天皇の乳母であったから、ともに堀河天皇の乳兄弟ということになる。前に述べたように基隆の母の家子は『讃岐典侍日記』では「大弐の三位」、敦兼の母の兼子は「藤三位」として登場している。遺体が棺に納められると居合わせた人たちは「悲泣之声、旁以難レ抑、再会長隔、又期二何日一哉、」という状態であった。

入棺日の朝、葬送の重要な任務である山作所の行事・藤原基隆は藤原有佐と陰陽師の賀茂道言を伴って葬送場の下検分をしており、七月二十四日の葬送となる。

葬送に先立って諒闇・倚廬(61)・固関・警固・公卿らの素服着用などについて上皇の指示を仰ぎながら進めている。以下、戌の刻に始まった葬送の様子を、詳細を極める藤原宗忠の『中右記』を中心に他の日記を参照しつつみていくことにする。(62)

御輿出御（出棺）に先立って中殿（清涼殿）の昼御座において念仏がおこなわれており、そのしつらいは母屋三間と東南の庇間に幡・花幔を懸け、母屋の南一間には仏台を立てて御仏——阿弥陀三尊の図絵——を懸けるといったものである。

出棺に備えて堀河殿の北築垣の西北部分を壊して路次とし御輿を寄せている。なお御輿・前火以下は堀河殿北側の二条大路から舁き立つことになっているが、堀河殿の西北の対の北簀子敷が非常に狭かったので仮の車寄を作って対応している。これに先んじて前火の所役二人が続松《ついまつ》（松明）を取って御座所に入り御油に火をつけ（忌火）、大路に出ている。炬火《きょか》（松明）一二人のうちの二人が前火の役である。

御輿長・殿上人一二人が棺を舁いて御輿の中に安置しているが、携わった人は藤原基隆・季房・敦兼ら八名の入棺役と四名の竈殿役人である。出発にあたり法印賢暹が呪願を唱え、導師の権大僧正定真が磬を打って敬白、葬送に向かうことを神仏に謹んで申し上げている。御輿には瓮《もたい》(63)を持った四人が四隅に立ち、焼香の四人がつき従った。御輿の前後左右が従者たちによって白い布で覆われていたことはいうまでもない。

行列の次第は黄幡を先頭に炬火一二人、御前僧二〇人、歩障、火輿、行障、御輿、香輿、御膳辛櫃、挙物辛櫃と続き、その後に内大臣以下の公卿・殿上人らが衣冠に巻纓・藁沓姿でつき従った。その経路は二条堀川を北へ、大炊御門大路を西へ大宮大路(宮城東大路)まで行き、それを北上して一条大路を西へ、西大宮大路(宮城西大路)を南下とあるが、つまり大内裏北部の東・北・西側を回りこむかたちをとっている。そして西近衛大路を西へ、左恵(道祖)大路を北行して香隆寺南西の野(64)にいたっている。この間、一条大路をまっすぐ西進せずに回り道をしているのは北野社の前を通ることを避けるため、とある。いよいよ茶毘に付す段階にいたったが、まず『中右記』の原文を見てみよう。

迎火殿上人十五人、……相二分左右一進向、炬火輩滅レ火、但至二前火二人一立二貴所一、丑寅戌亥角、迎火輩到二一門外一各滅レ火退出、御輿同レ之、暫留二葬場殿〔号清庭〕昇二入御棺一撤二御輿一、行障持〔脱アラン〕等立二廻北庭一、先供二御手洗一前頭道時朝臣陪膳、次供二御膳一……、次呪願導師敬白、打レ磬了、供二筵道一、次御輿長殿上人十三人昇二御棺一、行障随二左右一、奉レ遷二貴所一之間損□前火付レ之、始レ自レ艮一至二于乾一、仍俊親朝臣付レ之、有先賢所レ持之火遣二上物所一、此北方不レ渡也、殿上人八人件八人御入棺役人也、以二生絹一結二冠額一奉二茶毘一也、焼詞行障立二廻貴所四面一、近習公卿内大臣以下四五人相二臨此所一、且行事、已講隆覚、内供斎覚、大法師覚樹等、同以役送、已講定円、覚厳等、

終夜誦二法華経一候二近辺一、

行列を先導してきた炬火は到着すると前火の二人を残して退出し、迎火者がこれに替わる。御輿は葬場殿で棺を舁き下ろして撤去され、棺は御輿長らに舁かれて貴所に遷される。生絹で額を結んだ藤原基隆・敦兼・家保ら八名の入棺役人(65)が、忌火で棺に東北から始めて時計回りに西北にいたり、北方にはおよばないというやり方で点火している。さらに貴所の周囲を白い布で覆って外部からは見えないようにしている。已講らによる法華経の読誦は夜通し続いた。記述者の宗忠は「于レ時河漢星廻、松柏風冷、不レ留二万葉乗一、……早為二一夜之煙一、哀慟難レ堪、心肝如レ屠、」(空には天の川が微かな光の帯をつくり、松柏を揺らす風は清々しく、天皇は身罷《みまか》って一夜の煙となってしまわれた、五臓が引き裂かれるぐらい悲しく堪えられない)との感慨に耽っている。

図27　堀河天皇 火葬塚

夜中になって挙物(66)・調度・御輿・香輿・御膳・辛櫃などを貴所の外垣内の北東角でことごとく焼却、終わるころには遠くで鳥の声がして五夜(67)がすでに明けようとしていた。『中右記』七月二十四日条の葬送の流れの記載はここまでで、拾骨は翌日の記事となっている（『殿暦』も）。いっぽう『為房卿記』は同日条に「秉二忌火一燃二御棺一奉二荼毘一了、辰剋外戚及御乳母子等拾二御骨一奉レ納二茶垸壺一、源中納言(国信)懸レ之奉レ移二香隆寺一、公卿侍臣近習之者同候二御供一云々、」と、一括して記載されているが、実際に拾骨がおこなわれたのは翌二十五日のことである。

午前八時頃には荼毘のあと酒で火を消して拾骨しており、「内大臣以下、故六条右府[68]子孫公卿・殿上人、是依レ為二外戚一也、御乳母子」たちによって遺骨は茶垸壺に納められた。その折に書写した真言経と墓沙を入れたとあるが、これら一連の流れは七〇年前の後一条天皇の葬送記事[69]によって明らかである。亡き天皇の遺骨は中納言源国信が頸に懸け、近臣の公卿・殿上人がつき従って香隆寺へと向かった。その際、国信は次のような歌を残している。[70]

堀河院かくれ給ひて後よめる　　権中納言国信

君なくてよる方もなき青柳のいとど憂き世ぞ思ひ乱るる

（天皇が亡くなられて、お頼り申しあげるお方もおられない今日、いよいよ辛い世を思って、心が乱れることです）

当初は円融院山陵に埋骨することにしていたが方角が悪かったので三年間、香隆寺に仮安置することになった。[71]火葬所と近隣であったので多くの公卿・殿上人が香隆寺まで扈従し、みな涙を流し、迷い乱れて途方にくれている。宗忠はこの日の裏書に「奉レ送二御骨一之間、公卿殿上人多以扈従、時人難云々、人数可レ少歟、尤可レ然事也、」と記し、多くの公卿らが納骨所まで扈従したことが批難され、それももっともなことと述べている。荼毘所までは行くけれど納骨所まで行くのはごくわずかな人であることは諸例が示しているし、遺族も行かないのが常態であった。

扈従した人たちも正午頃には帰路についたが、内大臣源雅実は墓所（貴所跡）にとどまって山陵造りを監督している。その造り様は「墓上立二石卒塔婆一、納二陀羅尼一立二釘貫一、播磨守基隆朝臣採レ鋤覆レ土、人夫等従二此役一云々、」と、石の卒塔婆を立て、周囲に柵を巡らせたものであった[72]。この墓所は火葬所の跡に造られた塚のようなものである。事が終わったのは日暮れ時分であったという。初七日にあたるこの日、葬送から帰宅した宗忠は沐浴してひと息入れ、堀河殿に向かい、夕刻からの御仏供養に参列している。

この六日後に弟の宗輔、嫡男の宗能を伴って墓所を参詣した藤原宗忠は次のように記している[73]。

早旦相二具中将并宗能一、参二詣先帝御墓所一、而山陵頗狭少也、誠以不レ便也、其後参二御骨所香隆寺一小念誦、但以二日次宜一、念二始弥陀呪百万遍一、為二先帝御滅罪生善往生極楽一也、凡於二仏前一心中立二此願一間、恋慕之涙不レ覚而下、抑香隆寺者本号二蓮台寺一、本是寛空僧正私坊、村上御時成二堂舎一申下寄二御願一之由上、寺僧所レ談也、従二今日一於二此寺一被レ修二光明真言護摩一、

墓所の狭さに驚き、内大臣も同じ思いであった[74]。その足で宗忠は香隆寺（僧坊）に赴いて念誦し、先帝の滅罪と往生極楽を祈願する読経を聞きながら涙を流している。このたびの崩御は宗忠にはかり知れない衝撃を与えたようである。

奇しくも上掲の史料に寺僧が語った香隆寺の由来が見えるが、そのことについては白河天皇の項ですでに述べた[75]ので省略に委ねる。

崩御から三か月ほどして里暮らしをしていて常にも増して亡き天皇のことが偲ばれるという『讃岐内侍日記』の作者（藤原長子）は、木々の梢が紅葉する時分に香隆寺にお参りしている。(76)

御墓に参りたるに、尾花のうら白くなりて、招き立ちて見ゆるが、所がら、盛りなるよりも、かかるしもあはれなり。「さばかり、われもわれもと男女のつかうまつりしに、かく遥かなる山の麓に、なれつかうまつりし人ひとりだになく、ただひと所招き立たせたまひたれども、とまる人もなくて」と思ふに、おほかた涙せきかねて、かひなき御あとばかりだに、きりふたがりて、見えさせたまはず。（この後に三首の歌あり）

墓には白くなりきった芒《すすき》が立っているが、場所が場所だけに、それがかえって哀れを誘う。天皇の生前には多くの人がお仕えしていたのに、今は宮中を遠く離れた山の麓で、近仕した人が誰一人おらず、ただお一人お立ちになって人を招いているのに足をとめる人もいない、と思うと涙が溢れて、見る甲斐のない跡すら涙で見ることができない。宮中での華やかな暮らしとの差のあまりの大きさに寂寥たる気持ちにおちいる作者であった。

香隆寺の仮の墓所から予定の円融院山陵に移されるのは六年後のことであり、『長秋記』に詳細な記事があるので長文ながら引用しておこう。(77)

堀河院御骨自二香隆寺一令レ渡二仁和寺一御、為レ参二彼寺一着二衣冠一出立間、蔵人弁告云、不レ可レ参二香隆寺一者、是上皇仰云々、仍不レ参、先朝事今度例也、不二参仕一誠以遺恨、宗輔朝臣同留レ之、後日(源)顕国語云、人々早旦参二彼寺一、午時内府参入、人々在二堂庭一、右宰相中将顕雅奉レ懸二御骨一、越後守敦兼、出雲前司家保、共御乳母子、信濃前司広房、式部大夫仲光、共判官代、入二堂中一従二此役一、件五人三十日穢也、内府自二此寺一帰洛、不レ参二御供一、治部卿(源基綱)、(源)通時朝臣雖二参仕一、聞二人数有レ限之由一、又自二此寺一帰洛、源大納言雅俊、中納言宗忠、越前々司(藤原)仲実、皇后宮権介顕国、備前介(源)顕重、少将(藤原)宗能、徳大寺法眼等候二御共一云々、人々入二彼山陵溝中一、而中納言制止云、殿仰云、触穢外人不レ可レ入二溝中一者、仍人々出二溝中一、但穢人五人入二此中一、自二午時一及二酉時一奉二突埋一、此後立二石塔一三重、其内安二置法華経四巻、経種々要文、陀羅尼等一、件経等斉暹阿闍梨於二私房一奉二供養一、奉レ籠二件塔一云々、件経等故尊勝寺上座静明律師所二儲立一也、

作者の源師時は衣冠を着けて香隆寺へ発とうという時、公卿たちの香隆寺行きを阻む上皇の命令を聞いて取りやめ、藤原宗輔も思いとどまった。ところが内大臣以下の公卿らはすでに香隆寺へ赴いていた。参議右中将の源顕雅が遺骨を頸にかけ(78)、乳母子の藤原敦兼・家保、判官代の大江広房・藤原仲光の五名がつき従って堂中に入ったことで三〇日の穢れに触れることになった(79)。香隆寺から仁和寺へは近い距離であり、件の五名のほかに権大納言源雅俊、権中納言藤原宗忠ら亡き天皇の近臣六、七名が衣冠藁沓姿で供奉し、彼らは三日間の穢れに触れている。源顕雅ら五名は山陵の区域内に入り、遺骨を埋め、その上に三重の石塔を立て、その中に法華経・陀羅尼などを納入している。この作業には昼から夕刻までかかっている。

注目されるのは「堀川院御墓所近辺云々、御墓所衣笠岳之東下、諸寺参仕」[80]という記述で、衣笠山の東麓の堀河天皇の墓所と至近のところに白河天皇の墓所が所在したということである。

ところで堀河天皇に遅れること二一年後に崩御の父、白河天皇の遺骨も鳥羽殿の方角が忌方（凶方）であったので香隆寺に一年間ほど仮安置されたことについては、白河天皇の項で述べたところである。

四〇年ほど下るが、近衛天皇の元服に際して告山陵使（各二名）の派遣の対象として「山階（天智）」、「成菩提院（白河）」、「後円教寺（堀河）」の三か所が挙げられ、「成菩提院塔被レ安二置白河院御骨一、香隆寺被レ安二置堀川院御骨一、而号二後円教寺一也、但可レ称二香隆寺一由見二故入道右府記一了、」とある。[81]故入道右府とは藤原宗忠のことで、堀河天皇の遺骨は香隆寺に安置してあるから後円教寺ではなく香隆寺と称すべき、と宗忠の日記に見えるという。ところが肝心の彼の日記『中右記』の永久元年条は闕巻となっているので確かめようがないが、円融院山陵に移動後なら問題はない。要はどの時点で云々しているのか、であろう。

「後円教寺陵」（今は「円教寺後陵」と称している）といえば、京都市右京区龍安寺朱山の龍安寺内北東部に所在して一条天皇陵と東西に並ぶ（59頁図20参照）。周辺には後三条天皇・後冷泉天皇・後朱雀天皇陵および後朱雀皇后の禎子内親王陵、円融天皇火葬塚があり、総称して朱山七陵、龍安寺七陵などと呼ばれている。[82]いっぽう京都市北区等持院東町には「四角塚」と俗称する火葬塚があり（105頁図

27)、これは場所的にみて香隆寺跡と想定され、前者が移転後の円融院と見なされる。ただ香隆寺および円融院で造られた石の卒塔婆、三重の石塔などは所伝すらわからず、こんにちのものは江戸末期の考定によるものである。ちなみに御陵が堀河天皇の東に隣接する一条天皇も、埋骨すべき円融寺が方忌みであったので仮に円成寺に納め、「方を開くに依」り円融天皇陵近くの円融寺北方に埋骨している。その方法は骨壺を小塔に納め、それを韓櫃にいれて四人の僧が担い埋葬するというものである(83)。

図28　堀河天皇　後円教寺陵

二　鳥羽・崇徳・近衛天皇

○鳥羽天皇

鳥羽天皇は堀河天皇の第一皇子で女御の藤原苡子を母として誕生し、名を宗仁と称した。母は宗仁親王を出産して一〇日後に他界、その四年後に堀河天皇が在位のまま崩御している。ともに二〇代後半という若さであった。宗仁親王は生後七か月で皇太子となり、父の崩御にともない四歳で即位し、祖父の白河上皇が後見役となって、院政が推進された。なぜか鳥羽天皇は二一歳という若さで皇子の顕仁親王（五歳、崇徳天皇）に譲位しているが、これは白河上皇の強い意向によるものであった。しかし、白河法皇が亡くなって寵妃の藤原得子（美福門院）に皇子が誕生すると、鳥羽上皇は三歳のこの皇子を崇徳天皇（二三歳）に替えて即位させ（近衛天皇）、院政を推し進めた。

その鳥羽法皇が保元元年（一一五六）七月に崩御すると、それを待っていたかのように直後に保元の乱が起きている。それが影響しているのか、崩御の詳細な記事をのこす『兵範記』[84]にも葬送に関する記載はほとんど見当たらず、乱に関わる記述が目立つ。法皇の崩御の様子は『兵範記』によると以下のようなことであった。

鳥羽法皇は七月二日の午後四時頃に鳥羽殿の安楽寿院御所で五四歳の生涯を終えている。「頃年之間、寝膳乖レ例、去五月廿二日以後経レ日大漸、終以晏駕」とあり、五月二十二日条には「一院御不予増御云々」とあるので、近年は寝食がままならず、とりわけ一か月余り前から病い重く、日を追って悪くなり崩御にいたったようである。

崩御直後について「酉刻一定之後、被レ奉レ直二御体一、先掩二御衣一、不レ撤二本御衣一、次撤二御座辺畳一、立二廻御屏風一、挙レ燭焼香歟」とあり、葬送に関する諸々の取り決め後の午後六時頃、衣装を着けたままの遺体をさらに御衣で覆い、畳を撤去して屏風を立て巡らせ、燭を灯して焼香している。ついで「入夜御入棺、役人八人」とあり、納棺に関わった八名は生前に法皇が決めていたという。「左少将成親」や「入道信西」らは法皇に近い人[85]であり、下記にも見えるように法皇は、縁者でも恩のないものは用いず、疎遠な者でも恩のある人は召し仕うといった徹底ぶりであった。上記に続いて、「存日御遺詔云」

として、以下の文が見える。

御棺在二御倉一、御衣并野草衣・敷物・真言等納二其内一、奉納儀、不レ可レ供二御手水并御膳等一、不レ可レ有二御沐浴一、不レ可レ入二人形一、已上四箇事、可二停止一、先御傍可レ鋪二□物一、練絹弘四尺五寸、長六尺、可レ入綿、次放二御座莚一、乍二件莚一奉二搔上一、奉レ置二敷物上一之後、可レ抜二取莚一、次御棺舁二居御跡方一、次下敷物搔上、可レ奉レ入、次□可レ奉レ掩二野草衣レ、自二練絹両面一□幅、長八尺、書二梵字一、以二件字一方可レ為レ表、自二御頂一至二于御足一、相二宛真言一、被レ出之、相計其跡可レ奉、次可レ抜二取本御衣一、次種々真言可レ安二御首一、納二金銅筒一、次加二入御装束一、称二河渡一也、次掩レ蓋、打レ釘、次可レ緘、即可レ奉レ渡二御塔一、若及二子丑時一有レ事者、次日早旦可レ奉二納之一、件日自レ当二御衰日一者、第三日寅一剋可レ奉レ入、役人可レ用二八人一、雖二外人一、依二其恩一可二召仕一、雖二縁人一、無レ恩之者、臨二其期一不レ可二叙用一、是心為二恩使一之故也、

法皇は崩後のことについて、実に詳細な遺言を残していた。棺は倉にありその中には野草衣・敷物・真言経などが納めてある、奉納に際しては御手水や御膳を供さず沐浴もせずともよい、棺には人形（形代）を入れてはいけないなどとあり、さらに棺の中に入れるもの、その入れ方などにまでおよんでいる。

まず莚ごと遺体を搔きあげて敷物（練絹で綿入り）の上に置いて莚を抜き取り、傍らに運び込んだ棺に敷物ごと遺体を入れて野草衣で覆う。両面練絹で八尺の長さの野草衣の表には梵字、そして頭の先から足もとまで真言経を書く。ここで、身に着けていた御衣を抜き取る。そして首のところに真言

経（金銅筒に納入）を置き、装束を入れる。これは三途の川を渡る時のためか。最後に蓋をして釘を打って縄をかけ、鳥羽東殿内の御塔に移送する。[86] 解し難い点もあるものの実に詳細である。そして納棺が夜中におよぶような衰日の関係から寅の一刻、つまり翌日にすべきである、と。

数か所に見られる「存日遺詔云」の部分は一字下げで記載してある、といった体裁に鑑みて、入棺は遺言通りに遂行されたと判断してよい。そして「入夜御入棺、役人八人」に続く地の文には次のようにある。

次奉㆑移㆓御塔㆒、網代御車、拒㆓御所東面㆒、簾懸㆑簷、庁官等付㆑轅、各着㆓藁沓㆒、御車副二人、為㆓遺手㆒、殿上人炬火前行、各着㆓藁沓㆒、下北面者十余人、同炬火在㆓御車辺㆒、五宮・六宮・七宮令㆓相従㆒給、太上大臣（藤原実行）、内大臣（藤原実能）……等扈従、各直衣、着㆓藁沓㆒、経㆓御堂東庭并御塔西林中㆒、於㆓御塔門駐㆒、御牛攬放、御車床舁㆓入御塔㆒、壇上有㆓導師呪願儀㆒、……次奉㆑入㆑殯、先㆑是、権右少弁惟方、参㆓御塔㆒、行㆓雑事㆒、□帰之後殿上人以下不㆑入㆓門内㆒、又雑人一切停止、終夜奉㆑殯之、

御所（安楽寿院）から至近の御塔（三重塔）までは網代車を用い、松明を掲げた殿上人が先導をつとめ、十数名の六位の北面武士が松明を手に御車を取りまくようにつき従い、後に三名の皇子が続き、ついで太政大臣以下の公卿が直衣に藁沓姿で供奉した。御塔には遺骸を安置した車床ごと舁きいれ、壇上で導師が呪願を唱え、殯がおこなわれ、翌日の昼におよんでいる。[87]

この奉移に関しても法皇の遺言があった。棺を網代車に舁き置くに際して首を後方にすべし、網代

車を用い、その左右は屛風を立て、行障・歩障の類はいっさい用いないように。また棺は裹まず、御簾（簷《ひさし》に懸けてある）の外に出るようにする、など。それは法皇の意思でもある「御幸作法、可レ用ニ尋常儀一」に尽きる。

さらに御塔への移送について、法皇は前例を列挙しながら「不レ憚ニ斎月斎日之吉凶并諸社祭日方角土用等事一、三ケ日之中必可レ奉レ渡也、但可レ避ニ当時御沙汰御衰日一也、」との遺言をのこされている。法皇は、あたかも死後の争いを予測していたかのような発言ともとれる。

図29　鳥羽天皇 安楽寿院陵

時に皇子の崇徳上皇の動きは「今日御瞑目之間、新院臨幸、然而自ニ簾外一還御云々、渡ニ御々塔一之間、又不ニ臨幸一、[88]」とあり、崩御時に御幸したけれど、御簾外で還御し、遺骸が御所から御塔に移送の折には渡御もなかったという。いっぽう上皇の弟の後白河天皇が行幸した形跡はうかがえない。世上では、数日後に火ぶたが切られる保元の乱が迫っており[89]、この兄弟は頂点にあって敵・味方に分かれるので、葬送どころではなかったかもしれない。また、鳥羽法皇の葬送記事が簡略すぎるのも、史料の遺存云々もさることながら争乱勃発の前夜という状況が影響しているといえよう。

洛南に所在の鳥羽天皇の安楽寿院陵は何度かの焼失と再建を経てこんにちにいたっており、場所も移動している。[90]

○崇徳天皇

崇徳天皇は鳥羽天皇の第一皇子で、名を顕仁といい、藤原璋子（待賢門院）を母として誕生したが、実父は白河上皇ともいわれる（『古事談』）。すでに述べたように父、鳥羽上皇の意向で二三歳にして太上天皇に押しあげられたが、鳥羽院政下にあり、ついぞ院政を執ることはなかった。それどころか、鳥羽上皇の崩後に起こった保元の乱に敗れて讃岐国に配流となり、強い帰京の願いも空しく、長寛二年（一一六四）八月二十六日、配所で四六歳の生涯を閉じている。そして翌月には讃岐国の白峰山上で荼毘に付され、そこに御陵が営まれた。その御陵などに関して、乱から二一年後に以下のことが定められている。[91]

讃岐院并宇治左府事、明日可レ令レ進云々、今日已清書了、院五箇事・左府四箇事云々、（中略）讃岐院御事、一、以二彼御墓所一勅称二山陵一、其辺堀レ隍不レ令二汚穢一、又割二分民烟一両一令レ守二御陵一事、一、遣二陰陽師一令レ鎮二山陵一、同遣二僧侶一令レ転レ経事、一、以二登霞日一、於二成勝寺一被レ始レ修二八講一事、一、被レ置二国忌一事、一、讃岐国御墓所辺建二一堂一、修二三昧一事、（中略）

左大臣藤原頼長の四箇条は省略するが、上皇の崩御から一三年も経過してなお、上皇への鎮魂の心

図30　崇徳天皇 白峰陵

情が廟堂には蟠《わだかま》っていたことが察せられる。ちなみに成勝寺は六勝寺の一つで、崇徳天皇の御願寺である。

なお、上皇の配流と死、諡号、廟所については、「保元々年七月十一日、与二天皇一有レ間、軍敗績以後、同十二日出家、御年三十八、同二十三日、自二仁和寺一奉レ遷二讃岐国一、長寛二年八月二十六日、崩二于彼国一、御年四十六、去位二十四年、治承元年七月二十九日、諡二号崇徳院一、寿永三年四月十五日、白川中御門末北河原造二神殿一、被レ奉レ崇、号二崇徳院一『改二粟田宮一』保元戦場是也、建久四年八月二日、号二粟田宮一」から端的にうかがえる。(92)

諸々の恨みを抱いて世を去っただけに、上皇の恨みは怨霊となって京の都にもたらされた。その慰撫策として朝廷では、讃岐院を改めて崇徳院の諡号を贈り、保元の乱で上皇方の拠点となり、官軍に焼き討ちされた白河殿の跡に社殿を造立した。粟田宮がそれである。この宮の造立について参議藤原経房は、日記に「今日奉二為崇徳院并宇治左府一、春日河原保元戦場、可レ被レ建二仁祠（小社）一事始也、明年正月十三日可レ有二棟上一、同十七日遷宮、院司式部権少輔範季朝臣奉行云々、」と記している。(93)実際に出来上がったのは三か月ほど遅れてのことであり、(94)上皇の死から数えて二七年後であった。

それから半世紀余り後のこと、この粟田宮が鴨川に近く洪水の恐れがあるという理由で東方に遷座しており、その後は焼失と再建を繰り返しながらこんにちにいたっているが、それらは省略に委ねる。(95)ところで現在、京都市上京区飛鳥井町に白峯神宮が鎮座する。この社は、京都で生涯を全うした最後の天皇、孝明天皇が崇徳天皇の霊を慰撫せんと京都の地に社殿造立を願いつつ完成をみずに崩御したので、その遺志を継いだ子の明治天皇が現社地に建立したことに始まる。そして仲麻呂の乱に連座して淡路国に配流された淳仁天皇をも合祀したのである。(96)

図31　崇徳天皇 御廟

○近衛天皇

近衛天皇は藤原得子（美福門院）を母に、鳥羽天皇の第九皇子として誕生した。名は体仁《なりひと》。鳥羽上皇は、この皇子を寵愛し、生後三か月で皇太子とし、三歳になると、白河上皇の意思で帝位についていた崇徳天皇に替えて即位させ、みずから院政をおこなった。しかし、天皇は一七歳の若さで病死してしまう。天皇の入棺ならびに葬送については『兵範記』が詳細を極めているので、この日記を中心にみていくことにするが、作者の平信範は時に四四歳、日記の家としての面目躍如といったところである。

天皇は亡くなる一か月前に病むことがあり、母の美福門院が駆けつけたが大事にはいたっていない。(97)しかし月が替わると不調が続いて服用の薬の量も増え、美福門院の御幸も頻繁となる。(98)美福門院が天皇のところから法皇との御所である鳥羽殿へ、夜に還御したその日の記事に「事態白地歟、暫不レ可レ撤二御所御装束一之由、又可レ令二守護一之旨、被レ仰二右衛門権佐惟方一畢、」(99)とあって緊迫した情況が汲みとれる。

その三日後の七月二十三日、天皇は在位のまま近衛殿において短い人生を終えるが、その様子を『兵範記』は以下のように伝えている。(100)

> 午刻、天皇崩二於近衛殿一、春秋十七歳、（中略）聖主去々年夏以後御目有レ恙間以不予、就中去月以来、御膳乖レ例、経レ日培増、内外祈治、仏神加護、効験如レ無、大漸之積、遂所二崩御一也、権大僧都俊円、日來渡二御邪気一、御持僧権僧正寛暁、法印権大僧都覚忠、雖レ奉二加持一、急及二瞑目之期一、既無二応レ験者一歟、吁嗟哀哉、吁嗟哀哉、于レ時法皇、美福門院共御二鳥羽殿一、兵衛佐定隆逐電参入、又讃岐守秀行朝臣為二両院御使一馳二参内一、定隆未二帰参一、秀行未レ着二鳥羽一之間、事一定了、仍両院不レ臨二幸一、

天皇は一昨年の夏から目を患ったことが引きがねとなって病いにおちいり、一か月前から食事もままならず、仏神に祈願するも効果なく崩御にいたったという。急なことで、鳥羽殿にいた鳥羽法皇と

美福門院の臨幸が叶わなかった。

翌日に譲位のことがあり、新帝、後白河天皇の御所は高松殿であった。(101) 七月二十七日の記事に「於二近衛殿一被レ定二大行帝御態事一」(『山槐記』)、「晏駕雑事今日可レ有二沙汰一、仍参二近衛殿一」(『兵範記』)とあるので、崩御の四日後に入棺、葬送定めがおこなわれたことがわかる。(102) 以下とくに断らない限り『兵範記』の記事に依拠している。

棺の造作は、二十七日午の刻に亡き天皇の乳母子(103)の備中守藤原光隆を行事として木工寮の大工国任が事にあたり、その場所は吉方の乾の方、つまり「室町西、鷹司北、司面小屋両三宇点定、為二行事所一」でおこなわれた。近衛殿とは対角の西北、まさに乾の地であった。材木、釘、絹布以下の雑物などすべて光隆の差配によっている。(104) ちなみに近衛殿は南北を近衛大路と鷹司小路、東西を烏丸小路と室町小路によって囲まれた一町の広さの摂関家邸で、時に近衛天皇は関白藤原忠通の近衛殿を皇居としていた。(105)

いっぽうその時間帯に加賀守藤原定隆(天皇の乳母子)は陰陽助や蔵人所の出納らを率いて平安京外北の船岡に向かい、山作所の地や道路の検分をおこなっている。

入棺は子の刻におこなわれた。(106) 棺が行事所から八名の庁官に舁かれて北小門から近衛殿の西壺に運び込まれ、秉燭後に藤原光隆・定隆、筑前守藤原頼季(天皇の乳母子)ら近臣の八名が伝え舁いて夜御殿の西戸の辺りにしばらく安置した。ついで光隆は、御湯殿判官代が持参した吉方水を棺に細かく注ぎかけた。その後の経緯は以下のようなことである。

次供ニ御衣一、薄物薄色御直衣、白生単重、御錫紵一筋、已上光隆朝臣調ニ進之一、御冠一頭、次御入棺、以レ藿為ニ御枕一、前例召ニ後院一、今度造棺所新造副之、自ニ中宮一被レ入ニ御阿摩加津一、薜人形一枚、長四寸許、其躰如ニ普通撫物一、令レ着レ衣云々、有ニ事憚一不レ被レ申ニ新帝御阿末加津一云々、宇治法印被レ奉レ入ニ真言一、其躰如レ護、被レ安ニ御頂上程一云々、土砂被レ散歟、可レ尋レ之、次覆レ絹以レ布緘レ之、今度四条布二切云々、次同蹤北首奉レ安レ之、御枕上燈如レ本、次供ニ御膳一、土高坏六本、無ニ折敷一、季家朝臣為ニ陪膳一、他人皆役レ之、次供ニ御手水一、手洗椀如レ常、同朝臣為ニ陪膳一、夜半事了人々退出、

御衣の内容、中宮藤原呈子が棺に入れた人形の姿、遺体の頭部の方に真言経を入れ棺を絹で覆って布で封じ縛っていることなど、詳細が知られる。なお、この日に院号定めもあって「近衛院」に決定している。[107] 月が替わって八月一日に葬送が挙行された。[108]

寅の刻、陰陽助賀茂在範が山作所となった船岡の西北の地を鎮め、尾張守藤原親隆・検非違使平実俊らが工人と人夫を率いて山作所の作事に従事している。また藤原光隆と源長定が内匠寮に指示して御輿三基を造らせており、その用材は光隆が差配している。また検非違使らをして道路を掃除させている。いっぽう素服の裁縫をおこない、公卿三、僧二、御侍読一、職事六、御乳母子三、侍臣一、御乳母一、典侍二、掌侍二、女房八ほか賜与されたもの合わせて三十数名は天皇の近仕者で、男性は葬送の重要な任務に従事している。[109]

棺を乗せた御輿の出御に備えて築垣の一部を壊すことは、これまでみてきたように常態であったが、

この時も「乾方築垣一本頽ニ壊之一、鷹司面小門西掖、検非違使府生資良行事、」と、近衛殿の西北の鷹司小路に面した小門の西脇を壊している。これに先んじて北の片庇屋を壊し、そこに修理職の手で御輿寄を構え、数宇の蔀屋を立てている。そして夜になって三基の御輿を北垣の外に運び込んでいる。これらの動きを『兵範記』の作者（平信範）は「土御門町口」というから近衛殿の西北の場（ことによると先にみた行事所か）から見物している。

いよいよ出御となるが、その流れは原文の方が理解しやすいので以下に掲示する（『兵範記』）。

次出御、権少僧都猷乗勤ニ御導師一、法印有観為ニ呪願一、先黄幡、次炬火十二人、……次御前僧廿口、法印権大僧都有観、権少僧都猷乗、……次歩障八帖、在ニ左右前後等一、諸司二分、四十人持レ之、其中前大輿、次行障十六基、所衆持レ之、左右各五基、前後各三基、次御輿、在ニ行障中一、駕輿丁四十八人、焼香者副ニ四角一、……御輿長十二人、光隆、……顕遠、……忠親、定隆、……源長定等扈従、……次香輿、……次御膳辛櫃二合、……次関白殿下、……大納言伊通卿、……太行自ニ室町一北行、自ニ土御門一西行、自ニ大宮一北行、自ニ一条一西行、自ニ壬生末一北行、更向レ乾、令レ向ニ山作所一給、迎火者、殿上人十五人、相ニ分左右一進向云々、美濃守家長朝臣、左馬頭隆季朝臣、……已上各巻纓歟、着ニ束帯一用ニ藁沓一、但隆季、資賢、親隆等朝臣、延俊着ニ浅沓一云々、次第役人如ニ御入棺夜一、殿下始終御ニ坐葬場殿一、両三度令レ参ニ入貴所辺一給云々、暁更、判官代高忠行ニ上物事一云々、

棺を乗せた御輿の前後左右は歩障・行障により外部から見えないように覆われ、一二名の御輿長

（おなじみの顔ぶれも）がこれにつき従う。そして香輿、御膳辛櫃、関白以下一二名の公卿が続く（大納言藤原宗輔だけは「老後」〈時に七九歳〉により手輿で閑路から参入している）。道程は、近衛殿の北西の門を出て室町小路を北へ土御門まで行き、西へ大宮大路まで、さらに大内裏に沿って北上し、一条大路を西へ進んで壬生末路を北へとり（ここから京外）、乾の方向に所在の山作所に向かっている。迎火者として一五名の殿上人の中に「安芸守（平）清盛朝臣」「左京権大夫（藤原）顕広」の名があるのは興味深い。(110) 彼らは束帯に藁沓（数名は浅沓）姿であった。葬場殿、貴所（竈所、荼毘所）などについては一条・後一条天皇のところで詳しく述べたので繰り返さない。(111)

火葬や上物（備えたものなどの焼却）など一連のことが終わったのは翌日の早暁であり、そのあと拾骨があり、骨壺・折敷・杉箸などは鳥羽法皇の献上によるものであった。権僧正寛暁、大納言藤原伊通、参議藤原経宗、右京大夫（非参議）藤原長輔、藤原光隆・定隆・頼季（乳母子）ら側近たち七名が遺骨を拾って骨壺に入れ、長輔が頸に懸けて知足院まで運んでいる。これには関白以下が扈従したが、近隣ゆえ皆歩行で、遺骨は知足院不動堂の本尊の帳の中に安置されている。(112) その間に関白は雲林院四足門前の小川で藁沓を脱いで足を洗ったとあるが、雲林院と知足院は近隣であった。(113) この日の記事

図32　近衛天皇 安楽寿院南陵

の裏書に法印大僧都覚忠の語ったこととして知足院の過去についての記述が見えるのは参考になる。(114)

御葬所では、陵を築き、樹を植え、堭を掘り巡らせて火葬塚としたが、ここが近衛天皇の御陵として長く続くことはなかった。八年後には「奉レ渡二近衛院御骨於鳥羽東殿美福門院御塔一、本安二置知足院本堂一」とあって鳥羽東殿の一郭に母が創建した御塔に移された。(115) それを引き継ぐといわれるのが安楽寿院南陵と呼んでいる木造多宝塔で、荼毘に付した場所（京都市北区紫野花ノ坊町）を火葬塚としている。(116)

三　後白河天皇

関白藤原兼実は後白河法皇の崩御日の日記に以下のように記している。(117)

此日寅刻太上法皇崩二御于六条西洞院宮一、御年六十六、鳥羽院第四皇子、御母待賢門院、二条・高倉両院父、六条・先帝(安徳)・当今(後鳥羽)三帝祖、保元以来三十余年、治二天下一、寛仁稟性、慈悲行レ世、帰二依仏教一之徳、殆甚二於梁武帝一、只恨忘二延喜・天暦之古風一、自二去年初冬一御悩始萌、漸々御増、遂以帰レ泉、

雅仁の名を持つ後白河天皇のことを簡潔に伝えており、また、延喜（醍醐天皇）・天暦（村上天皇）聖代史観がうかがい知れる早いものといえよう。

小さい時から今様に熱中した雅仁親王を、父の鳥羽天皇は「天子の器に非ず」といい、周囲も自身もそう思っていたが、近衛天皇の若死が一変させた。当初は雅仁親王の第一皇子の守仁親王の擁立へ

と動いたが、壮健な父の即位を飛ばしてその皇子の即位は例がない、とのことから中継ぎ天皇として雅仁親王の即位と相なった。加えて、崇徳上皇の皇子である重仁親王の即位を阻止する鳥羽法皇・美福門院・関白藤原忠通らの画策もあった。後白河天皇は東宮を経験しておらず、二九歳という院政期の天皇としては破格な高年齢であったことが異例の即位を物語っていよう。天皇は在位四年で守仁親王（二条天皇）に譲位したが、その後、五代三十余年にわたって院政を執り、建久三年（一一九二）三月十三日、六条殿において六六歳の生涯を閉じた。

ここで葬送のことを述べる前に倚廬についてみておくことにする。

後鳥羽天皇（一三歳）は祖父の崩御の六日後、喪に服するために倚廬に参籠された。『玉葉』には倚廬に関するきわめて詳細な記事があり、流れをみるために長文ながら以下に掲示しておく。(118)

此日主上避二正殿一、御二于倚廬一也、……秉燭、着二吉服直衣一、参二御前一、召二親国一、問二倚廬御装束具否一、申云、皆悉沙汰具了、但御装束未二持参一、所二相待一也云々、……及二亥刻終一、持二参御装束一、仍仰二親国一令レ問レ時、申二已至之由一、此間、主上着二御装束一（吉服御引直衣、綾二御衣、単衣、紅生御袴等也、）忠季朝臣、信清等候レ之、内侍二人（伊予弁、）参上、取二劔璽一（昼御座御釼、内侍進テ直取レ之、）候二前後一、主上経二御殿御帳北并東中障子等一、入二御二東面北妻戸下一……、頭宗頼朝臣取二指燭一前行、頭実明朝臣取二御草鞋一、余褰二御簾一、即実明取二璽御莒一前行、忠季朝臣取二御劔一候二御後一（先宗頼、次実明、次主上、次余、次忠季、次第此定也、）其路経二台盤所廊南縁一東行、入三御自二倚廬御所西面北戸一……、余参進褰レ幌即参入、忠季朝臣相次参入、主上経下帳与二三尺几帳一之間上、御二東前敷座一、東面余経二同路御座北間一、無レ座、此間実明忠季等置二劔璽於御帳中御枕方一、南也、忠季経下帳与二母屋柱一之間上、実明経二柱外一……各退下、次実明朝臣取二御冠一……入レ自二倚廬東面南戸一……、経二女房候所一、経二母屋西際御帳并御座北等一、置二御前一、件御冠縄細燕尾切上緒、土高坏、置二柳筥一、其上置二紫布切一、其上置二御冠一也、先例置二御座前莚二云々、而間狭畳広、御座外無レ所、仍只置二御座上一也、次宗頼朝臣持二参御装束一、布黒染闕腋御袍、同半臂、緒一筋也、同下襲、同布単表御袴、平絹鈍色御衵単、柑子色大口、置二柳筥一、居二土高坏一、相二加縄御帯并御扇等一也、置二御前一、次実明朝臣持二参内蔵寮御衣一……、置二御座南傍一、次召二忠季朝臣一……、経二同路一参上、先解二吉御直衣一、置二御帳北辺一……、次着二御装束一、向二吉方一乾也、忠季一人奉二仕之一、半臂緒只一筋也、長一丈、自レ中二倍二押折也、仍乍二二倍一引間はして奉レ結二左方一、無二垂緒一也、御帯索也、巻レ紙如レ例、自レ左引まはして片匙奉レ結レ之、御装束終居御、其後撤二本御冠一、暫置二吉御装束上一、御冠指同撤レ之、奉レ加二服御冠一、此間召二御櫛・髪攬一、蔵人範高置二柳筥一持二参之一……、忠季取レ之、如レ形奉レ理レ髪了、即帰二給蔵人一了、主上着御了、東面御座、

関白兼実は吉服直衣姿で参上している。[119]「吉服御引直衣、綾二御衣、単衣、紅生御袴」という出で立ちの天皇は御殿（閑院内裏）の御帳の北から東へ、東面する北妻戸のところまで出てきた。一行は指燭（明かり）を持った蔵人頭藤原宗頼が前行し、天皇の前には璽筥を持った蔵人頭藤原実明、天皇、そして関白と続き、その後ろに御剣を持った藤原忠季である。その経路から倚廬御所が台盤所の東にあったことがわかり、『明月記』からそれが東の対であったことが知られる。[120]その倚廬御所へは西面する北戸から入り、御帳と三尺几帳との間を通って東面する御座に着いた。その間に実明と忠季は持

参の剣璽を御帳の中の枕方に安置して退下している。ついで実明によって冠が天皇の前に運び込まれ、柳筥の上に紫の布を敷いてそこに置いている。冠の作り様など詳しい。ここで天皇は「吉御直衣」を脱いで装束に着替えるのであるが（忠季一人が奉仕）、装束の内容、着用の手順など詳細を極めている。装束の着用がすむと、もとの冠を撤《と》って髪を整え、新たな冠を着け、天皇は東面して着座、しばし祈念し、終わるともとの装束に着替えている。

後鳥羽天皇が倚廬に籠ること一三日間、月が替わって本殿に還御し、その日に解陣・開関のことがおこなわれている。(121)

天皇の臨終に際して二人の僧が善知識上人（教えを説いて仏道へ導く僧）として傍に候しており、「十念具足、臨終正念、面二向西方一、手結二定印一、決定往生、更不レ疑云々、」という理想のかたちでの往生のはずであったが、実際には巽つまり東南の方角を向いており、「頗微笑、疑生レ天之相歟云々」（『玉葉』）ということであった。この日に院司および公卿らによって尊号が「後白河」と決定されている。

天皇の遺骸は六条殿で入棺され、蓮華王院に運ばれるが、入棺のことは『玉葉』には記事がなく（関白藤原兼実は内裏にあって様々な取り決めに奔走している）、『明月記』でみておこう。(122)

束帯姿で六条殿に参上した藤原定家は後白河皇女の殷富門院に拝謁して「今夕御入棺」をうかがって退出、秉燭におよんで参内（閑院内裏）している。そこで入棺は夜（実際におこなわれたのは亥の刻）、八葉御車で密々の渡御であること、近習の公卿以下が徒歩で供奉する、入棺役として八名が従事することなどを聞いている。

葬送がおこなわれた十五日は重日（亥の日）にあたるので忌事は避けねばならないが、崩後第三日におこなうようにと故法皇が遺言したことにより挙行し、待賢門院と建春門院の例に倣ったという。そして葬送の次第を関白兼実は以下のように記している。(123)

廂御車、車副二人、炬火六人、北面下臈……、焼香余人、同北面下臈、素服之人、右大臣已下歩二行于御車後一、他人不二供奉一、仁和寺宮已下一町許扈二従其後一、前陣被レ参レ自二閑路一云々、是為レ停二路頭狼藉一也、已御遺言云々、御車牛等賜二導師咒願一云々、昇二入御棺於御車一役人……、今日余参内宿候、

これまでにもふれるところがあり再説は要しないであろう。狼藉を避けて閑路を用いるといった例もあったし、藤原定家は「秉燭以後閭巷物忩、雑人奔走、下渡騒動云々、」と述べている。(124) 六条殿から東南の京外、法住寺殿までの道程における狼藉を案じるもので、その区域を「下渡」と称しているが、この呼称は平安後期には見られた。(125)

この日の六条殿から「蓮華王院東法華堂」までの葬送は「平生之儀」をもって渡御したという。(126) 後白河法皇の遺体が納められた東法華堂は、一六年前に亡くなった建春門院（女御平滋子）の眠る御堂と至近に所在した。そもそも後白河上皇は終焉所として蓮華王院の東に法華三昧堂を用意していたが、

建春門院が先に亡くなったので葬送に間に合うように完成させ、堂の下の土を掘り、石の辛櫃を置いてその中に女院の遺体を安置し、上皇の御堂は追って造作ということになったらしい。(127)

その新御堂に関して鳥羽殿の勝光明院内に建立すべくすでに基礎ができていたが、去月（建久三年九月）の洪水で鳥羽全体が水につかって損壊し、とりわけ勝光明院の被害は大きかった。この難は免れられないということで鳥羽の地をやめて「（建春門院が眠る）蓮華王院法華堂の近辺」になったのである。(128)

図33　後白河天皇 法住寺陵

後白河天皇陵は、平清盛の造進による蓮華王院の一千一体の千手観音菩薩像（東面）と相対するかたちで存在しており、まさに西方浄土そのものである。ちなみに蓮華王院は後白河上皇崩御の半世紀余り後に類焼の憂き目にあっている。建長元年（一二四九）春のことで、「其上火已付二御塔一了、与二御堂一咫尺也、於レ今者御堂不レ可レ遁歟、……三十三間梵字・千躰仏像有二此災一(129)」とあり、当初は五重塔の存在が知られる。さらに「法花堂免二余炎一、所二悦思食一也」とあるので東に離れて所在した法花堂は類焼を免れたのである。なお、こんにちの蓮華王院は初焼亡から一七年後の再建である。

南北路をはさんで東に後白河天皇陵があり、法華堂（近世の再建で西面）の下の石槨に遺体が奉納され、堂内には木像（高さ約八〇センチ）が安置されている。それは「法衣に袈裟をかけ、指貫をはき、素足を出して坐し、右手に念珠、左手に経巻をもつ法体……檜材を用いる寄木内刳造、玉眼嵌入……造全体に布張り彩色仕上げ」で鎌倉時代中期の製作と考えられている。(130)

四　二条〜安徳天皇

○二条天皇

二条天皇は後白河天皇の第一皇子として誕生し、守仁と称した。母は藤原懿子。父の践祚の二か月後に親王宣下ついで皇太子に冊立され、(131)三年後の譲位を受けて一六歳で帝位につき、(132)在位八年にして二三歳で病死してしまう。在位中は父の院政下にあったが、平治の乱が起きた時には危うい立場に置かれ、平清盛の機転によって難を免れた。天皇は近臣を重用して親政を意図したが、そのことが父との軋轢を生み、いっぽう病いに侵されて退位を余儀なくされた。天皇の崩御は二歳の皇子（六条天皇）に譲位して一か月後のことであった。(133)

天皇は永万元年（一一六五）七月二十八日に崩御するが、残念なことに同時代の日記である『山槐記』と『兵範記』はその時期が闕となっているので葬送の詳細は知り得ず、その他の史料から断片的なことがわかる程度である。同時代日記の『顕広王記』(134)には崩御翌日の記事として「去暁、新院遂以崩二押小路洞院亭一、御年廿三、去三月以後、重々不予也」、とあるのみで入棺の記述も見えない。崩御は「去暁」とあるから二十八日と二十九日の日替わりの時間帯のようで、二十九日に入棺がおこなわれている。[135]

葬送は一週間後のことであり、『顕広王記』には「先皇御葬送也」と記すのみでほかの記録からその場所が香隆寺の北東の野（「艮野」）であったことがわかる。[136] そして崩御の五年後の嘉応二年（一一七〇）に「二条院御骨自二香隆寺本堂一渡二三昧堂一、件堂以二二条皇居崩御殿一、左大臣渡二造之一」という記述により、[137] 荼毘に付された故二条院の遺骨が香隆寺の本堂に収められたことが知られ、このたび本堂から寺内の三昧堂に移納されたのである。

図34　二条天皇 香隆寺陵

なお崩御の一年後に故二条院のために香隆寺において堂供養がおこなわれているが、[138] これが三昧堂であった。この三昧堂は二条天皇が崩御された皇居で造作したといい、その任に左大臣藤原経宗があたっている。その後、香隆寺および三昧堂も消滅して所在すらわからなくなり、明治期になって香隆寺跡と思われる場所に造陵したのが京都市北区平野にある香隆寺陵である。[139] すでに述べたように白河・堀河両天皇も荼毘のあと遺骨が一時、香隆寺に仮安置され、のちに別のところに埋納されている。

○六条天皇

六条天皇は二条天皇の第二皇子で名を順仁《のぶひと》と称した。母は伊岐致遠の娘でその家格は天皇の生母としては低かったが、子のない中宮藤原育子（左大臣藤原実能の女）に養育された。父の病いのため皇太子を経ずに生後七か月（二歳）で践祚ということになったのである（二歳の即位は前例がない）。後白河院政下にあり、即位の翌年には叔父の憲仁親王（高倉天皇）が東宮となり、二年後には即位してしまう。(140) 五歳で退位の天皇に対して新天皇は八歳。この逆転現象は平清盛と後白河上皇の共通の思惑から実現したものであった。

五歳という最年少で太上天皇となった六条上皇は八年後に一三歳で元服を待たずに崩御してしまう。(141) 安元二年（一一七六）七月十七日のことである。右大臣藤原（九条）兼実は、その日の記事に後白河法皇の二禁の治療のことを詳記しながら六条上皇の崩御に関しては「夜半許、人云、新院崩御了云々、不㆑信㆓受之㆒」と記すのみである。(142) ただ高倉天皇が喪に服するために倚廬に遷御し、一週間後に本殿に還御したことを伝えている。(143)

六条上皇は日ごろ院御所つまり祖父、後白河法皇の法住寺殿にいたが、痢病により藤原邦綱の東山亭に遷り、ここで崩御したことが知られ、(144) 至近の清閑寺の小堂に納められたという。「童形」とある

図35　六条天皇 清閑寺陵
（上は参道道標）

のが痛々しい。ちなみに六条上皇崩御の直前に建春門院（平滋子、後白河上皇女御で高倉天皇の母、三五歳）が崩御している。[145]

六条天皇に関して知られるのはこの程度のことで肝心の入棺、葬送の具体相はわからない。元服以前に亡くなったことと無関係ではないと思う。こんにち六条天皇の御陵として京都市東山区清閑寺歌ノ中山町にある清閑寺陵が知られる。遺体は邦綱の東山亭から清閑寺に運ばれ埋葬されたものであろう。ちなみに次代の高倉天皇の御陵は後清閑寺陵と呼ばれて六条天皇と並んで存在する。これについて高倉天皇崩御の養和元年（一一八一）正月の『山槐記』に見える「今夜渡二御邦綱卿清閑寺小堂一抑是六条院御墓所堂」の記事を引いて、六条天皇の墓所に五年後に亡くなった高倉天皇を合葬したとの説がある。[146]

○高倉天皇

高倉天皇は後白河天皇の第七皇子として誕生し、憲仁と称した。母は平滋子で、義兄の平清盛の全盛期にあたっており、先帝の病弱と夭逝が帝位を呼び込んだといっても過言ではない。六歳で東宮に立ち二年後に即位する。そして清盛の娘徳子（建礼門院）が入内して中宮に冊立。順風満帆にみえたが、在位の後半は父上皇と岳父清盛の確執の激化に悩まされ、反平氏運動の高まりのなか二〇歳で皇子の安徳天皇に譲位する。

譲位の四か月後に清盛による福原遷都の断行によって高倉上皇は、父の後白河法皇、子の安徳天皇と摂津国の福原行きを余儀なくされたが、半年後には揃って還御している。京都に着いた上皇は車から独力で降りることができず、女房の肩を借りて六波羅の池殿（平頼盛邸）に入り、そのまま「御寝」とある。[147] 五か月ほどの異境暮らしが上皇の身体を蝕《むしば》んだようで、年明け早々に二一歳で崩御してしまう。その二か月後には清盛が死去し、平家は坂を転がるように衰退に向かう。

崩御五日前の上皇の様子を右大臣藤原兼実は、顔が腫れ、お腹が膨らんでごろごろ動いて下痢の症状があり、声が変で、暑さを嫌って薄い衣を好んでいるが、心神は正常、と記している。[148] そして三日後には危険な状態になり、占ったところ、二日ほど慎むように、五、六日のうちに大事が出来するかも、と出た。[149] この翌日には以下のようなことである。

亥刻、余着二烏帽子・直衣一参二院御所近辺一……、召二出邦綱卿及兼光朝臣等一、問二御悩之子細一、

……邦綱卿先出来、伝レ勅云、病至而重、命在二日暮一、遂今一度不二面謁一之条、殊遺恨思食者也、

……御面手足頗腫給、又殊令レ厭二熱気一給、遥去二火気一薄二御衣一、猶以為レ重、身体更不レ叶二御心一、

……余問二惜レ命給哉否一、密語云、深有二其御心一、因レ茲、雖レ不下令レ堪二御灸治一給上、已及二数十所一了云々、聞二此事一、愈悲歎難レ忍、

病いは悪化の一途をたどり、生きながらえたいとの上皇の意思を汲んで灸をおこなったけれど効果なく、余命いくばくもなし、の状況に立ちいたっている。[150] そして翌日の「丑終寅始程[151]」とあるから日付が変わる前後に高倉上皇は崩御したのである。その入棺、葬送の実態は明らかではないが、その日のうちに入棺のことがあり、その夜には清閑寺に移送され法華堂に葬られている。[152]

ところで上皇の死を見つめた一人の男がいた。上皇に近く仕え、前年（治承四年）に公卿となり、中宮（平徳子）権亮の任にあった参議源通親（三三歳）である。その彼が上皇の死を感慨を込めて記したのが『高倉院昇遐記[153]』であり、これによって崩御前後の様子を探ってみよう。

崩御に直面した作者は、「治承五の年の春の初《はじめ》十四日のあか月、寝覚の御枕を北になして、魂《たま》の御在所《ありか》も西に移らせ給しかば、雲とやなり雨とやならせ給ぬらん」と記し、夢ではないかとうろたえ、上皇の死を受けいれられずにいる。

その夕《ゆうべ》六波羅より清閑寺に移したてまつる。殿上にてまづ後の御名のさだめるにつけても、高倉いかなる大路にて、憂き名の御形見に残り、東山いかなる嶺にて、限りの御栖《すみか》と定めらるらんと

思ふも悲しく、小夜《さよ》もややふけゆきて御前僧など参り集りて、あるべき御装《よそひ》どもはてにしかば、常の御車さし寄せて、あへなくたてまつりしほど、近衛《ちかきまぼり》の舎人ども立ち添ひたてまつるそらもなく……峯の雪汀の氷を踏み分けて、知らざりし山の麓にうつせみの身がらを納めたてまつる。……まことに御身に随ふものもなく、たゞ送りおく山の中に御わざの事はてにしかば、ゆくぢなき三昧僧に嘱《あづ》けおきたてまつりて、法華道場を建て納め、おの〳〵行き別れにき。

崩御のあと諡号定めがあり、その夕刻に六波羅池殿を出発した天皇の遺骸は近衛府の官人や天皇に近く侍った僧侶につき添われて雪を踏み分け徒歩で進み、東山の麓の清閑寺にいたっている。その具体的な記事は見当たらないものの高倉天皇は荼毘に付されている。それは「たゞ有明の空をながむれば、翠の霞ばかりうたてたち昇り」の文や「あさましや春たつ風のしるしとて夜の煙も立ち昇りぬる」から明らかである。

そして清閑寺への移送に随伴した作者は、「三昧堂に納めたてまつる御わざども近くに見るに、空蝉の御骸《からだ》だに隠れはて〳〵、煙だに絶えてはかなく闇ることも……」と記している。清閑寺の三昧堂(法華三昧堂)へ納骨されたが、一連のことなどを間近かで見ると、遺骸もすっかり見えなくなって荼毘の煙さえ立たなくなって終わった。その後も作者は「日ごとに法華堂」へ参ってはそのつど卒塔婆を立て、段々それが溜まるのを見て「朝ごとに立てておく数の積もりつゝうかりし日こそ遠くなり行け」と、崩御の悲しみが徐々に薄れていく様子を詠んでいる。

なお、高倉天皇の崩御について若き藤原定家（二〇歳）はその日の記事として次のようなことを書き留めている。[154] 未明に新院の崩御を耳にした定家は、父俊成の病気で出仕が滞っていたことを悔やみ、「心肝如レ摧、嗟乎悲矣、倩思レ之、世運之尽歟、」と悲嘆にくれる。定家の実姉の「健御前」（建春門院中納言）が高倉天皇生母の建春門院のもとに出仕していたので、定家にとっては他人事ではなかった。その姉から懇願されて定家は牛車を都合して送り、姉はその牛車で池殿（高倉上皇御所）に向かい、目上の女房に会って崩御前後のことを聞き、帰り来たって定家に次のようなことを伝えている。

至二于今暁一叡慮太分明、……又依二人々申一、聊召二寄御膳一、御寝之際、御気頗有二奇事一、奉レ驚、見レ之間、事已危急、仍以二泰通朝臣一令レ申二（後白河）院御方一、即渡御、打二鳴鐘一、雖レ有二御念仏一、不レ及二御合眼一云々、日來法皇渡御、深喜悦思食、乍レ臥有二御対面一、御言語如二平常一、諮詢互懇切云々、

上皇は、意識ははっきりしていて少し御膳を食し、就寝の際に不調になり危険な状態におちいったという。早速に連絡を受けた父、法皇が渡御したが目を合わすことはなかった。法皇はよく渡ってきては上機嫌になり、横になっている上皇と対面して平常のように会話し、懇ろに意見を交わすこともあったという。それだけに最後の対面が叶わなかったことは法皇にとって痛恨の極みであったかと思われる。

この日の末尾のところに定家は「今夜渡二御邦綱卿清閑寺小堂一、抑是六条院御墓所堂云々、如

何々々、聞及事不レ幾、夜私出、交ニ雑人一見物、落涙千万行、」と書き記している。先にふれたように上皇の遺骨が清閑寺に移送され、五年前に崩御の六条天皇の「御墓所堂」と同じ御堂に納められたことについては疑問を抱いている。六波羅池殿から清閑寺への葬送列を夜ひそかに雑人に交じって見物した定家は涙が止まらなかったという。

図36　高倉天皇 後清閑寺陵

　高倉天皇の遺骨が清閑寺の法華堂に埋納されたことは、「高倉院法華堂」の名とともにその維持のために御陵が定められ、供僧も定められて守陵にあたったことが知られる(155)ので確実である。この法華堂は後世に消滅するが、その後の経緯や清閑寺の小督の塔、高倉天皇の現陵の規模などは省略に委ねる。(156)

○安徳天皇

　安徳天皇は高倉天皇の第一皇子として平清盛の娘、中宮徳子（建礼門院）を母に誕生し、名を言仁《ときひと》と称した。外孫の帝位を強く望む外祖父の意向で生後一か月で立太子、一年三か月後には践祚という、平安時代の天皇では最年少であった。時に祖父の後白河上皇は鳥羽殿に幽閉中で院政停止の状態であ

図37　安徳天皇 阿弥陀寺陵

ったから、この践祚は外祖父清盛の意志によるものであった。譲位した高倉上皇は二〇歳で一年後には崩御する。安徳天皇は帝として都にあること三年余り、平宗盛を総帥とする平家の都落ちに担ぎ出されて西国に赴き、最後は一門とともに壇ノ浦に入水して果てた。享年八歳、政治の道具として弄《もてあそ》ばれた薄幸な天皇といえよう。したがって安徳天皇の葬送はなかったわけで、山口県下関市の赤間神宮の西に所在の阿弥陀寺陵に天皇の御霊を祀っている。

ここで今まで取りあげなかった建築史側からの二件の提言を紹介しておこう。

福山敏男氏は平安期の天皇・皇族・公卿層の葬礼を建築面をも含めて概観し、世紀別に次のような特色を挙げている。(157)

九世紀は、嵯峨・淳和天皇などにみられる徹底した薄葬の実行と、嘉祥寺・仁和寺など陵墓と密接に結びついた寺院が出現した。一〇世紀は、陵墓と寺との関係が一層密接になり、方忌などで棺をいったん寺に移し、そこから葬場に向かう例も多く、また火葬をきらって霊殿に棺を相当期間安置することもおこなわれた。一一世紀は、火葬を正式とする高級葬事の礼式が確立し（火葬によらない霊殿の方式も存続）、後一条天皇などのように法華三昧堂を陵墓とし、寺とのつながりも固まり、三井寺・

比叡山・高野山などに納骨する風習も始まった。一二世紀は、火葬やそうでない場合も縁故の寺の木造の塔や法華三昧堂の床下または仏壇中に葬られた例が少なくない。

平安時代の大きな流れを「仏教儀礼と葬礼との結びつきの深化、および墓所と寺院・仏堂との結びつきの深化」と集約した福山説を踏まえて清水擴氏は、以下のように指摘する。(158)

・第一期（欽明～文武天皇）は死から埋葬までの期間が二か月から二年余と長く、その期間中、大半が殯宮に遺体を安置、終わりの持統・文武天皇を除いて他は土葬。

・第二期（元明～花山天皇）は文献から殯宮の語が消え、死から埋葬までの期間が多くは一〇日以内と大幅に短縮され、火葬が普及し、埋骨は火葬当日ないし翌日に挙行、徹底した薄葬が行われる。そして一期から二期への変化は殯宮の慣習が崩れて葬儀の簡略化が行われ、火葬の普及が見られたが、そこには平城遷都が契機となっているという。

・第三期（一条天皇以後）は火葬が一般化し、火葬までの期間が多くは一〇日前後で第二期よりやや長期化し、火葬骨はすぐには埋葬されずに数年にわたって寺に安置され、その後に埋骨される。上掲の葬法に建築を絡ませると、「寺院そのものが陵墓に対応する第二期に対し、第三期には寺院内の一建物がそのまま陵墓となる傾向が強くなる。その代表的なものが平安後期の法華堂である。また、やや特殊な葬法として第二期の末ごろから第三基の初頭にかけて、遺体をそのままタマドノと呼ばれる施設に安置する例がみられる」ということになり、「タマドノ」（宇多天皇の「魂殿」が初見）について詳説を加えている。ついで法華堂に説きおよび藤原道長の浄妙寺に建立した法華三昧堂を墓所堂としての法華堂の早い例として挙げ、冷泉・後一条天皇の墓所にこの堂が建てられたと説く。墓所と法華堂については詳細な記事とともにこんにちに伝わる、後白河上皇と女御の建春門院（平滋子）が著名であろう。

このように平安時代の葬送に建築物を加味したこれらの指摘は上述の個々の例と矛盾するものではないが、さらなる検討が必要であり、それを通して時期的な特色を提示することが新たな宿題となった。

以上、三章にわたって平安時代における天皇の葬送の実態について個別にみてきたが、葬法などで一応の傾向は読み取れるものの天皇の遺言による特殊性が反映される要素も強く、それを見極める困難さもある。

早く嵯峨天皇はすべてにわたって薄葬を遺言しているが、恐らくそこには二年前に崩じた淳和天皇のそれが介在していると考えられる。次代の仁明天皇は在位のまま崩御し、皇子の文徳天皇は禁忌から崩御所の清涼殿を移して仏堂としており（嘉祥寺）、ここに陵寺の出現をみた。

文徳天皇も在位中の崩御で、父子ともに土葬であったが、次代の清和天皇は火葬である。ここに聖武天皇以來、百二十年ほど続いてきた土葬（遺言により散骨された淳和天皇は火葬）が火葬に転じたことになり、こののち一世紀余りは土葬と火葬が混在し、冷泉天皇から火葬になる。その意味で画期となった清和天皇は、山陵不造、葬送司の不任、喪事は簡略とすることを遺言し、遺骨は平安京を遠く離れた水尾山上に埋葬された。

四代後の醍醐天皇は譲位二日後の崩御ゆえ太上天皇としての葬儀であるが土葬であった。これについては天皇として扱われたと見做すべきであろう。この天皇の造棺、葬列、山陵の結構の記述は詳細であり、『西宮記』の記載ともよく合致する。

中宮藤原定子が土葬であったことにちなむのであろうか、土葬を遺言していた一条天皇は藤原道長の失念により火葬されてしまった。この一条天皇の葬法では、沐浴の水や葬送所について崩御所の乾(西北)の場所が重要視され、また御輿が館を出る際に西北の築垣の一部を壊すといったしきたりも定着している。棺、小屋形、須々利などを含む御輿の結構、荼毘から拾骨にいたる動きも詳しい。冷泉・円融・花山天皇と火葬が続いたこともあって道長の失念も一理あるのかもしれない。

皇子の後一条天皇は在位のまま清涼殿において崩御したが、生前譲位の意思を東宮に伝える間の崩御であったため「大行皇帝」(太上天皇)と称し、剣璽や大床子などの調度を新帝のところに運び「如在之儀」としているので譲位の形をとっている。後一条天皇の造棺、入棺、葬送列、山作所の設営、火葬など微に入り細を穿った記述が見られ、良い規範となっている。

後冷泉天皇は在位のままの崩御にもかかわらず火葬しており、以降は在位中の崩御でも火葬が多く

（堀河・近衛天皇）、院政期においては他の理由での土葬がみられる（鳥羽・後白河天皇）。

院政期についてみると、造棺、供膳、山作所に関わっている人は乳母関係が主流であり、故人との近親者ということでは他の時期でもいえることである。白河天皇は国忌・山陵・素服・挙哀の停止を遺言しているが、この傾向は早くからみられた。

鳥羽天皇は長い院政を経ての崩御であるのに村上天皇以来となる一八九年ぶりの土葬であった。遺骸が鳥羽東殿内に新造の三重塔へ埋納ということによるか。この間に一一代の火葬時期があった。そしてこの後も後白河天皇をのぞけば平安末期の後鳥羽天皇まで六代が火葬である（安徳天皇は海中）。後白河天皇は法華堂に埋納された。なお新帝が一定期間、参籠する倚廬については後白河法皇の崩御で後鳥羽天皇が参籠した倚廬のことがきわめて詳しい。

全般的にみると、入棺は格別の例外をのぞけば崩御当夜ないし三日以内の夜に挙行されており、遺骸は北枕にして入棺するのが一様で、皇子女が形代として「阿末加津」（天児）を納めている例もある。そして棺への点火は西北から東北へ時計と反対回りにおこなっていることが多く（堀河天皇は東北から西北へと時計回りに点火）、これは頭部の北側を避けるためである。また花山天皇の例をはじめとして崩御の場が遺骸沐浴の水ならびに造棺の方角を左右していることも注目される。

次章では貴族の葬送についてみることにする。

（1）白河天皇の譲位をうけ善仁親王の践祚がみられたのは応徳三年十一月二十六日のことである。なお善仁親王の立太子が践祚と同じ日におこなわれている点に尋常ならざる譲位の背景が察せられる。四百年ほど続いた平安時代において立太子と践祚が同日の天皇は宇多(第五九代)・堀河(第七三代)・崇徳(第七五代)・後鳥羽(第八二代)天皇で、立太子を経ずに践祚の天皇は光孝(第五八代)・後白河(第七七代)・六条(第七九代)天皇であり、いずれも複雑な情況下での登用である。

（2）三五歳で帝位についた後三条天皇は在位五年に満たずに第一皇子の貞仁親王（二〇歳の白河天皇）に譲位し、二歳の第二皇子実仁親王を東宮に据えた。この背景には、藤原摂関家と関係のない親王を東宮に立てて早い即位とその後見をねらったものとの解釈である。しかし後三条上皇の崩御、東宮の一五歳での死により白河天皇の意のごとくに展開していくのである。なお、実仁親王の母は故参議源基平の娘の基子で、皇女の聡子内親王（白河天皇の同母姉）の女房として出仕していたのを見初めて寵愛し、実仁親王を生んだ翌年も懐妊したが流産（『栄花物語』巻第三十八 松のしづえ）、その翌年正月には第三皇子輔仁親王を生んでいる（『扶桑略記』延久五年正月十九日条）。この皇子誕生が後三条上皇をして院政へと駆り立てたのではなかろうか。ちなみに源基子は更衣ついで女御に抜擢、さらに准三宮にすすんでいる。

（3）『百錬抄』『扶桑略記』延久四年十二月八・十六日条、『栄花物語』巻第三十八 松のしづえ参照。

（4）『為房卿記』（内閣文庫本）延久五年正月八日条に「今日未剋、太上皇渡二御母儀仙院御所一、是御譲位之後始有二御観謁一也、仙院御二内大臣二条亭一」とある。陽明門院が御所としていた内大臣とは藤原信長のことで関白教通の三男であり、したがって従兄弟の間柄にある。

(5)『扶桑略記』延久五年正月十一日条。

(6)『扶桑略記』延久五年二月二十・二十七日条、『百錬抄』同二十〜二十七日条。『古事談』巻一ノ七〇後三条院、八幡・住吉・天王寺など行幸の事、葬送の事（川端善明・荒木浩校注『古事談・続古事談』新日本古典文学大系、岩波書店、二〇〇五年）。日々の事柄は『栄花物語』（巻第三十八　松のしづえ）に詳しい。

(7)『扶桑略記』『百錬抄』延久五年四月七日条。

(8)『栄花物語』（前掲）に「四月になりては、いと重くならせたまひぬ。いかに、いかにと、誰も誰も思し嘆かせたまふ。……四月二十九日御髪《みぐし》下《お》ろさせたまふとののしるに、中宮も、何か一日にてもただのさまにてあるべきとて、尼にならせたまひぬ。かくと聞かせたまひて、女院(母の陽明門院)にも、いとあはれなりと思しめしたり。夢の心地のみして、いみじき御有様なり」とあって上皇の病いの様子が知られる。実際に出家したのは四月二十一日（「太上皇由二御悩重一出家入道」）であり、同日に中宮馨子内親王も落飾して尼となっている。なお一か月前には上皇の病悩退散を祈って「天下大赦」がおこなわれている（『扶桑略記』三月十八日条）。

(9)『扶桑略記』四月二十七日条。御祭文の内容が知られる。

(10)『扶桑略記』四月三十日条。

(11)『扶桑略記』延久五年五月七日条。

(12)『今鏡』藤波の下第六　ますみの影。『今鏡』には後三条院の立太子、即位、その治世について詳しい記述が見られ（すべらぎの上第一・第二）、また後三条院が極楽浄土に生まれ変わったとの夢を見たという人の話も見える（すべらぎの中第二　手向）。

(13)『古事談』（前掲）には「後三条院、延久五年二月二十日、八幡并びに住吉・天王寺等に御幸す　女院・一品宮御同道す、と云々。経信卿序を書く度なり。同二十七日還御、其の後御薬。四月二十四日御出家。中宮同じく御出家。五月七日崩御　御年四十。其の時は高房朝臣の宅なり　大炊御門南、万里小路東なり。同十七日御葬送　神楽岳の南なり。源中納言資綱、御骨を懸け奉る、と云々」とあり、『帝王編年記』五月十七日条では火葬の場所を「神楽岡南原」とするのに対して『百錬抄』同日条では「神楽岳東原」、『扶桑略記』五月七日条には「神楽岡南麓」とある。ちなみに上記の『古事談』（巻一ノ七十一）には、出家して宇治に隠棲していた藤原頼通が崩御のことを聞いて食事の箸を止め、歎息して「是れ末代の賢主なり、本朝の運拙きに依りて、早く以て崩御するなり」と言ったとある。

(14)『為房卿記』康和五年八月六日条（『大日本史料』第三編之七）。

(15)『中右記』嘉承二年七月十二日条。

(16)『愚管抄』『帝王編年記』延久二年十二月二十六日条。平岡定海「四円寺の成立について」（同著『日本寺院史の研究』吉川弘文館、一九八一年）、古代学協会編／角田文衞監修『平安時代史事典』（角川書店、一九九四年）所収の杉山信三筆「円宗寺」・竹居明男筆「四円寺」など参照。

(17)『扶桑略記』延久五年六月二十二日条。

(18)白河天皇の生きた時代の諸相について述べた近作に美川圭『白河法皇――中世をひらいた帝王――』（日本放送出版協会、二〇〇三年）がある。

(19)下痢や嘔吐、時に腹痛をともなう急性胃腸炎（服部敏良『王朝貴族の病状診断』吉川弘文館、一九七五年)。

(20)『永昌記』『中右記』大治四年七月六日条。『長秋記』同日条によると、甲羅を焼いて占ったところ「御薬尤重、於レ命難レ遁歟」と出たので駆けつけ、女房を介して尋ねたところ「極重御由令レ申」ということであった。また渡御してきた鳥羽上皇と待賢門院に対して法皇は「禁忌」となるから早く還御するように、加えて女院は出産を控え憚りとなる、と伝えた(『長秋記』大治四年七月七日条)。

(21)『中右記』『長秋記』『永昌記』大治四年七月七日条。

(22)造仏のことは『永昌記』七日条の冒頭に「経師仏師挙首、丈六等身御仏奉レ備二前庭一、策音及二隣里一、始二御修法十六壇一、漸及二日暮一令二更発一給之由」とあるのに相当するかと思う。ただ、それに続く「日暮に及んで法皇の病が再発」とある点、法皇の崩御が昼前ということを思うと齟齬を感じる。ちなみに前日の記事に息災を祈願して造仏・造塔のことが見えるが、五重塔は小塔であろう(『永昌記』七月六日条参照)。『長秋記』七日条にも造仏・塔のことが見える。

(23)鳥羽天皇中宮の藤原璋子で天治元年(一一二四)院号宣下。女院は法皇崩御の翌月に鳥羽天皇第二皇子の通仁親王を六歳で亡くし(『永昌記』閏七月十日条)、その一〇日後に第五皇子の本仁親王を三条京極亭において出産している(同二十日条)。当初、女院は三条東殿を居所としていたが、法皇の御喪所となったことにより、御産所の御占で吉と出た藤原家保の三条京極新宅に二日後に渡御した(『中右記』七月九日条)。このあたりのことや白河・鳥羽天皇との複雑な関わりなどを含め待賢門院の生涯については角田文衞『椒庭秘抄——待賢門院璋子の生涯——』(朝日新聞社、一九七五年)に詳しい。

(24)法印覚猷(一〇五三〜一一四〇)は鳥羽殿に住んだことで鳥羽僧正の名があり、平安時代の四大絵巻に挙げられる『鳥獣人物戯画』の作者に擬せられている。この日、急を聞いて鳥羽殿から馳参している。この覚猷が白河法皇の葬儀を指揮している。

(25) 註記にあるように「なつとも」は藤原為忠の妻、「いはひを」は賀茂女御とも称し神主賀茂重助の娘。ほかに大夫尉源資遠、安芸守藤原資盛、「両院」とはいうまでもなく鳥羽上皇と待賢門院である。「なつとも」「いはひを」は女房名で実名は不詳ながら白河法皇に近侍した女性である。『今鏡』(藤波の上第四 宇治の川瀬)には、上皇の寵愛を独占した祇園女御のくだりのところで同じように後宮に入って晩年の法皇に近侍した女房として「うれしき」「いはひを」姉妹が登場しているが、「なつとも」の名はない。「女房いはひを」は法皇の入棺後も参仕していたが「如二平生一奏二諸事一啼哭、聞人哀レ之、」(『長秋記』七月八日条)という状況で、葬送の日に祇園女御らと出家してしまう(同十五日条)。ここには「伊波比乎」とあり、『中右記』同日条では「祝緒」と記す。

(26) 『中右記』大治四年七月七日条。『永昌記』同日条にも「威満二四海一、権振二一天二」と同義の言辞が見える。

(27) 『中右記』大治四年七月十日条。

(28) 『長秋記』『永昌記』大治四年七月八日条。

(29) 『中右記』大治四年七月八日条。なお『永昌記』の十五日条に「院号之□〔遺カ〕被二仰下一哉、代々如レ之事ハ摂籙(摂政)沙汰也、於二今度一者□旨院宣、然而院司奉下行可レ仰二遺詔一使上歟、長元大外記頼隆、兼成、鬱結言上之處、経輔朝臣奏二後一条院遺詔一之由、他例不レ可レ有歟、於下被レ選二院号一之条上者、公家(天皇)執柄(摂関)及公卿等、何不二以聞一哉、仰云、於二院号一者、御存生之時、可レ称二白河院一之由有

㆑仰、不㆑可㆑有㆓異議㆒者申□使只可㆑称㆓此由㆒也者、聞食、」と見え長元九年の後一条天皇の崩御を、遺詔の前例に挙げ、白河法皇の希望を採用している。

(30)『永昌記』には「角殿北倉町」(八日条)とある。なお「造御棺」・「造御輿」行事として「基隆朝臣、朝隆、為重」の三名があたり、入棺には藤原基隆ら六名、御輿長として藤原基隆ら一二名が関わっている(『中右記』大治四年七月十五日条)。

(31)『長秋記』七月八日条。『永昌記』には「皇后宮、前斎院両所、前斎宮両所等云々」とある。『長秋記』によると、宮中では御形代を知らない人が多く、詳しい人を招いて教えてもらっている。それは「作㆓黄檗五寸人形一㆒、以㆓立紙二枚㆒裹㆑是、入㆓折櫃㆒覆㆑蓋、令㆑持㆓宮司㆒持㆓参彼院㆒、……於㆓御形代㆒懸㆓御気㆒後、可㆑被㆑奉㆑送也、」というもので、各人が息を吹きかけて後に持参するようにとある。ちなみに後一条天皇の時には中宮威子と皇女の二人の内親王が「阿末加津」を入れている(本書第二章66頁)。

(32)令子内親王は堀河天皇代の賀茂斎院となったが病気で退下、嘉承二年の実弟、堀河天皇の崩御にともなう甥で幼少の鳥羽天皇(五歳)の即位により准母として皇后に冊立された(『中右記』嘉承二年十二月一日条)。そして父の崩後の出家(『中右記』大治四年七月二十六日「今夕皇后宮有㆓御出家事㆒」)まで皇后であった。

(33)官子内親王は鳥羽天皇代の賀茂斎院で白河皇女であるから問題ないが、崇徳天皇代の悰子内親王は父が堀河天皇なので疑問もある。その意味では前々斎院の禎子内親王(堀河天皇代)は白河四女であるから可能性なきにしもあらずである。斎院・斎宮については注(16)『平安時代史事典』「資料・索引編」参照。

(34)『長秋記』大治四年七月八日条。

(35)『中右記』大治四年七月十四日条。

(36)『中右記』『永昌記』『長秋記』大治四年七月十五日条。なかでも詳細なのは『長秋記』で、その記述者は源俊房二男の師時であり、時に参議の師時は白河・鳥羽両上皇の信任が厚かった。

(37)鈴木敬三編『有職故実大辞典』(吉川弘文館、一九九六年)に所載の該当項目参照。

(38)『永昌記』に「須御倚廬折中、以二大盤所方一、落二板敷一、為二御所一、御座用二高麗一、殿上并所々畳用二鈍色縁一、撤二翠簾一、可レ懸二伊與簾一者」とあって倚廬は板敷を普通より下げ、蘆の簾、布の帽額などを用いるなど調度は簡素である(注37『有職故実大辞典』の中村一郎筆「倚廬」ほか)。この時の特殊事情については『長秋記』の「東対北第三渡殿為二倚廬代一、須任レ例落二板敷一也、然而自二御所一有二王相忌一上、姙夫憚在(鳥羽上皇中宮の待賢門院が出産を控えている)、仍件渡殿北廂板敷近地、仍以二折中儀一被レ用二御所一也、件渡殿三間也、南北両面懸二伊予簾一、非二蘆簾一、其中長押上西一間傍遣戸立二紙障子一、南西北三間也、敷二鈍色広畳一帖一為二御寝所一、長押下傍北敷二同畳二枚一、此他無二他事一、不レ張レ筵、御座皆有レ縁、不レ下二板敷一、仍可レ謂二倚廬代一也、尋常倚廬、懸二蘆簾一、敷二無レ縁之畳一」から知られる。

(39)輔仁親王を父に持つ賜姓皇族の源有仁は伯父にあたる白河法皇のもとで元服して猶子となっていた(『尊卑分脈』第三篇「後三条源氏」)。有仁は「衣冠、表衣薄色之奴袴巻纓白杖藁沓」という装束、大納言藤原経実ら公卿は衣冠の上に素服を着し、それ以下は「布衣白狩衣」であった。

(40)その理由として「人々云、自二新院(鳥羽上皇)御在所一当二西方一可レ忌、而家栄・宗憲(陰陽頭)申云、前例依二亡者御在所一、点二方角一定二御路一、専不レ避二家人忌方一云々、家栄朝臣其次申レ多二先蹤一」（『長秋記』）、「本院（故白河法皇）出御時破二西築垣一之条ハ、先レ之従二亡者御所一忌来也、仍又不レ有レ示二相忌一也、」（『中右記』）とあって亡者つまり故法皇の御在所を核にすべきと述べている。

(41) 「小屋形須々利」については本書第一・二章参照。

(42) 『永昌記』の筆者、時に六〇歳。藤原為房の子で実弟に顕隆がおり、この父子は白河上皇の近臣として知られる。とりわけ顕隆は院の執行別当として君臨し、関白藤原忠実の失脚後の国政は顕隆の思うままで「夜の関白」の異名をとった。白河崩御の半年前に五八歳で薨去。

(43) 香隆寺は平安初期の創建と伝える真言寺院で一〇世紀中期に宇多法皇の勅願として寛空（八八四～九七二）が再興した。寛空は北にあった蓮台寺も再興したことから蓮台寺僧正、香隆寺僧正と呼ばれた。香隆寺は鎌倉時代に廃絶すると蓮台寺に合併されたようで蓮台寺の別名のようになったらしい（日本歴史地名大系『京都市の地名』〈平凡社、一九七九年〉所収の「香隆寺跡」、注16『平安時代史事典』の五島邦治筆「香隆寺」・佐々木令信筆「寛空」・竹村俊則筆「蓮台寺①」などを参照）。その所在地は「今昔、仁和寺ノ東ニ香隆寺ト云フ有リ」（『今昔物語集』巻第十三 第三十七話）などから仁和寺の東、現在の京都市北区小松原辺りで、現在の等持院の東にあったと想定され、こんにちその場所に火葬塚がある。

(44) 本書第二章参照。

(45) 『長秋記』七月十五日条に「予自二清庭殿一北面、至二貴所一南面敷二筵道一、用二広筵一、」とある。

(46) 後一条天皇の時には「始レ自レ艮至二于乾一次第付レ之、北方不レ渡レ之」（『左経記』長元九年五月十九日条）とあって白河法皇とは逆である。

(47)『長秋記』大治四年七月十六日条。『中右記』同日条参照。

(48)『中右記』大治四年七月十五日条。

(49)『中右記』大治四年七月十六日、『永昌記』同十五日条。

(50)『長秋記』大治四年七月十六日条。

(51)『長秋記』天承元年七月八日条。また『百錬抄』同日条には「鳥羽殿泉殿内九躰阿弥陀堂供養、件堂、白河院昇霞（崩御）三条御所西対也、御平生所レ被二造立一九躰阿弥陀仏奉レ安二置之一」とあり、「九躰阿弥陀堂」の右傍に「成菩提院是也」との書き込みがある。

(52)『長秋記』『百錬抄』天承元年七月九日条。鳥羽御塔（三重塔）は白河上皇が自らの墓所とするために建造したもので天仁二年八月十八日に落慶供養がおこなわれている（『殿暦』）。

(53)藤原顕盛はすでに大治四年（一一二九）の時点で尾張守であったことが知られ（『長秋記』二月二十四日条）、長承三年（一一三四）正月二十五日に「腹脹」のため三五歳で死去している（『中右記』正月二十六日条、『長秋記』二月四日条）。

(54)「成菩提院陵」（注16『平安時代史事典』杉山信三筆、『国史大辞典』石田茂作筆）参照。なお福山敏男氏は鳥羽東殿の三重塔と阿弥陀堂は「近距離にあったらしく、爾来この塔が白河天皇成菩提院陵の標識となった。天皇を木造塔の下に埋葬した最初の例である」とみている（「中尊寺金色堂の性格」、『寺院建築史の研究 下』〔福山敏男著作集三〕中央公論美術出版、一九八三年）。

(55)『中右記』嘉承二年七月十九日条。当日の朝の六時頃に天皇の病気が危急ということで陰陽師を召して占わせたところ「御運極レ事也、不レ可レ有レ助歟、」との占申であった。その後、大極殿において千僧御読経が挙行され、多くの公卿たちが参集してきた。いっぽう邪気の疑いあり、ということで僧らは御加持を奉仕している。その間の巳の刻に関白藤原忠実は鬼間の障子口に駆け寄って天皇の崩御にいたる様子を密々に語ったという。

(56)『殿暦』同日条には「天晴、寅時許主上令レ着二御冠一給、法華経を令レ読給、希有事也、人々流レ涙、(中略)而間実重御、辰時許御念仏并御経宝号実能々唱給崩給、(中略)及二午時許一不レ申レ院、是御歎依レ無レ極也、」とあって崩御当日の明け方には天皇は御冠を着けるなど身なりを整えて法華経を念誦し、その場に居合わせた人たちの涙を誘ったという。いっぽう白河上皇から再三遣わされている使者に天皇重篤との返事をしている。天皇がお経を唱えながら彼岸へと旅立ったのは辰の刻、朝の八時頃であった。

(57)長子は讃岐前司藤原顕綱の子で(『尊卑分脈』第一篇「道綱卿孫」)日記に「堀河院の御乳母子」とあり、姉の兼子(伊予三位)が堀河天皇の御乳母。『讃岐典侍日記』(日本古典文学全集『和泉式部日記ほか』小学館、一九七一年)による。

(58)幼帝の摂政となった藤原忠実が白河上皇の院宣を受けて剣璽渡御などを執り行っていることは『殿暦』『中右記』嘉承二年七月十九日条に詳しい。

(59)『中右記』『殿暦』嘉承二年七月二十二日条。

(60)『中右記』嘉承二年七月二十日条。

(61)倚廬は天皇が喪の期間籠もる場所のことで、鳥羽天皇は寝殿の西北渡殿を准倚廬としている。『殿暦』嘉承二年七月二十四日条、『中右記』同日条。なお『為房卿記』（『大日本史料』第三篇之九）同日条には「戌剋、幼主去二正寝一移二御西北度殿一、是二准倚廬一也、有二折中儀一、不レ供二倚廬御装束一、……無二日時勘文一、召二陰陽師一予問二剋限一、遷幸之間、大納言乳母奉レ抱レ之、掌侍仲子朝臣、蔵人頭実隆朝臣候二釼璽一、摂政殿及藤大納言被レ候二御後一、女房等同以扈従、」とあって幼帝が乳母の藤原光子に抱かれて倚廬に遷御したことが知られる。天皇が倚廬から本殿に還御するのは二七日《ふたなのか》（十四日）御忌の二日後のことで、開関・解陣のあと「今日主上還二給本殿一、余着二衣冠一、内侍二人取二御釼等一候二前後一、於二廊御所一先有二御祓一、頭中将実隆陪膳、其儀主上御二倚廬一時儀也、」と清涼殿に還御した（『殿暦』八月五日条）。『中右記』では「廊御所」を「北渡殿西面壺方」とし、還御が夜におよんだこと、しつらいを改めたことなどを記す。

（62）『中右記』『為房卿記』嘉承二年七月二十四日条。なお葬送の具体相や日記に登場する語義などについては本書第一・二章で詳述しているので、そちらを参照されたい。

（63）酒や水を入れる口の大きな甕。

（64）『為房卿記』同日条には「山作所」とある。山作所の具体的な作り様については後一条天皇に詳細な記述が見られる（本書第二章）。

（65）『為房卿記』には「竈役人」とある。

（66）「上物」とも書き辛櫃・御膳などを供えた品物のこと。

（67）一夜を甲夜（初更、一九時～二一時）・乙夜（二更、二一時～二三時）・丙夜（三更、二三時～一時）・丁夜（四更、一時～三時）・戊夜（五更、三時～五時）に分けた戊夜（五更）のことで、寅の刻つまり一日のはじまりを指す。

(68) 故六条右府とは一二年前に五八歳で薨じた源顕房のことで内大臣源雅実の父。顕房の兄の俊房（七三歳）は現任の左大臣で八七歳で薨去する年までその任にあったが早くに政務からは遠ざかっている。それは「後三条天皇が皇嗣に擬したといわれる三宮輔仁親王と親密な関係を結んだため、朝廷における立場を困難にし、村上源氏の主流の座を顕房の子孫に譲る結果を招いた」（『国史大辞典』、橋本義彦筆「源俊房」）ゆえのことである。

(69) 『左経記』（類聚雑例）長元九年五月十九日条に「……及二辰剋一奉レ挙二茶毘事一畢、先破二却貴所板敷壁等一、以レ酒滅レ火、慶命、尋光、延尋、良円、済祇等咒二土沙一、散二御葬所上一、其後権大納言、新大納言、前大僧正慶命、権少僧都済祇等給二御骨一、経輔兼房朝臣等採二折敷一祇候、以二御骨一一升計、奉レ納二茶垸壺一、加二納咒砂一、以二真言書一巻一凡本、結二付壺上一、以二白革一縫二裏壺上一、以二垸壺器一口一為二蓋壺一、生絹為二其緒一」とあり茶毘の後、墓所にいたる詳細な記述が見える。管見の限りでは後一条天皇の崩御から納骨にいたる記事が平安時代の天皇として最も詳しいといってよい。本書第二章参照。

(70) 『新古今和歌集』巻第八　哀傷歌。歌意は峯村文人校注、日本古典文学全集『新古今和歌集』（小学館、一九七四年）による。

(71) 『中右記』嘉承二年七月二十五日条に「従二今年一大将軍方在レ西、」とある。しかし実際に円融院山陵に移されるのは六年後のことである。

(72) 墓所の造作については後一条天皇の「左中弁経輔朝臣奉レ懸レ之、奉レ渡二浄土寺一、……次式部大輔資業朝臣、美作守定経朝臣等向二御葬所一、採レ鋤覆レ土、其後人夫等従二此役一、御墓上立二石率都婆一蔵二陀羅

尼一、其廻ニ立釘貫一、又右衛門尉季任、令三人夫堀二塘其廻一令二殖樹一云々、」（『左経記』〈類聚雑例〉長元九年五月十九日条）が参考になる。

(73)『中右記』嘉承二年八月二日条。藤原宗能は堀河天皇の蔵人であった。

(74)『中右記』七月二十九日条。

(75)注(43)。

(76)前掲『讃岐典侍日記』。『新勅撰和歌集』巻第十八 雑歌三に「同じころ、香隆寺にまゐりて、紅葉を見てよみ侍りける　堀河院讃岐典侍」との詞書参照。

(77)『長秋記』永久元年三月二十二日条。『百錬抄』同日条にも「先朝御骨従二香隆寺一奉レ移二円融院一」とある。「円融院山陵」は「仁和寺山陵」とも呼ばれていた（『殿暦』永久元年三月十六日条）。

(78)当初は皇后宮権大夫（権中納言右衛門督）源顕通と決まっていたが、俄かに衰日を申して辞退したので顕雅に代わったのである。摂政藤原忠実は、顕雅が郁芳門院（白河天皇第一皇女、媞子内親王）の遺骨を頸に懸ける役をしているのに「両度勤二此役一如何、皇后宮権大夫辞退条、尤不レ得レ心歟、」と疑問を呈している（『殿暦』永久元年三月二十一日条）。ちなみに永長元年（一〇九六）八月七日に二十一歳で崩御の郁芳門院の葬送は十六日に挙行され、船岡山の北で荼毘に付された故院の遺骨を右少将源顕雅が首に懸け、翌朝に亡き母、中宮藤原賢子御願の醍醐寺円光院に安置されている（『中右記』永長元年八月十六日条）。なお『殿暦』永久元年三月二十二日条に「今日堀河院御骨奉レ移二仁和寺山陵一委仔細新中納言書レ之、」とあるが、新中納言こと藤原宗忠の日記は闕巻となっている。

(79)藤原頼通（九九二〜一〇七四）が少年の時のこと。源俊賢（九五九〜一〇二七、頼通の叔父）と京の北山に花見に出かけた時、ある堂に人々が入ろうとしたのを俊賢は「此ほど北の方ふさがらず。もし穢気もこそあれといひて、下人を入て見するに、中門の廊の前に車をたてたり。死人を入たりけり。御堂の内へいらましかば、触穢ありなましと自讃せられけり」（『十訓抄』第一　源俊賢察穢気事）とあることが参考となろう。

(80)『中右記』大治四年七月十五日条。

(81)『本朝世紀』久安五年十二月二十五日条。近衛天皇が元服の儀をおこなったのは年明けの四日のことである（『台記』久安六年正月四日条）。

(82)蒲生君平（一七六八～一八一三）の『山陵志』、谷森善臣（一八一七～一九一一）の『山陵考』には香隆寺から仁和寺円融院への移転の経緯や場所のことなど要領よくまとめられている（『大日本史料』第三篇之十四）。石田茂輔筆「堀河天皇　後円教寺陵」「白河天皇　成菩提院陵」（『国史大辞典』）、山田邦和筆「後円教寺陵」（注16『平安時代史事典』）参照。

(83)『左経記』寛仁四年六月十六日条。本書第二章参照。

(84)『兵範記』保元元年七月二日条。『百錬抄』同日条には「禅定仙院御二鳥羽殿金剛新院一、無二拝礼一、人々不レ参、依二先帝御事一也、」とある。『帝王編年記』同日条には「申時崩、御年五十四、即夜奉レ渡二安楽寿院一、御塔擬二山陵一、御位三十四年、号二鳥羽院一」とあって御塔を山陵に見立てていることが知られる。

(85)時に一九歳の藤原成親は鳥羽上皇寵臣の家成の子であり、前年に鳥羽御堂を造進した功で越後守（遥任）に任じられ、翌年には金剛心院を造進している。後白河上皇の寵臣で鹿ケ谷事件により平清盛の怒りにあい惨殺された。信西（藤原通憲）は後白河上皇の近臣として院政を推進したが、平治の乱で敗死した。

(86) この御塔に関して『百錬抄』保延五年二月二十二日条に「上皇供二養鳥羽東殿三重御塔一、右兵衛督家成卿造二進之一、為二御万歳一也、自二今日一始置二法華三昧一、」とあり、鳥羽上皇の寵臣の藤原家成が造進した三重塔であったことがわかる。その供養は崩御の一七年前にさかのぼる。鳥羽上皇は祖父の白河上皇に倣って御所（安楽寿院）の東に三重塔を造り、ここに葬られることを決めていたのである（『台記』天養二年十二月十七日条）。

(87) 『兵範記』保元元年七月三日条に「参二鳥羽殿一、奉レ殯二御塔一事、自二夜前一営々、午刻事終、人々退下云々、」とある。

(88) 『兵範記』保元元年七月二日条。

(89) 『兵範記』保元元年七月五～十一日条ほか。

(90) 『国史大辞典』の石田茂輔筆「鳥羽天皇安楽寿院陵」および注(16)『平安時代史事典』の杉山信三筆「安楽寿院陵」など。

(91) 『愚昧記』（大日本古記録『愚昧記 中』岩波書店、二〇一三年）治承元年五月十七日条。なお『国史大辞典』の石田茂輔筆「崇徳天皇・白峯陵」項では、この史料に見える「一堂」について「讃岐国法華寺、讃岐国御影堂、頓証寺、崇徳院御廟などと称し、堂には源頼朝が文治元年（一一八五）四月所領を寄進し、朝廷が建久二年（一一九一）閏十二月所領を付し、常時追善供養を行わせた。元禄の諸陵探索時にも所伝明白で……」と述べ、また「陵は高さ約二・四メートルの方形墳で、元は東南に面し、陵前に廟堂があったが、慶応の修陵の折に廟堂と区分し、改めて西南面に拝所を設けた」と、近世末まで見通している。

(92)『帝王編年記』「崇徳院」の項。崇徳上皇の讃岐での御所とそこでの暮らし向き、そして怨霊となって祟る話などは『保元物語』に見え、このことも含めて上皇にまつわる廟所創立のことなどに関しては西田直二郎「崇徳天皇御廟所」（同著『京都史蹟の研究』吉川弘文館、一九六一年）に詳しい。

(93)『吉記』寿永二年十二月二十九日条。

(94)『吉記』寿永三年四月一・十五日条。十五日の記事に「今日、崇徳院宇治左大臣為㆑崇㆓霊神㆒、建㆓仁祠㆒、有㆓遷宮㆒、以㆓春日河原㆒為㆓其所㆒、保元合戦之時、彼御所跡也、当時為㆓上西門院御領㆒、今被㆓申請㆒被㆑建㆑之、点㆓津々材木㆒造営、遷宮之間儀可㆓尋注㆒」と、土地のことなどが具体的に知られる。この造営について「崇徳院并宇治左府廟遷宮也、件事公家不㆓知食㆒、院中沙汰也、仍不㆑被㆑憚㆓神事日㆒也、」（『百錬抄』元暦元年四月十五日条）とあり、公家（安徳天皇）は関わっておらず、保元の乱で勝者となった後白河法皇の沙汰によるという。故に勅使が遣わされる賀茂祭当日ではあるが実行に問題なし、ということ。前掲の西田論文は、粟田宮遷宮にあたって後白河上皇の宸筆の告文があったとする『源平盛衰記』を引いて「蓋し当時にありて、後白河法皇の奉祀によると断ずべきなり」と述べている。なお、仁祠が建てられたその近辺（「合戦之地」つまり白河殿の跡）に保元の乱から三年後に千体阿弥陀堂が創建されており、そこに鎮座する千体阿弥陀如来仏は鳥羽上皇存命中に造立されたものであり、崇徳上皇の追善の意味もあった（『山槐記』平治元年二月二十二日条）。

(95)『百錬抄』嘉禎三年四月二十七日条。粟田宮、御影堂、廟所以下については注(92)西田論文参照。

(96) 『国史大辞典』の景山春樹筆「白峯神宮」など参照。
(97) 『兵範記』久寿二年六月十八～二十日条。
(98) 『台記』久寿二年七月三・七・十七・十八日、『兵範記』七月十六・十八日条。
(99) 『兵範記』久寿二年七月二十日条。
(100) 『兵範記』久寿二年七月二十三日条。『台記』『山槐記』同日条参照。
(101) 『山槐記』久寿二年七月二十四日条。新帝は二九歳という院政期には破格の高年齢の雅仁親王で、加えて皇太子を経験していない。予期せぬ後白河天皇の出現である。
(102) 「大行帝」とは崩後まだ諡の贈られない間の天皇の呼称。なお、『兵範記』によると（二十六日条）、定めは前日に決まっていたが、法皇の衰日のため延期になったらしい。関白藤原忠通は近衛殿に候しており「御悲歎之余、非㆓筆所㆑及、御哀憐之至、推可㆑知者也、」の状態であったという。
(103) 『兵範記』久寿二年八月一日条に「職事、左少弁顕遠、左衛門佐忠親、源長定、文章生源資能、同源高忠、藤原宗輔、御乳母子三人、備中守光隆朝臣、左兵衛佐定隆、筑前守頼季、侍臣一人、権右中弁範家朝臣、……主典代二人、菅野知安、大江信成、」とある。
(104) 『兵範記』久寿二年七月二十七日条。この日の御葬送雑事には「造御棺事、行事、光隆朝臣、源長定、菅野友〈知〉安」とあるから、ほかの二人も関わったことが知られる。
(105) 注(16)『平安時代史事典』の加納重文筆「近衛殿」参照。
(106) 『兵範記』に「子刻、有㆓御入棺事㆒、刻限、持㆓参御棺㆒、庁官八人舁㆑之、……次備中守光隆朝臣、中務権大輔季家朝臣、加賀守定隆、治部少輔俊経、筑前守頼季、僧二人、内供清円、今、一人可㆑尋㆑之、傅㆓舁御棺㆒」とある。

(107)「次有二院号定一、先右大弁(朝隆)申二上近衛院一者、忠雅卿難曰、近衛字可レ有レ憚二追号一歟、号二後陽明門院一如何、宗能卿難曰、帝与帝可レ有二前後字一、帝王与国母、男女之間、先例無二前後字一者、遂以二近衛院一可レ奉レ号之由、議定了、」により、後陽明門院の案もあったが、国母に「後」を付けた院号は先例がないということで近衛院に落ちついた経緯が知られる。

(108)『兵範記』『山槐記』久寿二年八月一日条。この葬送の様子を左大臣藤原頼長は土御門西洞院の辺りで地上に下ろした手輿（「有二屋形一懸二帷裳一」）の中から密々に見物しているが、それは「依二車無一レ礼也」によるものであった（『台記』同日条）。

(109)職事の左衛門佐藤原忠親もその一人であったことが彼の日記「近衛院御二葬船岡一、申着二御服一参上、其時賜二素服一、」（『山槐記』）から知られる。

(110)平清盛（三八歳）はこの翌年に起きた保元の乱の戦功により安芸守から播磨守に転じている。藤原顕広は、父と死別後に藤原顕頼の養子となって称した名で、仁安二年（一一六七）五四歳で本流に復して改名した俊成のことで（注16『平安時代史事典』所載の青木賢豪筆「藤原俊成」）、定家の父である。左京権大夫顕広、左京大夫俊成については『京都の歴史10　年表・辞典』（学芸書林、一九七六年）所収の「京都便覧」参照。

(111)本書第二章。

(112)『兵範記』久寿二年八月二日条。『山槐記』同一日条参照。

(113)『兵範記』に「殿下於二知足院一、猶着二御藁沓一、召二御車一、於二雲林院四足門前小河一、脱二藁沓一、洗二御足一、御手祓、召二草人形一云々、」とある。清少納言が賀茂祭の還立を物見車から観覧する描写で『枕草子』

の「見るものは」の段で「祭のかへさ、いみじうをかし。昨日はよろづの事うるはしうて、一条の大路のひろう清らなるに……、今日はいとどく出でて、雲林院、知足院などのもとに立てる車ども、葵、かつらもうち萎えて見ゆ」とあって両院が至近であったことがわかる。

(114)「知足院事、法印仰云、建立事不レ知二時代一、已経二数百歳一歟、伝聞、一尺余不動明王自然踊出、其時無レ止聖人帰依恭敬造二立小堂一安二置之一、其後仏師見聞恵更造二立同等身像一、奉レ籠二其御身中一、今本仏是也、其後千乗（左中弁）朝臣、急有二心願一、造二立等身釈迦像一、安二置其傍一、其後又三尺如意輪、自然又踊出、相加給、仍見在本尊三躰也云々、是園城寺別院也、本寺六月十日、両会以二此院修学者一令レ遂二其業一者也、」(『兵範記』久寿二年八月二日条裏書)。

(115)『百錬抄』長寛元年十一月二十八日条。

(116)上野竹次郎『山陵』(山陵崇敬会、一九二五年。のち新訂版、名著出版、一九八九年)、『陵墓要覧』(諸陵寮、一九三四年)参照。

(117)『玉葉』建久三年三月十三日条。なお『百錬抄』同日条では崩御所を「六条殿」とする。

(118)『玉葉』建久三年三月十九日条。なお、この日の記事として素服を賜わった女院・公卿・殿上人・蔵人・北面らを列記して二十数名におよんでおり、『明月記』(三月十三日)も二十数名を挙げるが異同が多く、『心記』(『大日本史料』第四篇之四)同十八日条によると五〇名近くいたことが知られ、全体としてはこの人数であったかと思う。

(119)『明月記』三月十七日条には「又御二倚廬一之間、或著二位袍一、或著二吉服一」とある。

(120)『明月記』三月十九日条に「未時許参内、束帯、伺二見倚廬一、東対、……渡二御倚廬一亥時云々、」とある。

(121) 『玉葉』四月二日条。『明月記』同日条には「参内、帯㆓細劔㆒、供㆓本殿御装束㆒之間也、撤㆓本御簾㆒懸㆓蘆簾㆒……、御帳鈍色、御障子等皆張改、……秉燭以後、良久内覧外記帰参云々、上卿著㆓倚廬殿上㆒、親国可㆑脱㆓素服㆒由仰云々、不㆓委聞㆒、即相引向㆓北陣㆒脱㆑之、……次撤㆓倚廬御装束㆒、……被㆑改㆓御装束㆒ハ例橡御袍御衣、鈍色御袴……著御了有㆓御禊㆒、於㆓倚廬東庭㆒有㆓此儀㆒……、頭中将陪膳、此間権亮出㆑自㆓御所㆒、……次還御、頭中将取㆑璽、……忠季取㆓御劔㆒、頭亮取㆓脂燭㆒云々、」とある。『百錬抄』三月十九日、四月二日条参照。ちなみに固関・警固は崩御日におこなわれている（『玉葉』）。

(122) 『明月記』三月十三・十四日条。

(123) 『玉葉』三月十五日条。藤原定家は葬送に関して下人らの語ったこととして次のように書き留めている（『明月記』三月十六日条）。亥の時に廂車で出御し、六名の「下北面物」（北面下臈）が松明を持って御車の前を行き、御車の周辺には殿上人および公卿たちが続き、みな歩行であった、と。

(124) 『明月記』三月十五日条。

(125) たとえば「入夜下渡有㆓焼亡所㆒、」（『中右記』嘉承元年正月二十三日条）、「鶏鳴之間下渡有㆓焼亡所㆒、人馳云、民部卿新造六角東洞院一町家也、」（『中右記』元永二年三月二十一日条）。

(126) 『百錬抄』三月十五日条。なお『吾妻鏡』には「法住寺法華堂」（建久三年三月二十六日条）とある。

(127) 『玉葉』安元二年七月十日、『百錬抄』同八日条。朧谷寿「後白河上皇の院御所、法住寺殿」（『平安貴族と邸第』吉川弘文館、二〇〇〇年）参照。

(128) 『玉葉』建久三年十月二日条。

(129) 『岡屋関白記』建長元年三月二十三日条。

(130) 宮内庁書陵部陵墓調査室他「後白河天皇法住寺陵の御像に関する調査報告」（『書陵部紀要』第二〇号、一九六八年）の中の毛利久「御木像の形状について」、小林剛「御木像の年代について」、梅津次郎「御絵像について」以下。木像造作の年代に関して鎌倉中期とみる毛利氏に対して梅津氏は応長元年（一三一一）頃つまり鎌倉末期とみる。梅津氏は蓮華王院の火事で法華堂も類焼し、再建後とりわけ木像内に納入の絵像の裏書に「此御影者為信卿筆也、応長元年六月十三日」とあることに注目し応長元年頃の造作とみる。しかし、すでにみたように法華堂は類焼を免れているのでそこは再考を要する。『国史大辞典』の石田茂輔筆「後白河天皇・法住寺陵」項参照。なお、後白河天皇ゆかりの法住寺では後白河天皇八百回忌の平成三年（一九九一）の忌日に「後白河天皇御像」（江里康慧造顕、像高八〇センチ、檜の寄木造、内刳り、本堅地〈漆と地の粉による下地で中世までにおこなわれていた漆箔や彩色の下地技法〉、極彩色仕上げ）を安置している。

(131)『台記』『兵範記』『山槐記』久寿二年九月二十三日条。

(132)『兵範記』『山槐記』保元三年八月十一日条。

(133) 第二皇子、順仁親王への譲位について「先雖ㇾ可ㇾ有二立坊一、依二主上御不予危急一、俄有二此儀一、二歳例今度始ㇾ之、」（『百錬抄』永万元年六月二十五日条）とあるように新帝（六条天皇）は祖父の後白河天皇と同様に東宮を経験していない。

(134)『顕広王記』（竹内理三編〔続史料大成二一〕『伯家五代記・後奈良天皇宸記』臨川書店、一九六七年所収）永万元年七月二十九日条。なお『山槐記』は崩御前日の即位の儀の記事のあと一年ほど欠けている。

(135)『帝王編年記』永万元年七月二十八日、『皇代記』(『群書類従』巻第三十一)「二条天皇」同二十九日条。崩御の「押小路洞院亭」(「二条皇居」とも)は三年前に遷御の新造の里内裏(押小路南・東洞院西に所在、『百錬抄』応保二年三月二十八日条)で「二条東洞院殿」と呼ばれることが多かった。

(136)『顕広王記』『帝王編年記』永万元年八月七日条。『皇代記』には「香隆寺北東、氷室山東」とある。香隆寺の場所などに関しては注(43)参照。

(137)『百錬抄』嘉応二年五月十七日条。

(138)『百錬抄』仁安元年七月二十六日条。

(139)『国史大辞典』の石田茂輔筆「二条天皇 香隆寺陵」項参照。

(140)『顕広王記』永万元年六月二十五日条および裏書。

(141)『顕広王記』安元二年七月十七日条。

(142)『玉葉』安元二年七月十七日条。

(143)『玉葉』安元二年七月二十四日条に「今日依レ可レ還三御自二倚廬一、可二参候一之……、今夕可レ還二御本殿一」とある。また翌日の記事から還御は戌の刻で、公卿、殿上人、女房らが素服を脱いだことも知られる。

(144)『百錬抄』『顕広王記』安元二年七月十七日条。

(145)『玉葉』安元二年七月八日条。

(146)上野竹次郎『山陵』(注116)、『国史大辞典』の石田茂輔筆「六条天皇 清閑寺陵」項。両氏ともに『山槐記』を掲示しているが、養和元年部分(史料大成本)は闕となっているので確認はできない。ただ高倉天皇の崩御を述べる『明月記』に同文が見える。なお『一代要記』（『続神道大系 朝儀祭祀編 一代要記(二)』神道大系編纂会、二〇〇六年）「六条院天皇」には「棲霞寺堂」に葬ったとあるが、棲霞寺（その後身は清凉寺）は東山とは対称の洛西にあった寺院であり、傍証史料は見当たらず信じ難い。

(147)『明月記』（辻彦三郎校訂『史料纂集』続群書類従完成会、一九七一年）治承四年十一月二十六日条に「今日天子、両院已以還御、未剋、本院六波羅泉殿、新院同池殿、天皇五条東洞院、各入御云々、後聞、新院自㆓御車㆒下御、猶不㆑諏、召㆓寄近習女房㆒令㆑懸㆑肩御、入御之後、偏御寝云々、」とある。後白河法皇は六波羅泉殿（平清盛邸）に、安徳天皇は五条東洞院殿に入った（『山槐記』同日条参照）。上皇は崩御までの二か月足らず、ここを離れることはなく、病いが重くなると中宮（平徳子）も本院（後白河法皇）も池殿に仮の御所を設けて渡御している（『明月記』治承四年十二月二十二日条の「秉燭以後、参㆓新院㆒、近日同御所也、中央中宮御方、以㆓東中門東㆒、為㆓本院御所㆒」、および治承五年正月二日条による）。

(148)『玉葉』治承五年正月九日条。

(149)『玉葉』治承五年正月十二日条。

(150)『玉葉』治承五年正月十三日条。高倉上皇の重病を記述した藤原兼実は次のようなことを書き留めている。「上皇が崩御されたら中宮を後白河法皇へ入れては……」、ということを或る人が言い出し、中宮の両親の清盛夫妻も承諾したが、当の中宮が「そんなことなら出家してしまう」と言い張ったので、この件は沙汰やみになった、と。「夢歟、非㆑夢歟、凡言語不㆑所㆑及者也」との兼実の嘆きもわかるというもの。

(151)『玉葉』治承五年正月十四日条。『皇代記』（『群書類従』巻第三十一）「高倉天皇」項には「治承五年正月十四日、寅刻、依二日來御悩一崩二于六波羅池殿一、年二十一、今夜御葬送、」とある。

(152)『百錬抄』・『皇代記』（注151）・『一代要記』（『新訂増補　史籍集覧』公家部一〈臨川書店、一九六七年〉所収）治承五年正月十四日条。なお『玉葉』同日条には「御葬今夜被レ用二最略儀一、隆季卿兼光朝臣等奉行云々、」とあるのでそれらが簡略におこなわれたことがわかる。

(153)『高倉院昇霞記』（大曾根章介・久保田淳校注、新日本古典文学大系『中世日記紀行集』岩波書店、一九九〇年）。

(154)『明月記』治承五年正月十四日条。

(155)『玉葉』建久六年九月三日、『葉黄記』（菊地康明・田沼睦校訂『史料纂集』続群書類従完成会、一九七一年）寛元四年六月二十七日条など。また『吉記』（『日本史史料叢刊』高橋秀樹編、和泉書院、二〇〇六年）寿永二年六月二十一日によれば、「関東北陸之賊徒」（源頼朝や源義仲の挙兵）のことにより山陵使を発遣している中に「清閑寺、高倉院、右中弁親宗、」と出典する。

(156)『国史大辞典』の石田茂輔筆「高倉天皇・後清閑寺陵」項ほか。

(157)注(54)福山「中尊寺金色堂の性格」。

(158)清水擴「古代天皇の葬法と建築」（『平安時代仏教建築史の研究――浄土教建築を中心に――』中央公論美術出版、一九九二年。初出は一九八九年）。

〔付記〕山田邦和「平安時代天皇陵研究の展望」（『日本史研究』第五二一号、二〇〇六年）は、それまでおこなってきた各個研究をベースに陵墓の類型と変容などを見通した数少ない業績であり、たいへん有益である。

第四章　貴族の葬送

はじめに

たまたま『小右記』を読んでいて寛仁二年（一〇一八）の次の記事が目にとまった。[1]

大納言書云、一日源大納言書云、故宮子孫不二御坐一、仁和寺親王御骨為レ粉失了、其彼可レ為レ善、不レ可三必奉二移木幡一者、此事如何者、答対云、仁和寺例非二一門事一、先祖占二木幡山一為二藤氏墓所一、仍奉二置一門骨於彼山一、専不レ悪也、藤氏繁昌、帝王国母于レ今不レ絶、抑有二御遺命一、有二何事一乎、無二指事一不レ可レ被レ背二前跡一哉、抑可レ在二高慮一歟、

（傍線は筆者、以下同じ）

ここにいう故宮とは、前年に六一歳で崩御した太皇太后藤原遵子[2]（故円融天皇中宮）のことで、実弟の大納言藤原公任（遵子の崩時、太皇太后宮大夫）は、この故宮の木幡への改葬について源俊賢が「同族の仁和寺親王の散骨の例を挙げて善しとし、子孫がいない遵子もそうすべきで木幡への改葬は如何か」と語ったことを、書状で従兄弟の藤原実資に意見を求めてきたのである。実資の見解は、俊

賢の意見に反駁して、藤原一門の遵子の遺骨を木幡に埋葬することに何の不都合もないというものであった。この意見に従ったものであろうか、遺骨は壺に納めて木幡に移されている。(3)

いっぽう「一門に非ず」と撥《は》ねつけられた仁和寺親王とは、宇多天皇皇子で醍醐天皇の同母弟（母は藤原胤子）の敦実親王のことであり、その薨去日が明らかなので(4)藤原氏を母に持つ皇子の埋葬地を知る手がかりになるところだが、散骨ゆえにそれは叶わない。ただ彼は出家後、仁和寺に居住したことが知られる。(5)

このことで想起されるのは、敦実親王の子で賜姓皇族の左大臣源雅信のことである。彼の死を伝える『本朝世紀』正暦四年（九九三）七月二十九日条に「今日寅時許前左大臣薨、即日亥刻、奉二移仁和寺一」とあり、雅信の遺骸が仁和寺に埋葬されたことがわかる。(6)この二年後に薨去した実弟の重信については残念ながら埋葬記事は見あたらないが、「左大臣（源重信）参二仁和寺先親墓所一」の記事(7)は注目すべきで、敦実親王が仁和寺に埋葬されていることを裏づけるものである。

雅信の娘の源倫子は、藤原道長の妻となって二男（ともに摂関）四女（いずれも后妃）を生み、道長の栄華の原動力となった女性であるが、彼女が九〇歳という長寿を保って他界したのは末法入りの翌年、つまり天喜元年（一〇五三）のことである。それは、子息の関白頼通が先祖伝来の宇治の別業の一郭に寺院の建立を思い立ち、平等院阿弥陀堂（鳳凰堂）の供養があった三か月後のことであるが、この御堂や定朝作の金色に耀《かがや》く阿弥陀如来像を死の床にあった倫子は見ることがなかったであろう。

倫子の死後の諸事については平定家の日記に詳細な記述があり、納棺・葬送・埋骨にいたる一連の流れや僧らの人数などが知られる希少な例であるので次に掲げておこう。(8)

十一日、巳刻、鷹司殿令薨給、春秋九十、
十五日、依レ召参二御宿所一、御葬送事今日被レ定、……早旦召二漏刻博士信□〔公カ〕一、先被レ問二御入棺・御葬送日時一、申云、今日可レ有二御入棺一、来廿二日御葬送者、……午刻作二御棺一、於二辛方一作レ之、対西廊北頭云々西、子刻御入棺、……戌刻、酌二御浴料辛方水一、川屋川、云々今日依レ仰参二京極殿一、令レ作二御形代一、長七尺許、以レ帋作二比丶な一、令レ着二束帯并冠一、作二御衣切一、
十八日、被レ定二御葬送御前僧廿人並御念仏十六人〔僧脱カ〕・所役人々等一、
廿二日、有二御葬送一、広隆寺北云々、戌刻出、申辛方門、壊垣也其路自二東洞院一北行、至二土御門一西折、自二西洞院一北行、自二一条大路一西行、経二西京一御二山作所一、如レ此葬礼直不レ渡二一条大路先一、前火安房権守季経、黄幡主税算師忠国、炬火七人、御前僧廿人、焼香四人、行障廿九条、御車并孝子・殿原御二其中一云々、……委曲只被レ尋二行故入道殿御時例一也、迎火十一人束帯云々、平旦事了、奉レ埋二御骨仁和寺北一云々、美濃守業敏朝臣奉レ懸、僧侶両三候二御共一云々、件所豫被レ行二散供一尋二代々例一也、藤宰相経季為二勅使一、参二葬所一弔問云々、殿下出御、巳刻御二玉殿一、寝殿東、北渡殿院、二棟、廊右大臣殿、寝殿北、渡殿民部卿、西対北、渡殿殿下御装束黒色御直衣・指貫也、烏帽子、今日主上著二御錫紵一云々、有二薨奏一、

実子の上東門院（彰子）・頼通・教通の姉弟（妍子・威子・嬉子はすでに他界）と長家（異腹）は倫子の死を看取った。[9] そして四日後には棺の造作、ついで入棺のことがあり、いっぽう二メートルに余る紙を用いて形代を作っている。この一週間後、つまり死去から一二日目の夜遅く、邸を出発した遺骸は広隆寺の北に葬送、[10] 夜明け頃には事が終了し、その遺骨は高階業敏が首に懸け、二、三の僧侶とともに仁和寺の北に埋められた。倫子は父と同じ地に埋骨されたのである。[11]

ところで雅信妻の藤原穆子はどうか。その死去は長和五年（一〇一六）のことである。一条第における妻の母の死（八六歳）に接して「実雖二年高一、臨二此期一悲哉々々」との感慨を漏らした道長は、その日の夜半に入棺があったこと、五日後には東山の観音寺に葬送されたことを日記に書きつけている。[12] 穆子の父は三十六歌仙の一人で中納言を極官とした藤原朝忠であるが、葬送記事がないので葬地ほか明らかにし得ない。

ところで該方面の研究文献を拾ってみると、多方面にわたる業績がいく点か存在する。[13] 平安時代の葬墓記事を通覧して感じることは、九世紀段階で入棺・葬送・埋骨等を書き分けた記事の存在がほとんどなく、知られる情報が少ないが、一〇世紀以降になると詳細な記述が散見し、時には具体相を知ることもできるということである。しかし、これは史料性に帰因するところ大きく、その状況をもって葬墓の趨勢を示している、と即断することは危険である。こういったことなども念頭に置いて、平安時代の前半——九・一〇世紀——の状況からみていくことにする。

一　九世紀の状況

○藤原冬嗣・良房・基経とその近親

長い歴史を通じて摂関を独占し、藤原氏を代表する地位にあったのが四家のなかの北家であるが、その契機は、嵯峨天皇の時に設置された蔵人所の長官、蔵人頭に任じられた藤原冬嗣にあるといっても過言ではない。彼は、左大臣正二位兼左近衛大将の任にあるまま天長三年（八二六）七月二十四日に五二歳で薨去、二日後に深草の別業へ使者が遣わされて正一位の追贈の伝達があり、「山城国愛宕郡深草山」に葬られた。(14) ちなみに愛宕郡は紀伊郡の誤記であろう。

そして二年後に卒去の妻、藤原（南家）美都子の葬送などは不明であるが、しかしのちには夫とともに宇治に改葬されたことが『延喜式』(15)によって知られ、その時期は一〇世紀に入ってからのことであろう。この夫妻への追贈は、(16) 娘の順子が仁明天皇に入内して（女御）文徳天皇の母となったことによるが、彼女は「宇治郡後山階山陵」に葬られている。(17)

順子の実兄で人臣摂政の嚆矢となった藤原良房は、貞観十四年（八七二）九月二日に東一条第で薨じ（六九歳）、二日後に正一位を加贈、美濃国に封ぜられ、「愛宕郡白川」に葬られた（『三代実録』）。

いっぽう妻の源潔姫は「賀楽岡白川地」（愛宕墓）を葬地としており、娘の文徳天皇女御で清和天皇母の明子の白河陵は「愛宕郡上粟田郷」にあって、母の墓に西接していたというから、この親子三

天皇と摂関系図

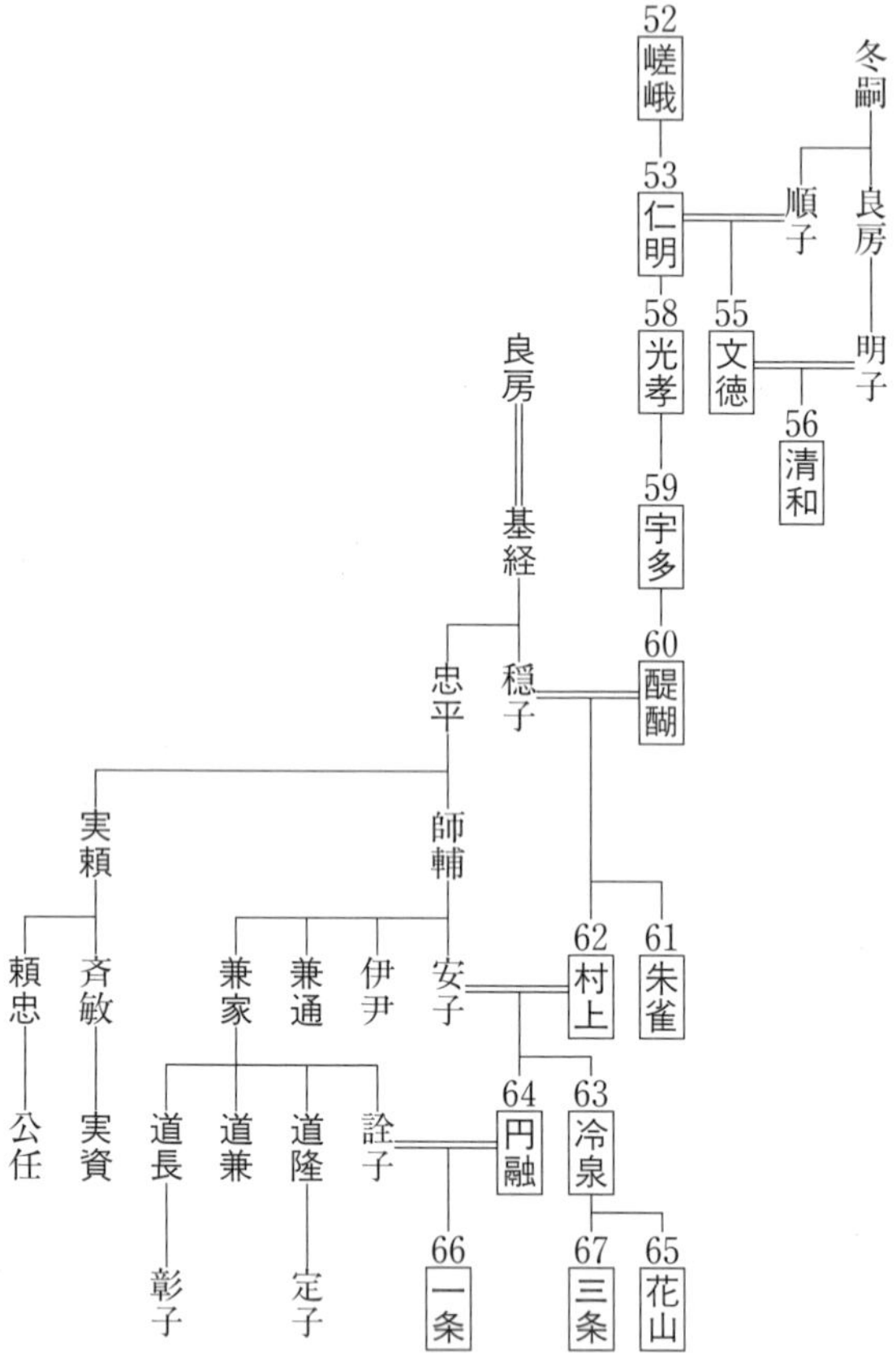
冬嗣
良房
順子
明子
52
嵯峨
53
仁明
55
文徳
56
清和
58
光孝
59
宇多
60
醍醐
良房
基経
穏子
忠平
61
朱雀
62
村上
師輔
実頼
安子
伊尹
兼通
兼家
斉敏
頼忠
63
冷泉
64
円融
詮子
道隆
道兼
道長
実資
公任
65
花山
67
三条
66
一条
定子
彰子

名の墓所は同地域に所在したと見なしてよい。そして嵯峨天皇皇女の潔姫は源氏であるから異氏同墓ということになろう。[18]なお、良房と明子の宇治への改葬はみられない。

ついで良房の同母兄弟はどうであろうか。弟の良相は遺言により薄葬であったから埋葬はないが、[19]兄の長良は薨去時の記述はないものの後年の記事によって「宇治郡」に、彼の妻の藤原乙春は「紀伊郡」（深草）にそれぞれ墓があったことが知られ、[20]同じ氏族でありながら墓は異所（同氏異墓）ということになる。この段階では同氏同墓というかたちは未分化であったようだ。[21]

長良と乙春の子で、叔父にあたる良房の養子となり初代の関白となった基経は、寛平三年（八九一）に五六歳をもって堀河第で薨じ、二日後に宇治郡に葬られた。[22]いっぽう『古今和歌集』には次のような一首が見える。[23]

堀川の太政大臣、身まかりにける時に、深草の山にをさめてけるのちによめる　僧都勝延

空蟬はからを見つつもなぐさめつ深草の山煙だに立て

詞書を含めたこの一首の解釈は微妙で、深草山に納めたのは遺骸（土葬）なのか、火葬後の遺骨なのか、解釈の分かれるところで決め手を欠く。ただ、この一七年後を初見として子息の忠平が深草の極楽寺と宇治の墓を参拝した記事が彼の日記に散見しており、[24]基経の墓がこの地に所在したことを示唆しているし、宇治にもあったことは後述のとおりである。

極楽寺は、紀伊郡（現 伏見区深草極楽寺町）にあった基経創建の寺院で、子の時平・仲平・忠平兄

弟らが造営を継承して発展させ、北家の氏寺の一つと見なされていた。[25] ちなみに天慶八年（九四五）に薨じた左大臣藤原仲平の遺骸は極楽寺に移され、この寺の東に埋葬されている。[26]なお、基経の母、乙春の墓地が深草にあったことが、事によると基経の深草への埋葬と関係があるのかもしれない。また基経の娘で宇多天皇の女御となった温子の墓は「後深草陵」と呼ばれ、西は極楽寺に接していたという。[27] このように深草の極楽寺周辺には基経近親の墓地が散在していたのである。[28]

二　一〇世紀の状況

いっぽう藤原氏の墓地として著名なのが宇治郡木幡の墓地で、それは基経に始まるとされる。それを示す最も早いものは、間接的ではあるが先に述べた子息忠平の墓参であろう。しかし、基経が木幡

図38　宇治陵36号 伝基経墓と藤原氏墓碑

に墓地を営むにいたる経緯は明らかではない。

醍醐天皇の中宮となった基経の娘、穏子は崩後の一週間目に葬送のことがあり、鳥辺野で火葬にされ、拾骨は近習の女官たちによっておこなわれている。(29) その遺骨は木幡の墓地に葬られた。(30)

基経の後継者は本来、嫡男の時平であったが、菅原道真の左遷事件にともなう怨霊によるものであろうか、三九歳の若さで薨じたため（時平の墓が木幡にあることは先述）、三男の忠平が摂関家を継いだ。なお、摂政と関白の職掌上の区別が明確になるのは忠平の時からである。

○藤原忠平とその近親

忠平が自宅の小一条第で七〇歳の生涯を閉じたのは天暦三年（九四九）八月十四日の戌の刻で、その遺骸は翌日に法性寺に移され、戌の刻に棺に入れられ、三日後に法性寺の東北に埋葬された。この埋葬時の詳細な記事が『吏部王記』に見えるので以下に掲示しておこう。(31)

葬二公寺東北原一、余訪二左右大臣一、就二兆域外幄下一所司立レ之、不レ觸レ穢殿上大夫等多在二此幄一、戌刻勅使大納言清蔭・中納言元方・左大弁庶明到暫休二此幄一、為レ宣二制贈位・賜封国・謚号一也、其宣命・告見等納二楊筥一、内豎持二随之一、即使外記（雀部）是連二案内一可二宣制一処、使於（便口）二孝子等一報云、就二葬所一後可レ行レ之云々、了戌刻霊柩就レ車、延暦寺座主律師延昌咒願、少僧都禅喜導師（マヽ）、前僧十三口（二口）、六位三人秉燭在二僧前一、又六位七人秉レ燎在二車前一、孝子等従レ之、行障廿三基繞二蔽之一、焼香者四人、上物長櫃四合、諸大夫別執レ燎照ニ行障外一、其迎火五位十一人、霊柩就ニ浄帳一後、勅使等進ニ立南門外西辺一、西面北上、大納言清蔭卿当ニ門北向一宣制、贈ニ正一位一封ニ信乃国一諡曰ニ貞信一、即納ニ案上筥一、退復ニ本位一、左大弁庶明朝臣執告身、進安ニ置同筥一家司預儲、案加筥、事了、

公寺というのは忠平によって一〇世紀の前半に創建された法性寺のことで、[32]彼が木幡に葬られなかった所以でもあろう。秉燭の官人を先導として僧侶の一団、この後に秉燎の官人を従えて遺骸を納めた棺の車（霊柩車）、これは二三基の衝立で囲繞されており、焼香者以下が続く。贈位（正一位）・賜封国（信濃国）・諡号（貞信公）の宣制が埋葬の場でおこなわれているのはほかの場合の参考となろう。ところで筆者の重明親王（醍醐天皇皇子）が忠平の埋葬をかくも詳しく記載しているのはほかでもない、忠平の娘の寛子を妻としていたからである。その寛子は、父に先立つこと四年にして他界、遺骸は仁和寺の東北の山すそに埋葬された、と夫の日記は語り、[33]葬送のための用途物などは父のところから送っている。[34]当の重明親王の葬墓地が気になるところだが記載がないので不明である。[35]

忠平の嫡男の藤原実頼は、天禄元年（九七〇）五月十八日の申の刻に摂政太政大臣のまま七一歳で薨じ、子の刻に法性寺の東北の松林寺へ運ばれ、翌日に葬送があったが、その場所をはじめ埋骨などの記述は見られない。[36]ただ、後になって木幡に葬られた可能性は高い。[37]

この実頼よりもすぐれた存在と見なされた弟の師輔は、右大臣のまま自邸の九条第において五三歳で薨じたが、[38]葬送以下のことは知られない。この師輔の系統が摂関家の嫡流の地位を得ることになる

が、その契機は娘の安子が村上天皇の皇后となり、所生の皇子が冷泉・円融天皇（以降の天皇はこの両統のいずれかから輩出）となったことによる。ただ、当の師輔は外孫の践祚の七年前に薨じたため摂関にはなれず、兄の実頼が一時的に摂関にはなったが、しょせん「よそ人」[39]であって師輔の子息らに取ってかわられることになる。

○藤原安子

安子が出産直後に三八歳で崩御したのは父の死の四年後、村上天皇の在位中のことである。[40]崩御の四日後に警固、固関が恒例通りにおこなわれ、その夜に遺骸は「東院」に移された。[41]そして四日後に「愛宕郡巽方野」、神楽岡の西北の地へ葬送されることになったが、大雨洪水で鴨川が溢れ輿の渡河が不能となったため荘厳寺に逗留し、翌日に渡り、巳の刻に事を始めて未刻に奉葬を完了している。[42]神楽岡の地で荼毘に付されており、こんにち、京都市左京区吉田牛ノ宮町にある方墳の塚を安子火葬塚と呼んでいるのはその謂である。この安子の葬送については『栄花物語』（巻第一）に詳しい。

図39　藤原安子 火葬塚

遺骸は皇后が平素用いていた糸毛車に乗せられ、この後に名のある上達部や殿上人のほとんどが薄鈍《うすにび》色の喪服を着けて従ったが、なかでも車の後ろについて歩いた次男の為平親王の姿が悲しみを誘ったという。[43] これに「香の輿」「火の輿」がしきたり通りに続いた。なお、記述にはないが神楽岡で荼毘に付された後、「夏の夜もはかなくて明けぬれば、この御はらからの君達、僧も俗も皆うち群れて、木幡へ詣でたまふ」たのである。この安子の木幡の墓地に関して注目すべき史料があるので次に掲示しておく。[44]

太政官符治部省

皇后山陵壹処　今上嫡女子皇后右大臣藤原朝臣師輔之女也、

右山陵奉レ置二山城国宇治郡小栗栖郷木幡村一者、従二位行大納言源朝臣高明宣、奉レ勅、宜三依レ例下二知所司一者、省宜下承知依レ件行上レ之、符到奉行、

左少弁紀朝臣　　　左少史井原

康保元年十二月四日

太政官符山城国司

応レ宛二假陵戸伍烟一事

右宇治新陵料、所レ仰如レ件、国宜二承知依レ件行一レ之、但隔二十箇年一、依レ例相替、符到奉行、

左少弁紀朝臣　　　左少史井原

康保元年十二月四日

為レ見下置二山陵一躰上載二此符一、案、帝王山陵其法如レ此、醍醐山陵号二後山階一、寄二陵戸五烟、徭

丁廿五人〈、以往之例、臨時可〉尋、

ここにいう「今上嫡女子皇后」（村上天皇のトップの后の意か）とは安子のことであるが、崩後七か月にして木幡における山陵設置の官符が所轄の治部省あてに出されており、一方で山陵の世話方などについて管轄の山城国あてに官符が発給されている。これは、偶然残ったものであるが、藤原氏出身者で皇妃となった女性の木幡における山陵のあり方を知るうえで見逃せない史料といえよう。

○藤原氏と木幡墓地

ところで木幡の墓地が藤原一族のそれとして強く意識されるのは摂関の勢力が最も強大となった道長の時とみてよかろう。そして、そのことは、道長の創建になる木幡墓地における浄妙寺の出現と深い関わりをもっているように思う。そのことに少しふれておくことにする。[45]

墳墓のための寺の嚆矢と見なされる浄妙寺の供養があったのは寛弘二年（一〇〇五）のことであり、[46]この時には三昧堂が創建され、二年後に多宝塔が出現している。[47]

当日の早暁に京を発って木幡に赴き供養に臨んだ道長は、浄妙寺の建立が現世の栄耀や寿命福禄のためではなく、ここに眠る両親と基経以下の先祖の菩提を弔うためであり、この後は一門の極楽への引導を願うと『御堂関白記』の同日条に記している。

ところで道長の命を受けて大江匡衡が作成した二通の願文[48]によると、木幡山は四神相応の地であり、

図40　浄妙寺の三昧堂と多宝塔(復元図)
作画：早川和子

この地を選んで一門の埋骨の所としたのは基経であった。そして、若い時に父のお供でしばしば木幡の墓所を訪れていた道長は、古塚が累々とし、幽隧寂々にして仏儀を見ることもなく、荒れた光景に思わず涙を落とし、もし自分が大成した暁にはここに一堂を建てて追善供養することを心に誓い、そして実現した、という。

さらに願文には、基経が木幡の墓所を点じ、忠平が法性寺、師輔が楞厳院、兼家が法興院をそれぞれに建てたので、自分は墳墓の地に寺を造るのだ、「寺廟は如来の墳墓」と言わしめているあたり道長の思いがにじみ出ているようだ。

なお、若き道長が感じとった木幡の幽寂の証しとなるのが、大宰府への配流を前に木幡に詣でた内大臣藤原伊周が目のあたりにした光景である(49)。

それより木幡に詣らせたまへるに、月明けれど、このところはいみじう木暗《こぐら》ければ、そのほどぞかしと推しはかりおはしまいて、かの山近《やまぢか》にてはおりさせたまひて、くれぐれと分け入らせたまふに、木の間より漏り出でたる月をしるべにて、卒塔婆や釘貫などいと多かるなかに、これは去《こ》年《ぞ》のこのごろのことぞかし、さればすこし白く見ゆれど、その折から人々あまたものしたまひしかば、いづれにかと、尋ね詣らせたまへり。

父の道隆が四三歳で病死したのは長徳元年（九九五）四月のことであるから、(50) 伊周の墓参はちょうど一年後ということになる。伊周は木幡山の近くで馬を降りたが、月明かりをさえぎるほどに木が覆い繁っており、それを分け入って進み、木漏れる月影をたよりに父の墓を探り当てている。その墓は柵で囲まれ、墓標は卒塔婆であったことが知られる。まだ新しかったため見つけやすかったのであろうが、「その当時から多くの埋葬があった」ため捜すのに手間どったという書きぶりである。いうように長徳元年は疫病が蔓延し、公卿だけでも三分の一の死者を数えており、藤原氏も多くの死者を出した。

○源保光

道隆のあとをうけて関白となった実弟の道兼は一か月後に三五歳の若さで薨じ、同日に左大臣源重信（七四歳）と中納言源保光（七二歳）も他界している。道兼が木幡に埋葬されたか否かは不詳である。(51) なお、保光に関しては改葬という珍しい例をとっており、藤原行成の『権記』寛弘八年（一〇一一）七月の条にその記載があるので紹介しておこう。

源保光関連系図

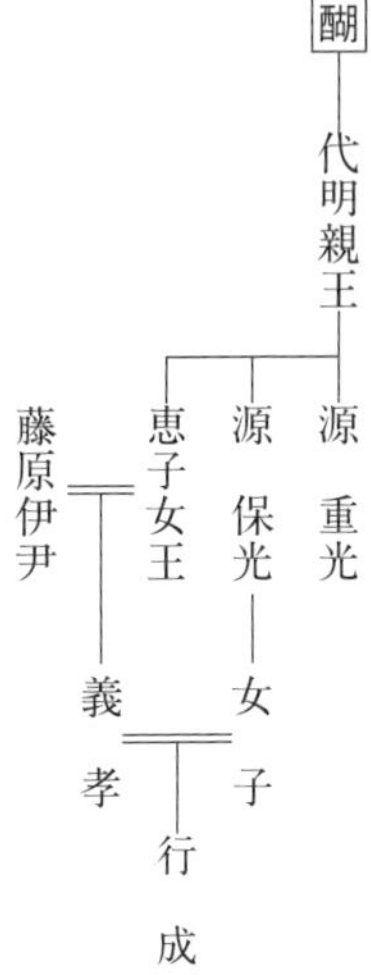

十一日、酉刻向㆓松前寺㆒、亥四剋改㆓葬先妣并源中納言御骸骨㆒、去長徳元年正月廿九日先妣即世、同年五月九日納言又薨逝、先妣瞑目当㆓于納言在世之日㆒、納言在世之日納言素不㆑許㆓火葬㆒、仍於㆓件寺垣西之外㆒、造㆓玉殿㆒安㆑之、即是納言在〔生脱カ〕平日被㆑行事也、納言下世之時、又思㆓遺言㆒、同安㆓御骸於北山幽閑之地㆒、不㆑得㆑晨于㆑今未㆓改葬㆒、去五日招㆓大炊頭(賀茂)光栄朝臣㆒、示㆘語可㆑遂㆓此事㆒之由㆖、依㆓彼朝臣許諾㆒、此日改葬也、季信朝臣……等従㆑余向㆑寺、寺預僧邦祈又知㆓此事㆒、剋限已至、先到㆓北舎代下㆒、令㆓季信朝臣㆒揩㆑火㆓於御棺㆒、又到㆓西倉代下㆒、令㆓輔忠朝臣邦祈并理義朝臣等㆒揩㆑火、遅明各事了、

十二日、暁更以㆓松脂并油等㆒、焼㆓遺骨㆒令㆑成㆓灰塵㆒、即入㆓其灰於小桶㆒、到㆓鴨川㆒当近衛御門路末、投㆑之流㆑水、令㆑入㆓海中㆒于時辰剋許、小解除帰宅、

行成の外祖父にあたる保光は、娘（行成の母）の死に臨んで火葬せずに松前寺[52]の西に玉殿を造ってそこに遺骸を安置した。その数か月後に保光が薨じ、行成は、保光の遺言に従って遺骸を「北山幽閑之地」（松前寺のことか）に安置した。それを一六年後に改葬したのであるが、それは遺骨を焼いて灰塵とし鴨川に流すというものであった。これは行成主導でおこなわれたようであるが、行成は妻の死に際して、遺骸を鳥辺野で荼毘に付し、骨粉を白川に流したことが思いあわされる。[53]

○藤原定子

図41　藤原定子 鳥戸野陵

一〇世紀の有終を象徴するかのように彼岸に旅立った女性がいる。『枕草子』の主人公として時めき、父道隆の死によって将来を絶たれ、出家後も一条天皇の寵愛を受けた中宮定子であるが、彼女は三人目の子を出産直後に崩御してしまう。長保二年（一〇〇〇）十二月十六日の早暁のことで、時に二四歳。一週間後の夜、六波羅蜜寺に葬るとあるが（『権記』）、『栄花物語』（巻第七）には、

鳥辺野の南の方に、二町ばかりさりて、霊屋といふものを造りて、築土などつきて、ここにおはしまさせんとせさせたまふ。……その夜になりぬれば、黄金づくりの御糸毛の御車にておはしまさせたまふ。帥殿よりはじめ、さるべき殿ばらみな仕うまつらせたまへり。今宵しも雪いみじう降りて、おはしますべき屋もみな降り埋《うづ》みたり。おはしまし着きて払はせたまひて、内の御しつらひあべき事どもせさせたまふ。やがて御車をかき下ろさせたまひて、それながらおはしまさす。

とあって、鳥辺野における埋葬も降りしきる雪に悩まされたようだ。埋葬には兄の伊周をはじめ故人の叔父の高階明順や道順らが立ち会った。一般に鳥辺野は荼毘に付す所として知られるが、定子の場合は土葬であった。「鳥戸野陵」としてこんにちに伝えられている。

ちなみに中宮定子の母の高階貴子は四年前に他界しているが、その遺骸は土葬で吉田山（神楽岡）の東麓の桜本に埋葬された。(54)

○藤原詮子

中宮定子の死から一年、円融天皇女御の藤原詮子が四〇歳の生涯を閉じた。二日後に鳥辺野で荼毘に付され、遺骨は木幡に埋葬された。この姉の庇護なくして政権掌握は困難だったといえるほどに道長にとって大の恩人。『栄花物語』では、道長が雪の降りしきるなかを遺骨とともに宇治山（木幡）まで赴いたとするが、鳥辺野から引き返したというのが事実である。(55)

一般に藤原氏の墓地といえば宇治の木幡があまりにも有名であり、それを否定するものではないが、ここにみる限り九・一〇世紀段階ではその認識は強くない。人臣摂政の初例となった良房は白河に埋葬、木幡への創始と目される初の関白基経も、当初は深草の地に葬られ、のちに木幡に改葬されたのである。それに基経は、深草に極楽寺を創建し、子息の仲平が寺の東に埋葬されるなど当辺には一族の墓地があったようだ。ま

図42　藤原詮子の追善法要の様子（上）と供養塔（下）

た、摂関の伊尹・兼通・道兼や左大臣師尹などの埋葬は不明だが、葬送記事からみて木幡への可能性は薄そうに思う。その点では、后妃となった女性の木幡への埋葬の慣例は比較的に早いようである。

どうやら木幡が藤原氏の墓地として強く意識されてくるのは兼家・道長父子の時からのように思えるし、浄妙寺の出現がそれに拍車をかけたといえよう。ちなみに浄妙寺の出現は詮子の死の四年後のことである。女院の嚆矢として東三条院と号した、この姉の死が墓寺創建へと道長の心をつき動かした可能性が考えられる。

○婉子女王

一〇世紀の最後に婉子女王のことを挙げておく。この女性は村上天皇第四皇子の為平親王（母は皇后安子）の娘として天禄三年（九七二）に生まれた。母は醍醐天皇皇子で賜姓皇族の左大臣源高明（安和の変で失脚）の娘である。そして一四歳の時に花山天皇の女御となるが、天皇の愛情を得られぬまま天皇の出家後に藤原実資の妻となり、長徳四年（九九八）に二七歳で他界する。(56) この年の『小右記』が闕巻ということもあって葬送の詳細は知られないが、一年後の『小右記』長保元年（九九九）七月三日条に次のような記事が見える。(57)

払暁向二禅林寺一、故女御周忌法事日也、源相公（俊賢）・右兵衛督（源憲定）・右源中将（頼定）早来、堂東妻接仮庇羞レ食、所レ令レ儲、四品・五品來会、上達部・殿上人・諸大夫多在二俗客所一之由云々、早朝先送二法服七僧一、（僧綱紫甲、凡僧櫨甲、）奉レ図二阿弥陀浄土一、奉レ書二銀字法花経・具経等一、紺帋水晶軸、納二紫檀筥一、（以二蕉木潤色一、）未剋許打レ鐘、諸僧入堂、入礼着レ座、申終事訖、

これは婉子女王の一周忌に洛東の禅林寺（永観堂）において法事がおこなわれたことを示している。故人の夫の中納言藤原実資は夜明けとともに赴いているが、主催者ゆえのことであろう。早くに顔を見せる参議源俊賢は高明の子息ゆえ故人のおじにあたり、源憲定・頼定は故人と兄弟姉妹の間柄である。皇族・公卿以下が参列して午後二時、鐘を合図に僧侶の入堂で始まった法要は二時間ほどで終わった。阿弥陀浄土図が懸けられ、紫檀の筥に入った水晶軸の紺紙銀字経が備えてあったという。この時の願文は式部権大夫の大江匡衡が作成している。

上掲の文に続いて七僧、啒請六十僧、諸僧への布施品などが明記され、「諷誦所々」として「式部卿宮（二百端）、北方（百端）、余（二百端）、……左府妾妻」とある。「式部卿宮」とは為平親王、「北の方」はその妻で源高明の娘つまり故人の両親であり、「余」は実資自身。そして「左府妾妻」とは藤原道長の妾妻、つまり源高明の娘の明子を指し、故人の叔母にあたる。彼らは故人と近親関係にある人たちである。

一〇日後の『小右記』に「今日故女御周忌日」により実資が禅林寺で諷誦を修し（布五〇端）、為平親王が念仏を修している。(58) 二日後には「止二故女御々飯一、増二加乳母及女房等食一、但自二進物所一御菜少々、朝臣可レ送二女房一由令レ仰也、」とあり、故人に供えていた御飯をやめて乳母や女房たちの食を

増やし、進物所からの御菜少々を女房に送付するよう計らっている。仏飯や御菜のことを述べた記事はめずらしいと思う。

さらに二か月後には、翌月の改葬に備えて石の卒塔婆を造り、実資は禅林寺座主の深覚を招いて様々な打ち合わせをおこなっている[59]。そして迎えた当日の改葬の様子は以下のようなことである[60]。

今夜故女御改葬地鎮事、仰㆓奉平宿祢㆒、以㆓身代㆒令㆑行、石卒都婆今暁令㆑運㆓禅林寺㆒、件事委附㆓彼寺座主深覚律師㆒、以㆓僧二口㆒令㆓親行㆒、納㆓骨壺㆒草〔筥カ〕等、付㆓高昭㆒送㆓彼寺㆒、守隆朝臣・高昭等為㆑令㆑見㆓改葬事㆒所㆓差遣㆒也、但不㆑染㆓穢気㆒色(ママ)、只籠㆓二口僧㆒、仍二口僧供料・造釘貫工及夫食料同送遣、可㆑修㆓諷誦於禅林寺㆒、

前夜に為平親王は方忌のため他所に渡っており、岳父の渡御に実資が同道している[61]。そうして迎えた当日、改葬場所の地鎮をおこない、すでに造作の石の卒塔婆を禅林寺に運び込んでいる。これらの差配は深覚律師に一任している。また骨壺を納めた筥などを禅林寺に運ぶ任を源守隆と高昭らがおこなっているが、それは彼らに改葬の様子を見せるために遣わしたのだ、とは実資の弁。守隆は故人とはいとこの間柄であり、高昭なる人物は不明だが近親であろう。実資は奉仕した僧への供料や卒塔婆の木戸の造作にあたった工夫への食料などを送っている。故人の夫として当然のことである。

翌日の早暁に故人の父の為平親王が実資を伴って禅林寺から帰っている。また夕刻には守隆らも寺を後にし、昨日のことを実資に報告している[62]。翌日に実資は「改葬暇」を申請するにあたって、本来

なら七日の請求が可能だが、近年はその間、出仕しないのは如何なものかと思われ、「治病假」として請求する、と述べている。(63)

三　一一世紀前半の状況

○藤原道長とその近親

一一世紀に薨去した貴族の中でまず挙げねばならぬのは摂関時代の覇者となった藤原道長であろう。(64)若い時から病いに苦しんだ道長は、亡くなる二週間前に「禅室弥以無レ力、痢病無レ数、飲食已絶、……亦背腫物発動、不レ受二医療一(65)」の状態で、この四日後の夜半には法成寺の阿弥陀堂に移り、翌日の昼に外孫の後一条天皇が法成寺へ行幸、この孫の顔を見て一週間後の万寿四年（一〇二七）十二月四日の『小右記』に「禅閤昨日入滅、而臨レ夜有二揺動気一云々、今寅時已入滅」とあって早暁に六二歳の生涯を終えた。その遺骸は五日の子の刻に入棺、七日に鳥辺野へ葬送（つまり荼毘に付す）、そして翌日、遺骨を権左中弁藤原章信が頸に懸けて木幡に向かった（『小右記』）。いっぽう『栄花物語』巻第三十には、

この立てたる御屏風の西面をあけさせ給て、九体の阿弥陀仏をまもらへさせ奉らせ給へり。……御目には弥陀如来の相好を見奉らせ給ひ、御耳にはかう尊き念仏をきこしめし、御心には極楽をおぼしめしやりて、御手には弥陀如来の御手の糸をひかへさせ給て、北枕に西向に臥させ給へり。

……ついたち四日巳時ばかりにぞ、うせさせ給ひぬるやうなる。されど御胸より上は、まだ同じ様に温かにおはします。猶御口動かせ給ふは、御念仏せさせ給ふと見えたり。……夜半過ぎてぞ、冷え果てさせ給ける。御棺は悩みそめさせ給ひし日より造らせ給へれば、やがて入棺し奉りつ。いみじう御声どもまさなきまでおはしまさふ。またの日、陰陽師召して問はせたまふに、「七日の夜せさせたまふべし。所は鳥辺野」と定めまうしてまかでぬ。七日になりぬれば、つとめてよりいそぎせさせ給ふ。例の事どもおしはかるべし。日暮れぬれば、御車にかき乗せ奉りておはしますに、その日つとめてより夜まで、雪いみじう降る。……今は出でさせ給ふ。無量寿院の南の門の脇の御門より出でさせ給ふ。……さてよろづに悲しくて、暁方にぞ、殿ばら・さべき僧など集まりて、御骨拾はせ給て、瓶に入れて、右中弁章信懸け奉りて、定基僧都もろともに木幡に率て奉りつ。

とあって『小右記』の記述を補足して余りあるが、『栄花物語』の作者ゆえにか、さすがに悶絶死の描写はなく、美しい穏やかな臨終となっている。道長の遺骸は、降りしきる雪の中を法成寺の南脇門から出たことがわかる。またこの記載から薨去の翌日に召した陰陽師の占定通りに葬送や納骨を挙行したことが知られる。

ちなみに道長と同日に五六歳で薨じた藤原行成の葬送は一〇日ほどしてからおこなわれたが、(66)埋骨の記載は見えない。行成は外祖父や妻の骨粉を川に流しているので、(67)自分の場合もそうするように遺言していた可能性が高い。

ところで、晩年の道長にとっての痛恨事は数人の子女に先立たれたことであるが、なかでも自分より三か月前に三四歳で崩じた皇太后妍子のそれには大きな衝撃を受けた。外孫（敦成親王、のちの後一条天皇）の一日も早い即位を願う道長は、三条天皇を圧迫して譲位に追い込んだが、中宮の妍子は父と夫の板ばさみで苦しんだ。こういった経緯もあってか、妍子の死に接した道長の「哀泣之間」云々は、そのへんの事情を物語るものであろう。(68) 二日後に挙行の葬送について『小右記』は次のように伝えている。(69)

去夜皇太后御葬送、大谷寺北、粟田口南、禅閤歩行、内大臣已下相従、関白衰日御物忌云々、御車糸毛、前権大進為政執レ燎行レ前、執レ幡者大学允則孝在二執レ燎者前一、女房六両、暁更事了、辰時許権亮頼任持二御骨一向二木幡一、大僧都永円・御乳母子法師相添云々、

諸々の所作と担当者など葬送の経緯が知られるが、その場所を大谷寺の北で粟田口の南としており、『栄花物語』（巻第二十九）にも「祇園の東、大谷と申して広き野はべり」とある。いっぽう『日本紀略』の十六日条には「奉レ葬二皇太后於大峯寺前野一了、依二遺令一、停二素服挙哀国忌山稜一」とあり、その場所が大峯寺の前野と称せられたことを暗示するものか（『大鏡』裏書も同様）。

ここにも見られるように葬送は夜の挙行というのが、すでに見てきた例からも常態であったことがわかり、この折には「昼よりも明らかなる月なれば、何ごとも残りなく見えわかる」ほどで、そうし

たなか棺を乗せた車は広い建物に入った。この建物を火葬所と見なし、それは「貴所屋、火屋とよばれ、薄檜皮造りで（中略）その前に鳥居を建てることもあった。棺を安置し、念仏僧が念仏を唱え、導師・呪願の役の僧が奉仕した後、荼毘に付す。棺の蓋を開け、松薪や藁などを差したり積み上げて、点火するのである」との指摘は理解の一助となる。(70)この時の導師は天台座主の院源が勤め、権僧正慶命を呪願師として夜更けから念仏が始まり、すべてが終わったのは夜明け近くであった（『栄花物語』）。そのあと遺骨は皇太后宮権亮の藤原頼任らとともに木幡の墓所(71)へと向かった。

時に一五歳となっていた遺児の一品宮こと禎子内親王（三条天皇皇女）は「東の廊の板敷下ろしておはします」とあって、土間にして籠もった土殿のことが見えるが、同じ『栄花物語』に、正暦元年（九九〇）に六二歳で薨じた藤原兼家の葬送について、東三条殿の渡殿や廊の板敷を取り外して「土殿」とし、娘の詮子（東三条院、一条天皇生母）、東宮（居貞親王、のちの三条天皇）以下が控えていたとある（巻第三）。

ところで道長は、この妍子を三条天皇の中宮とし、二か月後に中宮娍子が皇后となり、ここに一帝二后という史上二例目（初例は一条天皇の皇后定子と中宮彰子）の異常事態が生じる結果となった。すでに三条天皇の第一皇子、敦明親王を生んでいた娍子は少なからず衝撃を受け、この皇子は後一条天皇の即位で東宮となるが、一年ほどで道長の圧迫に耐えきれずに辞してしまう（小一条院と号す）。

これらの悲劇を見つめてきた娍子が、五四歳の生涯を閉じたのは万寿二年（一〇二五）三月二十五日夜のことであった。(72) その遺骸を雲林院の西院に移したのは何と八日も経ってからであり、それには遺児の小一条院と二親王の三兄弟や藤原兼隆・通任らが徒歩で従ったが、その場所が「賀茂四至之内」、つまり斎院御所と至近であったため賀茂祭の月の葬送は如何なものか、との非難もあったようだ。(73) さらに一〇日後、玉屋（霊屋）を造ってそこに葬っているが、この土葬は遺言によるものという。(74)

中宮定子の例でも知られるように土葬の場合、土塀を築き、玉屋を造ってそこに安置するというものであったが、「必ずしもその土葬は現代の土葬のように土中深く墓穴を掘りそこに遺体を埋納し上から土をかけて踏み固めるというものではなかったようで、むしろ風葬とか曝葬に近いような葬法であったように思われる」(75) との見解は傾聴すべきである。

万寿二年の秋、道長は二人の娘に相次いで先立たれた。一人は源明子を母とし、すでにふれたように道長の圧迫から東宮を退いた小一条院の妃となっていた寛子（高松殿女御）である。寛子は「年来煩㆓霊気㆒」い、それは今は亡き小一条院妃（堀河女御と称す）の延子と父藤原顕光（左大臣が極官）の霊によるものといい、七月九日寅の刻に亡くなった。(76)

二日後に葬送のことがあり、夕刻に火葬のため「巌蔭」(77) へ移送、この山送りには故人と兄弟の藤原能信・長家以下が従った。快晴ながら涼しいなかを松明一本だけ点《とも》したのを先頭に、棺を運ぶ輀車《じしゃ》に仕立てた小一条院の車の後部には院が乗り、能信以下は徒歩で、京内は人目のつかぬように進み、一条辺から威儀を整えた行列となって「岩蔭」へと向かったが、道中、先頭を行く僧の大きな読経の声

が悲しみを誘った。雲林院に埋納の亡き皇后宮の霊屋がはるか遠方に眺められたという。(78)

道長のもう一人の娘は、寛子の一か月後に同じく「巌蔭」に葬送された異母姉妹の嬉子で、倫子腹の四女であった。一五歳の時、甥で東宮の敦良親王（一三歳、のちの後朱雀天皇）に入り、四年後に土御門殿の東の対において皇子を出産し、(79)二日後に亡くなった。(80)この末子の早世をことのほか歎いた道長であったが、(81)このやや異常とも思える結婚も三女のそれと同様、摂関の保持を狙ったものである。この時の皇子がほぼ四半世紀の在位を保った後冷泉天皇であり、この誕生がなければ、半世紀におよんだ頼通の摂関は半減することになるから、道長の策は的中したといえる。

嬉子は八月五日の昼過ぎに危篤状態に陥り、日没頃には息を引き取った。その遺骸は真夜中の入棺の後、翌夕に道長・頼通・教通らに見守られながら（「皆歩二行御車後一」）法興院の北僧房に移されたが、土御門殿の南門から出るにあたって「件門奉レ迎二神璽・宝釼一之門、不レ可レ用二凶礼一、若当二吉方一者可レ壊二門傍垣一歟、可レ謂二□〔不カ〕吉事一歟」と問題になっている。(82)この場合の法興院は葬送までの一時期、遺骸を安置した場所であり、ここにあること一〇日にして葬送が挙行され、その行列には道長・教通・頼宗・能信父子（関白頼通は衰日により不行）をはじめ藤原行成ら卿相以下が多く同道しているが、みな歩行であった。なかには当色姿の輩が四〇人ほどおり、「未レ聞事、可レ有二忌諱一」と、見物人も呆れ顔で、藁履を着した行成については「頗無レ所レ據由上下云々、彼又有レ所レ案歟、但似レ忘二古跡一、又有二何事一乎」との実資の評である。(83)葬送の場は「石陰」であり、船岡西野で火葬したとある。(84)その

遺骨は乳母子の藤原範基が頸に懸けて定基僧都とともに木幡に向かった。(85)

以上は日記類から探れる嬉子の入棺から埋骨までの様子であるが、これを補って余りあるのが『栄花物語』巻第二十六に見える記述であるので、以下に箇条書きで示しておく。

○藤原顕光・延子父娘の怨霊が取り憑き様子が一変する。
○御帳の外の枕辺では加持・読経が続く。
○道長は御帳のなかで添い寝して泣きながら抱いていた。
○臨終を迎え（土御門殿の東の対）、道長はその場を離れ、臥せってしまった。
○倫子は亡骸を抱きすくめ、折り重なって臥せっていた。
○一夜が過ぎて几帳や屏風を通常と異にして立てさせ、道長と倫子は灯りを取り寄せ亡骸を見る。(86) 嬉子は白の薄い袿を重ね着し、腹帯をしており、可愛い乳房は硬く張っていた。
○夜が明けたので関白頼通（道長は全く正気でないため）が安倍吉平（陰陽博士、晴明の子）に命じて納棺日（六日）・葬喪所（法興院）・葬送日（十五日）と場所（岩蔭）などを勘申させる。
○納棺に先立ち倫子が御帳の内に入り、乳母の小式部が嬉子の身体を清めた後、新しい衣装に着替えさせた。
○日没になったので遺骸とともに故人が生前用いた調度や形代などを納めてしっかりと蓋をした。
○六日の夕、東の対の南東の妻戸から棺を担いで出し、轜車（道長の車を仕立てる）に乗せ、道長以下が徒歩で従い（悲歎のあまり正体を失った道長は子息ら三人に抱えられて）、法興院の北の別当坊に入った。
○法興院では暁に懺法、夜には念仏があり、御饌は乳母の小式部が奉仕した。
○十五日の暁、検非違使をして京極大路を（冷泉小路辺から）北へ、一条大路を西へ（大宮大路まで）「岩蔭」までの道路を整備した。
○夜になって月明かりのなか葬送となり、松明を先頭に轜車そして正装の上に藤衣（喪服）を羽織った人の列が続く。叡山や興福寺以下の僧侶の一団が念仏を唱えながら加わり、先頭は大宮大路を過ぎても末尾は法興院というから、事実としたら物凄い行列となる。
○「岩蔭」に着いてどれほど経ったのだろうか、夜も更《ふ》け鶏が鳴きだした。荼毘の煙が雲のように靡《なび》いていた。
○夜が明けて遺骨とともに木幡へは浄妙寺別当の定基僧都と播磨守藤原泰通（小式部の夫）ら縁の深い人たちが従った。

やや長くなったが、死去から埋骨までの一連の経緯が知られ、ほかの参考となろう。『栄花物語』をみる限り、葬儀で何をするのにも泣いてばかりの道長であるが、三か月後には、この娘の早世を追慕して法成寺の一郭に三昧堂を建立している。(87)

ところで、葬送に関して『左経記』長元七年（一〇三四）九月条の次の記事は注目される。

十六日、巳刻許頭中将被二光臨一、相示云、右武衛蒙レ思之後、此両三日神心相違、時々返レ血、今朝俄以薨者、彼家中悲歎无レ限、先日卒死長女未レ葬在二彼家一、重在二此事一、如レ此之時以レ誰先可レ葬乎、答云、未二見聞一事也、悲之又悲也、頃之被二帰去一了、午後自二右府一有二御消息一云、別当事甚所レ同レ憐也、定有二身假一歟、

十七日、今日之外無下可レ奉二假文一日上、仍令レ案二内右府辺一云、今日外廿一日以前無下可レ奉二假文一日上、仍今日奉二假文一并欲レ着レ服、而葬送以前奉二假文一如何、御報云、葬送以前奉二假文一是恒例也者、随命下召二陰陽師一令上勘二日時一、以二酉刻一着レ服奉二假文一、殿上外記結政所等出之、

二十一日、今夜故右兵衛督葬二香隆寺辺一、并其女子葬二大谷寺辺一云々、女子事漏刻博士公信、武衛存日約二束勤仕一、武衛事陰陽允行国勤仕了、父子同日葬送未レ見未レ聞之事也、但女子兼日持二到大谷寺一云々、

これは参議で右衛門督・検非違使別当の源朝任（四六歳）の急死と数日前の長女の卒去および葬送のことなどを伝えたものである。右大臣の藤原実資（時に七八歳、一二年後の薨去まで現役で通す）は朝任の死に同情を寄せるとともに身假の配慮をしており、假文を奉るのは葬送以前が慣例で、陰陽師にその日時を勘申させたことなどが知られる。

ここで問題となったのは、長女の遺骸がまだ家に置いてあり、どちらを先に葬るかであったが、前例がないということでうやむやになっている。そして後先は明らかでないが、五日後の夜、朝任は香

隆寺辺、長女は大谷寺辺に埋葬されている。このような父子の同日葬送は前例のないことという。ちなみに朝任が葬られた香隆寺は宇多法皇の勅願所として再興されたといい、宇多源氏の朝任（父の時中は宇多天皇の曾孫、叔母に藤原道長の妻の倫子がいる）であってみれば頷けるところであるが、娘と大谷寺の因果関係は不明である。(88)

二年後の長暦三年（一〇三九）の初冬、朝任の同母兄の三河守源経相が六一歳で他界している。時に蔵人頭であった藤原資房は、この岳父の死について『春記』に詳しく書きつけているが、祖父実資譲りの皮肉に満ちた筆法である。(89)

彼の死は「寅三剋許」とあるから早暁のことで、その直前に駆けつけた資房が「思うところがあるなら遺言を聞きたい」と問うたら「思うところはない」と言っただけで言葉がなく、そのうちに舌が垂れて喋れなくなった。入棺はこの日の戌の刻で、葬送は十日。出棺にあたっては門の南脇の垣を壊し、葬送所の六波羅蜜寺の南野へと向かった。このように方角の良し悪しでは築垣などを壊すこともあったのである。

四　一一世紀後半の状況

一一世紀後半に入ってすぐの永承七年（一〇五二）にわが国は末法入りとなり、その思想が人々の生活に与えた影響は大きいものであった。翌年の春に関白藤原頼通によって平等院阿弥陀堂が供養された[90]ことなどは最初の表徴といえよう。その三か月後、関白の母であり、三天皇の外祖母として夫道長の栄華の裏方に徹した源倫子が、九〇歳という破格な長寿をもってその生涯を終えているが、彼女の一連の葬送行事については本章の冒頭で詳しく述べたところである。

この半世紀は、倫子の薨去を皮きりに道長の栄華を支えた人たちが彼岸へと旅立っているが、その中間点の承保元年（一〇七四）に二人の重要人物が世を去った。一人は、道長の後継者で史上最長の半世紀におよぶ摂関を独占した頼通（八三歳）、もう一人は栄華の道を開いた一条天皇中宮の彰子（上東門院、八七歳）である。[91]二人とも母の倫子にあやかって長命であった。いずれも壮大な葬送が挙行されたことは想像できるが、日記類が欠けている時期ゆえに知ることができない。なお頼通に関して、二月二日の忌日に摂関が宇治平等院へ参詣するのが慣例となるが、管見の限りでその嚆矢は、二〇年近く後の寛治六年（一〇九二）にみる嫡男の関白師実であろう。[92]

○藤原師実の墓参

師実は、関白（二日後に氏長者）を嫡男の師通に譲る一週間前の嘉保元年（一〇九四）三月二日に木幡の頼通の墓に[93]詣でている。これに同道し、「天晴、殿下令レ参二詣木幡山陵一給」で始まる藤原宗忠の『中右記』によって、その様子を追ってみよう。

巳の刻に自邸の大炊殿（左京二条三坊三町に所在[94]）の西門を出立した師実の一行（前駆の諸大夫、殿上人だけで五〇人余）は、西洞院大路から大炊御門大路へ出て東行し、東京極大路を南下し、午の刻には浄妙寺の南門に着いた。二時間ほどの行程である。御剣を外し、随身（帯剣、胡簶を外す）に先導され、左馬頭らを従えた師実は「山陵」（頼通の墓をこう呼んでいる）の前に進み、手を洗い、その前に敷かれた半畳に額《ぬか》ずいて拝した。その後、浄妙寺に入り、三昧堂での諷誦ついで堂の西渡殿での饗膳のあと酉の刻に大炊殿に還御しているが、これも二時間程度であった。ちなみに関白は、一か月前に頼通忌の法要のため左大臣源俊房、内大臣師通以下とともに宇治平等院に赴いたばかりである。(95)

このとき墓参の対象となった頼通は、三〇年近く前に父の墓に参詣しているが、それは道長の薨去から三五年後の秋のことである。(96)「平日出御」とあるから寅の刻、つまり夜明けに出発して辰の刻に前丹波守の伏見宅に着いているが、これが実子である橘俊綱の伏見の別邸であることは間違いなかろう。(97)ここで数時間の休息の後、午の刻に発って未の刻には浄妙寺の大門に到着している。そして南橋殿において御剣を解き、御笏を把って山中に入り、山守を召して道長の墓所を聞き、円座を敷いて洗手し、奉拝した。ついで三昧堂での諷誦、奉仕した僧らへの給禄を済ませ、申の刻にはすべてが終わって伏見邸に還御し、夜に帰宅している。

この頼通と師実の墓参記事から、荒川史氏は道長・頼通の墓に関して次のように述べている。(98)

道長・頼通の墓は浄妙寺の東の山中にあることがわかる。そして墓に至る道筋は、堂の川に沿って谷筋を上っていった可能性が高い。浄妙寺から堂の川に沿って三〇〇メートル程東に行くと、谷の北側には御蔵山と呼ばれる丘陵が、南側には松殿のある丘陵がある。このいずれにも現在宇治陵に比定されている墓がある。この中には後期古墳も含まれているため特定することは不可能であるが、どちらかの丘陵に道長・頼通の墓があった可能性が高い。（中略）当初の藤原氏の墳墓群は堂の川の谷周辺の丘陵に営まれていたのではないだろうか。そして浄妙寺の建立以後少なくとも鎌倉時代まで続く埋葬により、墓所が手狭になり、徐々に南に墓域を拡大していったのではないだろうか。

たびたびの調査に従事して地理を熟知した担当者の言ゆえに説得性があり、今後の詰めに頗る参考となる見解であろう。

○源師房

ところで、関白師実の岳父の右大臣源師房（賜姓皇族、頼通の養子）が七〇歳で薨じたのは承暦元年（一〇七七）のことである。[99]この後におこなわれたはずの葬送のことは記録がないので明らかではないが、三年後の子息俊房の日記『水左記』に関連の記述が見える。その書き出しに「明後日故殿御骨自二雲林院一故為成堂、可レ奉レ渡二白河一也」[100]とあるから、師房の遺骨は雲林院の為成堂に葬られていたことが知られ、それを白河に移すという話である。なにゆえ白河かということであるが、それは父の村上天皇皇子の具平親王が白河の地に葬られたことに依拠している。一三歳で賜姓して村上源氏の祖となった師房の改葬はこれに倣ったわけで、村上源氏の墓地である北白河[101]については師房の娘の麗子の葬送で詳述することにして、ここでは師房の葬送の経緯をみておく。

本来なら改葬はもっと早くにおこなうはずであったが、「此一両年白河依レ為ニ大将軍方一不レ令レ奉レ渡、延及ニ于今一、適今年雖レ無ニ禁忌一、去春以降自レ有レ所レ障、又以遅々」と、当日まで遅延したことを吐露している。陰陽師に勘申させて日まで決めたが、物詣などのためけっきょく実行されたのは八か月後の永保元年（一〇八一）七月のことである（記事中で肝心な部分の虫損個所が多いがおおよそのところはわかる）[102]。

寅の刻に僧永観らが雲林院の御骨所へ向かい、永観だけが板敷きの上に登って骨を取り出して瓶子（甕）に入れた[103]。雲林院を出発した一行は（おそらく大宮末路を南下し）一条大路に出て東行、鴨河原沿いに南下して正親町末路を東行して白河御堂に到着している。そして辰の刻には埋骨しているから四、五時間の作業であった。三昧僧[104]らによる埋骨の様子は、地面を三尺ほど掘り下げて底に石を敷き、瓶子を置いて石で覆う、といった具合であるが、瓶子を置く前後の状況が虫損のためはっきりしない。

源師房の死の年に彼の妻も病死した。義弟、師忠の母であるこの女性の死（それは火事によるものと思われる）を源俊房が日記に書き留めている[105]。

夜中に西南の方で火事があり、尋ねたところ待賢門南で堀川西の一町（つまり左京二条二坊八町）と言い、そこは師忠の母の家であった。彼女はこの四、五日病がちで昨日から霍乱の気があり、朦朧《もうろう》としていなかで火災が起こり、火のなかを車に舁き乗せて近くの小屋で休ませたが、そうこうしているうちに危篤となって他界したという。五日後の早暁に入棺、雲林院の吉茂堂僧坊に運んで夕刻の葬送（荼毘に付す）に備え、翌日の朝、骨は木幡に葬られた。藤原氏出身ゆえに夫婦で異姓異墓の例となる。

世紀末をはさんで二人の関白が世を去っている。一人は康和元年（一〇九九）夏に三八歳という働き盛りで病死した関白内大臣の藤原師通である。[106] 師通は三日後に入棺、その八日後に広隆寺近辺の野で葬送があったが、出家していたので薨奏や贈位はおこなわれなかった。[107] そして二年後に父の師実が逝った。

五　一二世紀前半の状況

○藤原師実

康和三年（一一〇一）の春に二代二〇年という、長さにおいて歴代三位の摂関を維持した師実が還暦で亡くなった。一両年の間に父と祖父を失った二四歳の内大臣忠実は、余程の衝撃をうけたのであろう、「寅剋入道殿下御入滅、御所僧都沢房云々、此間万事不レ覚、仍不レ能ニ委記一」と日記に記している。[108] 遺骸は二日後に入棺され、その六日後の夜に葬送がおこなわれたが、[109] その日に忠実と北政所こと祖母の源麗子（師房の娘）は「土殿」に下り、開始の直前に素服を着している。酉刻に行賢律師を講師として宇治供僧による念仏が始まり、戌刻には前火に続き行賢を導師とした一行が宇治へと向かった。到着後、棺を「内屋」へ渡し、そこから舁いて筵道を通り奥座に入った。つき従ってきた忠実は、その間は中垣の外に控えており、埋葬が始まる頃に中へ入っている。事が終わったのは翌日の朝であった(110)。師実の墓所は栗子馬山の父頼通の墓所の傍にあったようだ(111)。

○藤原苡子

康和五年正月、堀河天皇女御の藤原苡子は皇子宗仁親王（鳥羽天皇）を出産して六日後に他界した(112)。二日後の夜、その遺骸を養母の前斎宮（俊子内親王）の樋口堀川宅に移し（「其儀宛如㆓平生㆒、被㆑用㆓日来御車㆒、本唐車云々」）(113)、夜に納棺している。移した理由として「従㆓皇子降誕之所㆒、被㆑行㆓喪例㆒、有㆓其憚㆒之故歟」とある。納棺から一週間後の夕に鳥辺野南で火葬にされ、翌朝、その遺骨は藤原季実が頸に懸けて「木幡山陵」へ赴いて葬られた(114)。

○藤原俊家とその近親

この二か月後、一条殿尼上こと故藤原俊家の妻（父は宇治大納言の源隆国）が高齢で卒去している。一年近く前から患うことが多く、この祖母に鍾愛され、母のように慕った藤原宗忠が、たびたび見舞ったことを日記に記し、事切れた時のことを「卯刻許尼上令㆓入滅㆒給了、御年八十、令㆑無㆓苦痛気㆒、如二睡眠一給、令二念仏一給誠無レ懈」と述べている。[115] 内覧となって初めて宇治平等院に詣でた藤原忠実は、二日後にこの外祖母の死に遭遇したことを日記に記している。[116] その遺骸は二日後に入棺、蓮台野で荼毘に付されたが、遺言によって葬礼はやめ、遺骨は翌朝に僧定助が頸に懸けて嵯峨へと赴いた。[117]

この尼上の夫である藤原俊家は、道長の孫で右大臣を極官としたが（享年六四歳）、肝心の葬送のことは記録の谷間にあって知り得ない。その子で尼上とは別腹の権大納言宗通が九条堂で五〇歳の生涯を終えたのは保安元年（一一二〇）七月のことで、二日後に入棺したものの、檳榔毛の車で鳥辺野へ運び、荼毘に付されたのは死後一五日も経ってからで、「極熱之比誠雖二不便一、無二日次一及二今日一也」との意見も宜《むべ》なるかなである。遺骨が木幡へ運ばれたのは翌朝のことであった。[118]

宗通逝去の一か月余後、彼の母で「西御方」[119]（一条殿の西の対を居所としていたのであろう）と呼ばれた女性が卒去している。この女性は、藤原宗忠が年来、母子の契を結んでいたということもあって、『中右記』に病い篤い状態から死、そして葬送にいたる経緯を述べている。

彼女の死は九月十九日夕刻のことで、三日後の夜に入棺し、深更になって密々に雨の中を日野へ運んでいるが、これは「一条内院御所近隣」ということで、一家で相談して宗忠と関わりの深い法界寺のある日野を葬送の地に決めたとあり、四日後に「日野南廿五三昧地」で荼毘に付された。[120] その火葬の様子についての、

以レ柴先敷レ地、於二其上一火葬也、又如二鳥居柱一不二掘立一、假令レ立也、後朝墓以レ柴作也、送二骨於

木幡㆒時先修㆓諷誦㆒、於㆓浄妙寺㆒山守三人乞㆑禄、是近代作法者、仍給㆓小物㆒了、

という記述は、この時期の葬送を考えるうえで注目すべきである。すべてが終わったのは暁更のこと、翌朝早くに強い雨脚のなかを葬送で導師をつとめた東大寺僧の定助が、遺骨を頸に懸けて木幡へと赴いた。[121]

宗通母子を見送った還暦近い宗忠は、秋の末日の日記に「弥歎㆓時節之空暮㆒、何況平辺無常之事、日月之早過、悲歎之余、心肝無㆑安哉、七月以後六箇度依㆓軽服障㆒、連々不㆓出仕㆒也、仍世間之事不㆑能㆓委記㆒耳」と記しているが、[122] 権中納言の地位にあってたびたび出仕が叶わないというのは頗る不都合であったに違いない。この翌月にも身内の死に遭っているから、その思いは倍増されたことであろう。その身内の人とは、三か月前に薨じた宗通の長男の信通（二九歳、母は藤原顕季の娘）のことであり、「父子為㆓公卿㆒之人一年之内薨逝、未㆑有㆓此例㆒」といわれたほどで、鳥辺野での葬送は六日後のことである。[123]

○源麗子

さて、次の系図にも見える源師房の北白河への改葬について述べた際に、村上源氏の北白河墓地については娘の源麗子のところで改めて取りあげるとしておいたが、以下に述べることにする。

師房を父に持つ源麗子は、幼少時に大納言藤原信家（教通の子で伯父頼通の養子）の養女となり、一

源師房の周辺系図

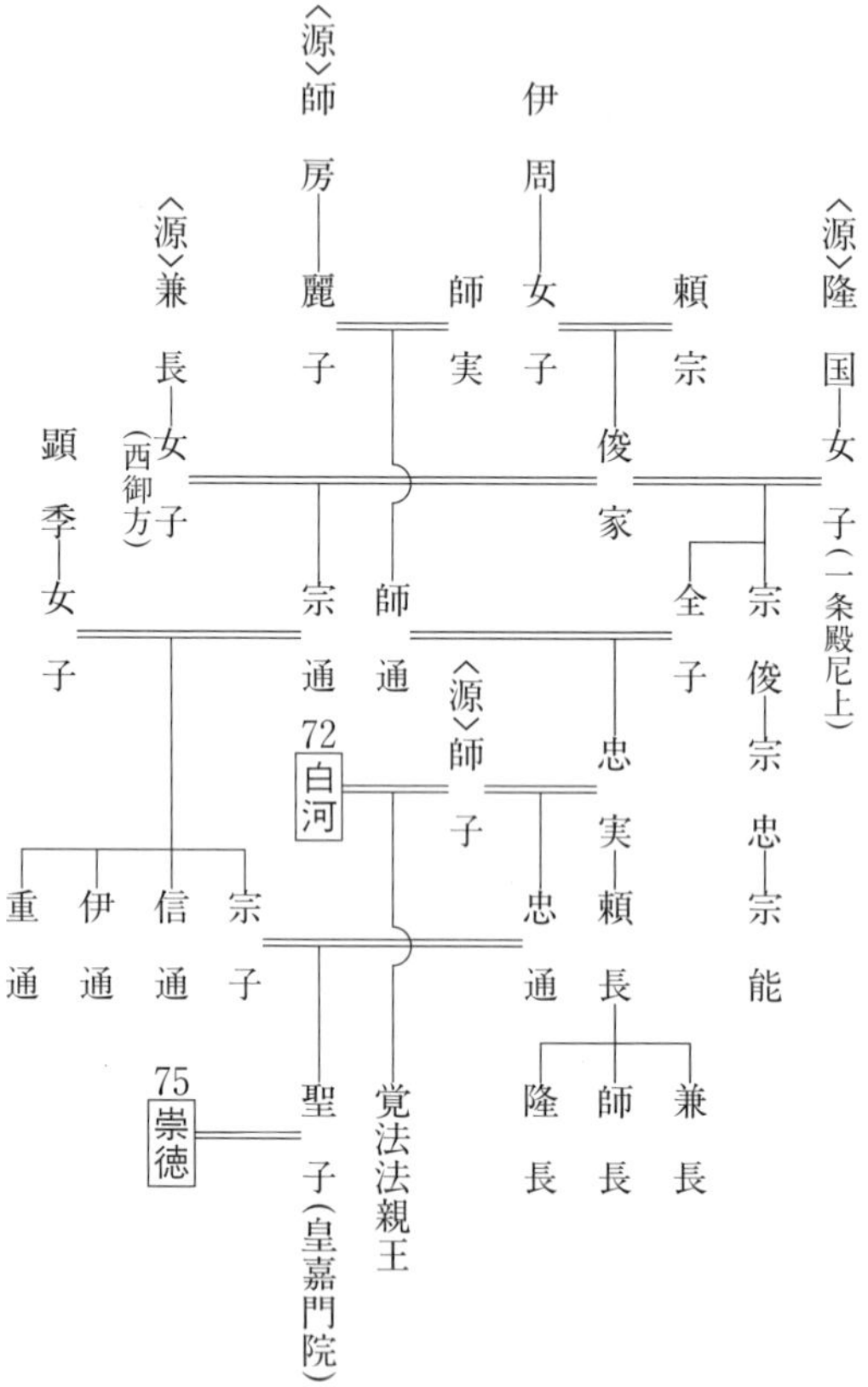
〈源〉隆国
女子(一条殿尼上)
宗俊
宗忠
宗能
全子
頼宗
俊家
忠実
頼長
兼長
師長
隆長
伊周
女子
師実
〈源〉師房
麗子
師通
忠通
〈源〉兼長
女子(西御方)
宗通
顕季
女子
宗子
信通
伊通
重通
〈源〉師子
72 白河
覚法法親王
聖子(皇嘉門院)
75 崇徳

二歳で後の摂関師実に嫁して師通を生む。いっぽう養女となっていた実兄、源顕房の娘の藤原賢子が白河天皇の中宮となり、生んだ皇子が堀河天皇となるなど、村上源氏出自の麗子は藤原摂関家および天皇家と深い絆をもった。[124] 二年の間に子息と夫を見送って十数年後、病むこと数年の麗子が自邸の京極殿で息を引き取ったのは永久二年（一一一四）四月のことである（享年七五歳）。この祖母の養育を受けた関白忠実は、麗子（その住まいに因み京極北政所と呼ばれた）の急変を聞いて一週間前から妻の師子と京極殿に詰めっきりであった。[125] そして三日の夜遅くに事切れ、御座を改め、北枕とし、畳を筵《むしろ》に替え、枕灯を用意し、死出の衣装への着替えがおこなわれた。[126]

　翌日、陰陽師に入棺（「今日戌刻也、造二始棺一時午」）・葬送（「来廿二日」）の日時を勘進させ、酉刻に御葬定があり、承保元年の藤原頼通の定文に倣って高階泰仲が執筆した。予定通りに入棺がおこなわれたが、忠実だけが人形（「以二黄皮一作云々」）を入れた。[127] そして迎えた葬送の日のことを関白忠実と、その従兄弟にあたる権中納言（検非違使別当）藤原宗忠の日記によってみておこう。[128]

　その日の早暁、山作所[129]行事の高階能遠と藤原永実らが現場に赴いて準備をし、夜になって忠実以下が徒歩で向かい、荼毘に付した後、忠実をはじめ権大納言藤原家忠・同経実・権中納言藤原能実・同忠教（以上の四名は麗子の義理の子）以下の身内や親しく仕える者たちが拾骨して事が済んだのは暁更のことで、そのあと遺骨は行事高階重仲が頸に懸けて仮御所へと運んだ。それは霊鷲寺（故造酒正重任堂とも）と呼ばれ、ここへの安置は、本来の場所である「件堂」（後述の三昧堂か）こと北白河の堂が大将軍の方にあたっていたため、忌避のためのしばしの措置で、「明年許安二置件堂一者」とある。拾骨を済ませた忠実は、素服を脱ぎ、車で帰宅の途中、水流に手をつけ祓をおこなっている。

麗子の葬送の様子を述べたくだりで「京極殿従二誕生昔一、被レ養二故山井大納言信家卿一、雖レ被レ用二藤氏一、猶付二本生(姓カ)一可レ被レ置二彼源氏人々骨墓所辺一者、仍不レ被レ奉二渡木幡一也」、つまり父系の墓所に葬るのを旨とする、との宗忠の指摘は、出自と墓地との関わりを知るうえで見のがせない。この記事が数人の研究者に取りあげられて関説される所以でもある。(130)

ところで、麗子の姪にあたる源師子の埋葬に関わって、村上源氏の北白河墓地について注目すべき記事があるので取りあげておく。(131) 右大臣源顕房の娘で、白河上皇の後宮に入って皇子（覚法法親王）を生み、のちに関白忠実に嫁して関白忠通・泰子（高陽院）姉弟の生母となった師子が、七九歳で他界したのは久安四年（一一四八）のことである。(132) それから七年後に改葬がおこなわれているが、そのことは『兵範記』久寿二年（一一五五）五月二十日条に見え、埋骨法と位置関係がわかるので長文の引用となるが以下に掲げる。

今夕故北政所(源師子)遺骨、依二入道殿(忠実)御沙汰一、従二生蓮寺一(青蓮寺)被レ改二葬北白河、寂楽寺、北山一、今朝、散位重範、外記大夫忠親等、率二木工人夫等一、参二向北山墓所一、掘二其所一、儲二釘貫等一、晩頭人々参二入生蓮寺一不レ昇レ堂前、先致二結願例時一……、次奉レ渡、僧聞玄奉レ懸二御骨一、平等院蔵司、故閑覚阿闍梨遺弟、塔本殿供僧二人……等扈従、已上布衣、歩行、出二生蓮寺一、経二圓宗寺南東両方一、自二一条一東行、経二法成寺北東両方一、自二近衛一出二河原一、自二近衛末一東行、自二神楽岡辺一北行、至二于北白河一、経二堂西一、着二御北方墓所一、故京極大北政所(源麗子)御墓所前程奉レ殯レ之、年来供二養阿弥陀経数百巻一、納二竹筒一、其穴四方立二亘之一、其中安二御骨瓶一、其上奉レ埋之、立二卒都婆一、構二釘貫一、如レ常、重範等行レ之、凡件所中務宮以下一族御墓廿一所云々、先レ是、中納言大将(兼長)、新中将(師長)等同車、参二向此所一、事了、於二本堂一有二仏事等一、三昧堂也、件堂是土御門右府奉二為中書王一被二草創一也、先宇治殿(忠実)御経供養、……故京極大北政所、永久五年(二)薨給、即安二置北山霊鷲院〔寺イ〕一、元永元年五月十三日、改二葬北白河一、是又久安四年薨給、今日改二葬北白河一、毎事被レ准二行彼例一云々、

この時点で明らかになったことは、葬送のとき北白河の墓地(寂楽寺の北山)は方角が悪いということで霊鷲寺に止め置かれ、明年に移すと議せられた麗子の遺骨が実際に移されたのは元永元年(一一一八)五月で、死から四年後のことである。それから三七年後、師子の改葬となったわけであるが、師子の遺骨が青蓮寺(近くの北山墓所)に安置されていたこともわかる。

当日の朝、遣わされた工人らが墓所を掘って垣を巡らせ、夕刻には関係者が集まって読経などがおこなわれた後、僧の頸に懸けられた遺骨は青蓮寺を出発した。一行は円宗寺(「仁和寺之南傍」)の東南を抜けて一条大路を東行し、法成寺の東北を通って鴨川を渡り、近衛末路を東進して神楽岡の北を抜けて北白河の北方の墓所に到着した。そこに所在の麗子の墓所の前に穴を掘り、数百巻の阿弥陀経を入れた竹筒をその四方に立て巡らせ、中央に師子の遺骨を安置した。そして卒塔婆を立て、釘貫を

構えた。この辺りには中務宮こと具平親王（薨去時に中務卿）はじめ村上源氏一族の墓が二一基もあったという。その中には師房はもちろんのこと、記事では確認できないが、その子の左大臣俊房（一一二一年十一月十二日卒、八七歳）・右大臣顕房（一〇九四年九月五日卒、五八歳）兄弟の墓も存したであろう。この墓地の中心をなす三昧堂は師房が父具平親王のために建てたことも知られる。なお、この日の記事の末尾に左大臣藤原頼長の一族が提出した「假文」の様体が記されていて参考となる。(133)

○藤原幸子

源師子の改葬がおこなわれた一〇日後のこと、頼長の妻の藤原幸子（内大臣実能の娘）が四四歳で病死したが、当の頼長は日記に「夫人薨事、自二受病一至二周闋一」と記すのみで葬送についての記載はないが、(134)幸いにも平信範の日記によって知ることができる。(135)それによると、五日後の夜の入棺から二日後に葬送がおこなわれている。当日の朝、家司や職事が山作所に赴いて準備にあたった。

その夜、藤原公親（故人の異母弟）の一条富小路宅(136)を出立した葬列は、炬前火（職事の仲頼）、黄幡（持つのは史大夫の頼兼）、炬火（諸大夫七人）、焼香（六位の左右近衛将監四人）、瓫《もたい》（持つのは無官の侍四人）、御前僧十二口、扈従の公卿は左大臣頼長・中納言公能（故人の実弟）・中納言兼長・同師長の四人（いずれも歩行であり、内覧〈頼長〉の歩行は未曾有のことという）、さらに殿上人という構成であった。棺の車の左右を歩きながら布で覆うことも常態であった。一条大路を東へ、鴨川堤を南下して近衛末路で川を渡って東へ進み菩提樹院の内府堂[137]に到着、この堂の北山辺に山作所（火葬場）が所在した。迎火者一一人と竈所役六人により茶毘に付された。その間にも諸々のことがあり、やがて東の空が白む頃に近親者による拾骨がおこなわれた。埋骨の記述は見当たらない。

この一連の葬送の儀は「諸事任二式法一、更無二省略一」とあるから上級貴族階級の一般的なかたちと解してよい。

○藤原寛子

少しさかのぼるが、大治二年（一一二七）に太皇太后の藤原寛子が九二歳の天寿を宇治の地で終えている。[138]「在二后位一七十七年、古今未レ有二如レ此例一」とあるが、藤原頼通の娘として生まれ（師実の同母姉）、一五歳で後冷泉天皇に入っているから、三后の期間は七七年間となるが、入内から一九年後に天皇が崩御、その後は宇治に隠棲した。皇子女の出産はなく、父の摂関退下の原因となった。死の翌日には葬送に関して前火の有無、服装、棺への人形の入・不入などが議せられ、「御入棺十六日、御葬送廿一日、山作□南方也」と決定した。[139]寛子の入棺は二日後の夜、その五日後に葬送がおこなわれた。[140]「御墓所一坂東辺」とあり、茶毘に付されたところは木幡に近いところのようで、[141]後朝に永明阿闍梨が遺骨を頸にかけて木幡へ向かった。

図43　藤原璋子 花園西陵

○藤原璋子

鳥羽院政下の久安元年（一一四五）に待賢門院（藤原璋子）が三条高倉第で四五歳の生涯を閉じた。[142] 鳥羽天皇の中宮として後白河天皇はじめ六人の皇子女を生みながら、その一人、崇徳天皇の実父が白河上皇ということで天皇の寵を失い、晩年は寂しいものであった。同邸に詰めていた崇徳上皇からの連絡で臨終に立ち会った鳥羽法皇は号泣したという。翌日に入棺された遺骸は法金剛院三昧堂に運ばれ、地下の石槨に安置された。[143] つまり火葬にはされず土葬であったが、この一連のことは遺言によるものである。

○藤原顕頼

この三年後、前権中納言藤原顕頼が薨じている。[144] その遺骸は八日後の払暁に、いったん九条第（亡くなったところか）から常磐に所在したと思われる故丹後守藤原為忠の御堂に移され、ここで葬礼を整えてから更《あらた》めて出立し、嵯峨野の常磐社の西北で荼毘に付されて葬られた。[145] ここと為忠堂とは比較的近かったようである。ちなみに顕頼の父は「夜の関白」の異名を持つ葉室中納言藤原顕隆で、一二〇年ほど前に薨じているが、葬送記事は見当たらない。[146] おそらく顕頼と同所であったろう。

○藤原全子

この時期の最後の年、つまり久安六年（一一五〇）に故関白師通の妻で関白忠実母の藤原全子が九一歳という長寿をもって他界した。[147] 両親は先述の俊家と一条尼上である。全子は一条殿と号し、小川殿（平等院の西に所在）と称する別荘で亡くなったが、いずれも宇治に所在する摂関家の邸宅であった。

全子の入棺は一二日後[148]と極端に遅く、それも冬の寒い時だからよかったのかも知れない。翌日の葬送に喪家の忠実は咳病のため葬場へは赴かず、頼長も忠実の命により行かなかった。[149] この父子の蜜月と忠通（忠実の嫡男で義弟頼長の養父）との対立が思いあわされる。一か月後に鴨川で除服した頼長は宇治の小川殿に赴いて父と対面し、葬送および拾骨の穢れなどについて報告している。[150] なお、このとき故全子の遺骨は木幡には運ばれていない。そのことに関わって頼長は翌年の日記に次のようなことを記載している。[151]

故小河殿御骨、月来避二王相方忌一、御二西法華堂一、今日、奉レ埋二木幡一、則是改葬也、仍余有二十日暇一、三長有二七日暇一、依二公家御衰日一、不レ献二暇文一、依二改葬事一、去夜前閣、違二方吉田辺一、

つまり当時、木幡は小川殿からみて王相方[152]にあたっており、方忌みを避けて西法華堂（おそらく小川殿内に所在か）に安置されていた遺骨を木幡に改葬したという話である。改葬の際にも暇が与えられるのは注目すべきことであり、頼長は衰日により暇文の提出は免除されたが、「三長」こと頼長の

三人の子息（兼長・隆長・師長、208頁の系図参照）はそれを提出している。[153] 子息たちより父の方が暇が長いのは故人との関わり（頼長の祖母）によることは言うまでもない。

六　一二世紀後半の状況

○藤原宗子

久寿二年（一一五五）の秋、関白忠通の妻の藤原宗子が薨じた。[154] 宗子はすでに述べた宗通の娘（俊家の孫、208頁の系図参照）で、忠通に嫁して聖子（皇嘉門院、崇徳天皇中宮）を生み、久安四年（一一四八）に法性寺の傍らに御堂を造り、[155] 三年後に法性寺山荘で出家している。[156] 薨去は四年後のことであるが、翌年の保元の乱後の処分で女婿、崇徳上皇の讃岐への配流をみずに済んだのはせめてもの救いではなかったか。[157] 入棺は翌日の寅の刻であったが、納棺から移送に関する詳細な記述が平信範の『兵範記』に見えるので以下に紹介しておこう。[158]

薨去の場所の明記はないが、前後の動きから判断して法性寺の山荘の寝殿であったらしく（御所とも呼んでいる）、御堂（最勝金剛院か）の北廊に、かねてより調えて置いてあった棺や納入品を六人の下家司が寝殿まで持ってきた。そして出立所となる寝殿の東北廊の南面を開け放って蔀《しとみ》を立て、透遣《すきやり》戸《ど》などを開いて、藤原季兼ら五人が棺を遺骸のある辺りまで運んだ。彼らは「衣冠巻纓、懸ニ紙捻襁ニ」の姿であった。この任には八人であたるのが常態だが、人がいなかったので五人で勤めたとあり、そればかりでなく脂燭儀ほか事ごとに省略したという。棺には、御衣・袈裟・御裳・糸針・御護・御念珠・金泥法華経一部（「雖レ非二先例一、御遺令云々、新儀定歟」）・尊勝陀羅尼・光明真言・随求陀羅尼（これらの経文は金銅の筒に入る）などを首の方に納め、遺骸などを凡字が書いてある野草御衣で覆い、さらに覆蓋で覆い、その上に布を懸けている。

いよいよ棺の移送となるが、行き先は「御塔」である。この御塔とは、御所の東南へ二町ほど隔たった山中にこの一、二か月で建立したものである。先に蔀を立てておいた南面の簀子の左右に屏風を立て、ここから棺を網代車に載せ、牛を繋いで出発した（車副《くるまぞい》は四人、牛童は榻《しじ》を持つ）。松明を掲げた六人の侍《じ》を先頭に左衛門督こと中納言藤原重通（故人の同母弟、208頁の系図参照）以下が藁沓を着けて扈従した。一行は御堂の西南を東行し、滝の東を通って山中に入り、御塔[159]の西に到着し、導師たちの読経があり、仏壇面の板穴蓋などを外した。四人の侍が東西に二人ずつ列立して布を引き巡らせ、牛車から棺を舁き下ろして塔の南戸より入って穴の上に安置した。次いで棺に布を懸け、頭を北の方にして穴の底に沈め大きな板蓋で覆い、さらに大きな石蓋で覆った。この石蓋は「長七尺余、弘四尺余」というもので、工《たくみ》らが轆轤を使って綱を懸けて引いたという。次いで小石を白土に混ぜたものを隙間に入れ込んで築き固め、その上に石灰を塗った。そして元どおりに板を敷き、仏壇面を固め、その中央に三尺の阿弥陀仏一体を立て、その前に花机一脚を置いて阿伽器を居え、造花を供えた。なんと厳重かつ荘厳なことか。事が終わって御所に帰ったのは卯の刻（午前六～八時頃）という。

宗子の場合、入棺と葬送が同日進行していることが異例であるが、それは火葬にしないから日時に拘束されないゆえとあって説得的であり、これらはすべて遺言であった。[160]

また宗子の初七日の時に「故北政所御竈神等」を廃棄しているが、そのことに関する「件神殿、殿下北政所相二連御座一、以二何方一可二分別一哉事有レ尋」について平信範は、大北政所こと故源師子の時の例に従って「以レ右為二女分一……所謂坐二南面一者、以二西宝殿一為レ妻也」と答え、日次は当日が吉のゆえをもって法性寺の東山辺に仕丁をして送棄せしめ、釜はしかるべき寺に施入し、他の物は焼却している。[161] がんらい十六日にすべきを奉公人が忘却したために今日になったと述べていることから、竈神などは入棺の日に処分するのを常としていたことがわかる。

○藤原泰子

三か月後に高陽院泰子（鳥羽上皇の皇后）が土御門殿で六一歳の生涯を閉じた。[162] 関白忠通は三か月の間に妻と実姉を失ったことになる。翌日の十七日に入棺と葬送が挙行されているが、[163] すべて伝聞の形をとる『台記』は入棺を亥の刻とし、引き続き葬送の経緯を記すが、『兵範記』には「今夕可レ奉レ移二白川殿一」「今夕高陽院御葬送」としたうえで入棺から葬送までを記している。高陽院が崩御した土御門殿とは、父の忠実が新造して御所となった邸宅であり、[164] 造棺や素服の裁縫などの準備は高陽院の「南町丁屋」の方でなされた。[165]

夜になって棺ほかが四人の乳母子（役人と称している）により高陽院から土御門殿に運び込まれたが、その間、距離にして一キロほどである。寝殿の東面から遺骸が眠る御所に舁きいれられ、女房によって納棺がおこなわれた。そこへ網代車を引き出し、寝殿東面の左右には屏風を立て、役人らで棺を車に乗せて出立と相成った。八人の車副、榻を持った牛童、松明を翳《かざ》して前行の八人の侍、十余人の殿上人と蔵人ら（「上達部不㆑候」）が歩行で扈従（おそらく藁沓を着けて）と、その様相は宗子の場合と変わらないが、女房の車四両などが後に続く点は皇妃ならではのことである。

葬送の行列は、東門を出て高倉小路を北行、正親町小路を東進して法成寺の北面を経て鴨川堤を南下し、近衛大路末を東行して御堂こと故人ゆかりの福勝院（白河御堂）[166]の南西門から入って護摩堂の砌に棺を下ろし、その中央の板敷の下に葬った（『兵範記』には「奉㆑殯㆓中央壇底㆒」とある）。その後、用いた御車・屏風・御座・御物などを焼却し、[167]次いで福勝院の御所（寝殿南面）において仏事、御懺法、護摩三壇[168]をおこなっている。

ところで白河御堂に高陽院を葬ったことについて問題がないわけではなかった。その場所は今熊野領の四至内にあり、したがって「被㆑奉㆑祝㆓居其新宮㆒了、其中被㆑奉㆑殯、頗有㆓怖畏㆒歟」ということであった。加えて護摩堂に埋葬する手筈になっておらず俄かに壇の下を掘ったのは不法であり不都合なことだとし、さらには近隣に上皇御所があって往反の路頭でもある、と信範のみるところは厳しい。[169]

先の宗子の例でもみられたことだが、土葬の場合には入棺と葬送が同日というのが知られ、この場合の葬送は荼毘のためのそれではないことが自明である。また土葬の場合には「無二前火一」が常態であったこともわかる。(170)

永暦元年(一一六〇)の初秋に内大臣藤原公教が赤痢で薨去したが(五八歳)、その三条高倉亭には娘で後白河天皇女御の琮子が同居していた。(171)遺骸は四日後に観音寺へ葬送されているけれど詳細が伝わらないので(172)荼毘に付されたのか否かは不明であるが、前者であろう。

○藤原得子

先述の待賢門院と入れ替わるかたちで鳥羽上皇の寵を得て皇后となった美福門院(藤原得子、近衛天皇の母)が崩じたのは永暦元年冬のことである。(173)享年四四歳。翌日、夜の葬送では、白河押小路殿から鳥羽東殿まで藤原資隆が前火、一〇人の侍が松明を灯して前行し、次いで棺を乗せた車、それに歩行の公卿らが続いた。(174)「火葬」とあるから鳥羽の近くで荼毘に付されたようであるが、その具体相は知られない。鳥羽東殿には故人による二基の御塔が建立されていてそこに埋骨するはずであったが、一基にだけ納め、あとは故人の遺言によって高野山に納骨している。(175)

この女院を従兄妹にもち母が鳥羽天皇の乳母という関係から鳥羽上皇の近臣として勢威を振るった中納言藤原家成は、薨去の翌日に東山塔中に土葬されたが、(176)それ以上のことは知られない。

一二世紀初頭に院政期初代の堀河天皇の関白となって以来、一七年間にわたって摂関の任にあった藤原忠実は、娘泰子の入内をめぐって白河上皇と対立、その延長で子の忠通との不和を生じ、その結果として異母弟の頼長を偏愛するようになるが、保元の乱で頼長が敗死して以降は知足院に籠居、という波乱の生涯を八五歳で閉じたが[177]、入棺・葬送の記録が残っていないのは惜しまれる。

○藤原基実

長生きの忠実とは対照的に孫の摂政基実（忠通の嫡男）が二四歳という若さで薨じたのは四年後の仁安元年（一一六六）七月のことである。それを伝えるのは後世の編纂物であり、この時期の日記類が闕となっているため葬送の様子などは不明であるが、死因は赤痢で、遺骨（後述の改葬の記事からみて土葬ではない）が船岡山の北辺に葬られたことはわかる。[178]そして同年の九月以降の『兵範記』によって造棺ほかを知り得るのである。

平信範は一日条の冒頭に「当㆓五七日㆒、早旦参㆓西林寺御経供養㆒、次帰参、東山有㆓毎七日御仏事㆒、其式如㆓先々七日㆒」と記すが、これが故基実に関わることは明白で、故人が葬られたのは西林寺であり、東山（法性寺のしかるべき御堂か――たとえば最勝金剛院――）では七日ごとに仏事が営まれていることを伝えている。[179]西林寺[180]は雲林院内か至近のところに所在し、近隣には忠実と関わりの深い知足院[181]があった。信範は、十六日以降は連日西林寺へ行っており（早旦が多い）、そして迎えた二十四日に次のようなことを述べている。

始二殯後沙汰一、（中略）棺料板四枚、賜二直物一令レ交二易堀川一、仰二左近一令二造始一、寸法長六尺、弘二尺、高一尺六寸、敷物練絹長六尺、三幅五巻野〔単カ〕草衣、同絹長八尺四幅両巻、可レ書二真言梵字一、棺覆生絹八尺、四〔八イ〕幅半黄幡料白生絹一丈、已上取具即調置了、午後参二東山一、明後日初度御月忌、雖二九欠日一、依レ為レ例、今日被三行二始御仏事一也、晩頭僧徒参集、……入夜北政所渡御、三品車、前駈諸大夫七八人、出車両三、

ここで棺の用材調達からその法量、さらには中に敷く布および棺を覆う布の種類と法量が記載されているのは管見での初見であり、棺の具体相を知るうえで重要である。ここに見える北政所とは、二日後の月忌みの日にも未明に東山に渡御している未亡人の平盛子である。(182)

そして翌年の一周忌に備えてその年の正月から動きがあった。信範は宇治へ赴いたついでに浄妙寺へ詣り、三昧堂・多宝塔に拝礼した後、墓守の国正丸の案内で墓所に向かい、「本願以下代々御在所検知」しているが、それは「此春」に故殿（基実）の御骨を移すための用意という。(183) これは家司としての従事すべき重要な任務であったろう。ここで注目されるのは本願（基経のことか）以下歴代の墓所が認識できた、という事実である。

ところで春の移骨とあるが、実際には一周忌の時、つまり秋であった。その前月に西林寺内に新たに御堂が供養され、等身の丈六阿弥陀像が安置されているが、それは故基実のためであった。(184) そして迎えた一周忌の法会は、盛子臨席のもと東山において大々的に挙行され、(185) 翌日には遺骨を西林寺から

木幡の浄妙寺山中に移しているが、西林寺から木幡への移骨と埋骨の様子などが実に詳細に知られるので、長文ではあるが引用しておく[186]。

> 知足院鐘打了、引二率男共一参二西林寺一、尼公駕レ車在二門外一、先結二願月来御懺法一、次例時、次錫杖、
>
> ……于レ時丑終及二寅剋一云々、次僧徒并塔中人々退下、信基、信季等奉レ取二出御骨一、瓶裏二生絹一云々、信基奉レ懸レ之、召二御随身武成、武安、忠武等侍両三一、炬レ火前行、侍従俊光朝臣、少将顕信、信国、信季扈従、各布衣、着二藁沓一歩行、出二北門一更西行、自二船岡方一南行、為レ不レ経二斎院前一也、此間、下官密々自二大宮方一、経二本院前一、逐電前行、御路、自二世尊寺辺一出二御大宮一、更南行、自二七条一東行、自二烏丸一南行、為レ不レ経二七条大将軍堂前一也、自二塩小路一東行、自二東洞院一南行、到二九条口一、此間於二一条大宮辺一、信基騎レ馬、人々同前云々、未明着二御木幡一、信基下レ馬、自二南辻一入御、経二浄妙寺門前一直入二御々山一、御墓守男共稱二路前行一、下官前行、為レ不レ穢也、密々候二閑所一、次奉レ殯二山中一、先穿レ穴、知足院入道西方去二三丈許一頗寄二北方一、弾正忠頼継、前主殿允知広役レ之、用二新鋤一、次奉レ殯二穴底一、乍二革袋一う つふしに奉レ埋也、故実也、次埋レ土、其上立二五輪石塔一、又構二釘貫一、其辺立二六万本小卒土婆一、被レ書二法華経六部一也、次有二供養一、立二本寺花机一、供二香花灯明仏供等一、大僧都覚智為二導師一、是非二兼日請一、参会之間臨レ時勤仕也、次人々参二向三昧堂一、但三十日穢人不レ昇二堂上一、有二御経供養事一、法華経一部、平等院供僧罵賀預二此導師請一、有二御誦経一、打二本寺鐘一、説法了布施、(中略) 次人々分散帰京、今度用二西路一歟、下官向二宇治一留二宿小川一、

近くに所在したこともあって西林寺での催事の折には知足院を利用することが多く、この時にも信範は前日から来ており、夜半過ぎに知足院の鐘を合図に西林寺に赴いてみると、すでに尼君こと平盛子が門外の車中にあった。午前三時近くになって読経があり、それが済んで僧以下が塔から退くと、信基（信範の子）らによって取り出された遺骨は生絹に裹《つつ》まれ、信基が頸に懸け、数人の随身そして松明を掲げた前行の輩（布衣に藁沓姿）ら一〇人足らずで木幡へと向かった。その行程は、西林寺の北門を出て西へ船岡まで行き南行したとあり、本来なら出門して東へ行けばよいのだが、斎院御所前を避けるためであった。当の信範は大宮末路を斎院前を通って世尊寺（藤原行成創建の寺院で一条大宮以北に所在）辺で一行と合流、その後は大宮大路を七条まで南下して東へ向かい、烏丸を南行して塩小路を東へ東洞院大路で南行し、九条口を抜けて木幡へ赴いた。到着したのは未明である。なお、大宮から九条まで直行せずに回り込んだのは七条大将軍堂の前を避けてのことであった。このように葬送の時にはしかるべき場所を忌避するのが常であった。遺骨を頸に懸けた信基だけが騎馬であったが、その彼も木幡で下馬した。

　木幡での動きは、南の辻から入って浄妙寺の門前を通り、墓守の先導で墓地のある御山に直行し、忠実の墓所から西へ三丈ほど北寄りの所に新しい鋤で穴を掘り、そこに革袋に入れた遺骨を置いて土をかけ、その上に五輪の石塔を立て、釘貫を構えて卒塔婆を立てた。そして、その前面に花机を出し、香花・灯明などを供えて供養がおこなわれた。その後、浄妙寺の三昧堂において経供養以下がおこなわれ、鐘を打って一連のことが終わり、僧らへの布施の給付があった。出席者の多くは京に帰ったが、信範は宇治へ足をのばして小川殿に宿泊し、翌日早朝に帰京している。[187]

ここで注目されるのは墓所に石塔を立てている点であり、すでにみてきたように一〇・一一世紀段階での木幡の墓所は卒塔婆程度であったから数年もすれば誰の墓なのかわからなくなってしまうが、石塔ならば後世にまでその名を伝え得る。この傾向は院政期に入ってからのことであろう。

くだって『猪隈関白記』建仁元年（一二〇一）七月二十六日条に「此日故殿御忌日也、浄光明院小御堂并西林寺御仏供養如二例年一、午時許殿下御共着二烏帽子一参二西林寺一、講説了還御、尼御前同渡給、権大納言忠良卿被レ参」とあり、故基実の忌日法会が法性寺と西林寺で営まれ、故人の嫡男の摂政基通と母および孫の家実（日記筆者で時に右大臣の二三歳）と基通の異母弟の忠良（権大納言）が顔を揃えたことを伝えている。[188]

基実死去の二年前に父の忠通が六八歳で薨じているが、法性寺山に葬ったということがわかるのみ[189]で葬送については不明である。

○平盛子

ところで、摂政基実に九歳で嫁し、二年後に死別した妻の平盛子（白河殿と称す）が夫と同じ二四歳で他界したのは夫の死から一三年後の治承三年（一一七九）のことである。[190] 盛子は、父清盛の勢力拡大のために摂関家に送り込まれた道具といってもよく、この死を契機に摂関家領をめぐって後白河法皇との軋轢《あつれき》を強めた清盛は、五か月後に法皇を鳥羽殿に幽閉し、三九人の院近臣を解官するといったクーデター事件を起こしている。

盛子の葬送は死の二日後におこなわれている。これに関して右大臣藤原兼実（故基実の異母弟）は、日記に「今夜、葬二白川殿中山辺一云々、二位中将、并寺僧都等在レ共云々、火葬云々、彼両人拾レ骨云々、世以不レ為レ可」と記し、また権中納言藤原忠親（妻は盛子の従姉妹）も詳しい記事を残している。[191] これらによって以下のことが判明する。

その日は、土用中でかつ凶会日にあたっていたけれど火葬ゆえに憚らずということで挙行され、「兵部卿入道信範、摂政乳母子剋許渡二中山堂一給」とあるから夜中に荼毘に付されたことがわかる。[192] いっぽう中山堂に付された「件堂在二余堂西一、故法性寺殿御子道圓法印覚忠弟子、未及二三旬一入滅、彼地依レ為二大僧正地一、建二立堂宇一、其後彼法印姉皇后宮又依二早崩給一、同葬レ彼同、今又此事、三人此事有」の注記は虫損でやや不明ながら次の点を示唆している。そもそも中山堂は、関白忠通の子の大僧正覚忠の所有地に弟子であった弟の道円が堂宇を建立して住持し、他界してここに葬られ、その姉の二条天皇皇后の育子も崩後に葬られ、そしてこのたび盛子も埋葬、と合わせて故忠通の子女が三人も葬られているのである。[193]

この中山堂の場所について忠親堂の西に所在したとあり、忠親の「中山堂」に関しては、安元元年

（一一七五）に後白河法皇が近臣の平業房の浄土寺堂に御幸になったついでに道すがら立ち寄っており、よい地勢にあって仏壇の様子も神妙であったことにいたく感嘆され、指図を取らせたほどである。(194)

さて盛子の遺骸を火葬した場所と、二位中将（藤原基通か兼房）らによる拾骨の後に埋葬された場所とはそんなに離れていなかった。さらには、この近辺に右の藤原育子の遺骸も葬られていたが、それは六年前のことであり、故人の異母弟にあたる右大臣藤原兼実は、崩後の翌日のこととして次のようなことを記している。(195)

今日、偸奉レ盗二出之一、奉レ渡二中山故法印之墓所堂一、不レ出二給御門等一、依二方角悪一、壊二築垣一也、
自二彼堂一如レ形有二葬礼一云々、

何の説明もなく「盗出」とあるのは不可解だが、ようするに故人の遺骸を道円の墓所堂に運んでいるが、その際に方角が悪かったので築垣の一部を壊したとあり、この堂から葬送をおこなったという。しかし、それ以降のことは不詳であり、したがって火葬の有無も知られない。なお、この記事の後に、その沙汰を関白基房（故人の義兄）が下しておきながら辞遁し、三品亜将こと異母弟の兼房も固辞、けっきょく彼らの姉の皇嘉門院聖子が慈悲をもって沙汰人をかって出て収まったという文面が続く。(196)

このように摂関家一族の葬送を詳しく記述した藤原忠親であったが、自堂に後白河法皇の御幸を得た翌月に一五歳の娘を病死させており、翌日の夜に密々に船岡山の西辺で土葬し、その西隣の乳母夫の宿所で仏事を執り行っているが、これら一連のことを乳母が取り仕切った。(197)そのため忠親の中山

堂を用いていない。

○平滋子

後白河法皇の女御、平滋子（建春門院）が三五歳で崩御したのは安元二年（一一七六）のことである。平清盛が妻の妹にあたる滋子の存在にどれほど恩恵を蒙ったか計り知れない。所生の皇子が高倉天皇で、その中宮となったのが娘の徳子（建礼門院）、そこに誕生したのが安徳天皇だからである。その滋子は法皇と清盛の確執が表面化する（鹿ケ谷事件）前年に崩じた。(198)

女院の葬送は死の二日後に挙行された。葬られた蓮華王院の東の法華三昧堂（新法華堂）は本来、後白河法皇のために準備を進めていたものであったが、滋子を葬ることになり、急きょ造りあげて間に合わせた。その堂の下に穴を掘り、石の辛櫃《からびつ》を置き、その中に埋葬しており、待賢門院の仁和寺三昧堂の例に倣ったという。(199)

この五年後に平家の総帥、清盛が家臣の平盛国邸（九条河原口）において熱病のために薨去している。その際に「三日以降に葬儀を行い、遺骨は播磨国の山田法華堂に納置」するよう遺言したとあり、三日後に六波羅で荼毘に付し、遺骨は僧円実が頸に懸けて福原に赴き埋納したらしい。(200)

○藤原聖子

記述の詳細さにおいても平安時代の葬送の有終を飾るのは、清盛薨去の年、つまり養和元年（一一八一）の冬に六〇歳で崩じた関白忠通の娘で崇徳天皇中宮となった藤原聖子（皇嘉門院）であろう。[201]『玉葉』には葬送から四七日《よなのか》にいたるまでの実に詳しい記事が見えるが、それはほかでもない、筆者で異母弟の兼実（右大臣、三三歳）が猶子、その嫡男の良通（権中納言右大将、一五歳）が養子という故人とのつながり[202]によるものであろう。

葬礼（葬送）は崩後の翌日の夜に挙行されている。[203]そもそも土用を憚らず、かつ三か日内におこなうようにとの遺言があったが、明日は土用の入りゆえに前夜におこなったという。崩御の場所は明記されていないが、前後の動きや後述の墓所への経路などから判断して九条殿と見なしてよかろう。[204]なお、この日に備えて山候所の奉行人・籠僧・素服らを前もって決めており、兼実は吉日に人夫を差遣して遺骸を安置する穴を掘らせている。乳母子の藤原能業は行事を勤めることになった。

崩御のあと「近習女房一切祗二候御辺一、即可レ直二御座一」であったが、遺骸がまだ温かかったので数時間して冷たくなってから取りかかっている。まず着衣替えがおこなわれたが、これまでに見られなかった具体相がわかるので引用しておく。

撤二綿御衣一、奉レ覆二新合御衣一也、先奉レ著二替御小袖一、元所二著御一之御小袖、雖レ不二不浄一、依二平生仰一、仍奉レ着二替新御小袖一也、御体之下ヨリ、漸抜二取元小袖一、奉レ覆二新御小袖一、左右并下方、能奉二押合一了、此間御体之上、引二張御衣一、不レ使二御身奉一レ顕也、

亡くなった後、まず新調の小袖に着せ替えているが、その間は遺骸が見えないように衣を広げて覆い隠している。こうして着した小袖の上に生前用いていた袈裟と念珠を置き、その上を「新合御衣」で首まで覆っている。ついで御座の傍らの畳を撤去して筵に敷き替え、御座の東方に唐紙の屏風一帖を立て、御枕の上方の西側に灯台を立てて燭を点し、この東に「不断香火蛇」を置いて香を焚いた。そして三尺の阿弥陀仏像を持仏堂へ運んでいる（そこには五色の旗〈女院が亡くなる時に握っていたものか〉を納めた）。また屏風と北の障子との間に三尺の几帳を立てた。これらのことには近習の女房が携わり、この間というもの兼実・良通父子や役の女房たちは悲しみのあまり叫喚したという。この後、女房の中でも選りすぐりの近習の二、三人が交替で屏風の外に祗候し、念仏僧一人が南障子の外で光明・真言・阿弥陀の名号を交替で唱えた。また常に二、三人の男が交替で、「御在所」の蔀には上がらず東の縁に控えていた。

ここで注目すべきは、兼実が日記などから葬礼記事を抽出して一紙にまとめ（あらかじめ平信範がまとめたものを取捨して）、それを奉行役の藤原基輔・季長に与えていることである。

戌の刻に兼実は烏帽子直衣姿で良通（「諒闇布衣也」）とともに「御堂御所」（最勝金剛院御所であろう）へ参上した。この御所（亡き母宗子と縁が深い）には故人が普段からよく渡っていて「可レ為二御喪家一」との遺言もあり、王相方ゆえ本来なら避けねばならぬところだが、故人の意志を尊重して喪家としたという。ここで「初日仏事」をおこない、講師らに布施を与えた後、兼実たちは「御在所」

（つまり九条殿）に帰参している。

いよいよ入棺である。すでに棺は侍六人によって御在所南の障子の外に運ばれており、それを役人五人が舁いて御在所の傍らの板敷の南北の褄まで移動し（侍・役人などの人数や行動が先にみた母宗子の場合と付合する）、基輔以外の四人はしばらく退出した（「此間着二藁履一」）。ついで尊忠僧都と基輔それに四人の女房（いずれも尼）は、各々に紙を縒《よ》って作った脇帯を結んだ出で立ちで、まず屏風・几帳などを撤《と》り、棺の嘯蓋《しょうがい》を開き、その上に雑物などを出して並べた。その内訳は、真言経筒・御護（「年来令レ持給云々、依二御遺言一入レ之也」）・野草衣〔単カ〕（「年来被二儲置一、大原聖人本覚房、書二梵字一、唐綾単也」、宗子の時にも出典）・三衣・香と土砂（「裹レ紙」）・針糸（「押二帖紙一、女房必入レ之云々」）・嘯衣（「単生衣、四幅也」）・縢布（「六丈一切、故殿并北政所例也、或四丈二切云々」）である。

底に香を入れ、土砂を入れた（このとき墓所に撒くだけの少量の土砂を残して）棺に六人の役人が遺骸を舁きいれ（この際に「役人等、不レ当二袖於御棺一也」）、僧都が「野草衣」で覆い、続いて「奉レ押二含左右御頸一引二覆御首一也、次自二御下方一、漸奉二引抜一合二御衣一元奉レ覆二御衣一也、也、御小袖、袈裟、念誦等如レ本、次其裾方、同能奉二押含〔合カ〕一」と衣装を整えた後、枕の上方に真言と御護を入れた。ついで紙に裹《つつ》んであった三衣を出して遺骸の傍らや上に置いた。そして棺蓋で覆い、釘を打ち（「上下両所打レ之、基輔役レ之、只一打打レ之、故実也」）、嘯衣で覆った。それをさらに季長、基輔の二人が遺骸の足もとの方を丈六の布で縢《から》げ結び、上・下方ともに車の榫立に結びつけるために布を余らせた。そして役人を召し、すでに外してあった御在所の北障子から棺を足もとの方より舁き出し、寝殿北面を通って車寄の方へと運んだ。これに兼実・良通らがつき従った。すでに車は屏風を立て簾を巻きあげ、西南の榱に寄せてあり、藁履を着けた殿上人たちが庭に控えていた。棺を車に乗せる様は「侍等六人付レ轅、擡二御車一即舁、前方之役人二人、先乗二御車一奉二舁入一、結二付前桙立一之後、自二前方一下了、又後方同結二付後桙立一了、垂レ箔」という手順であった。

　棺を乗せた車は御在所の東門（生前の御幸に準じたゆえに築垣は壊さず小門を用いるのを例としたので東門を用いたとある）を出御し、御所の南小路（「号二今小路一」）を東へ行き富小路より南行、鴨川を渡って東行し大和大路にいたって東折（この部分は不可解）して最勝金剛院の西面の北四足門から入り（この行程は尋常の御幸の儀に従ったことに加えて距離もあり、鴨川を渡ることもあったので歩行ではなかったという。兼実父子の車も随行したことはいうまでもない）、ここより墓所までは行列を整えている。すなわち松明を掲げた六、七人が車の前後左右につき、兼実父子をはじめ殿上人・僧都以下は藁履を着け白木杖を携え歩行で従った。一行は御所と御堂の前（南方）を通って東へと進み、南山路を南行して墓穴の南にいたっているが、遺骸を乗せた車と兼実父子以下数人および一二人の役人・僧都以外は南山路口で足止めされている。それでも雑人らが樹林に隠れていたので侍たちに追い払わせている。なお、前もって山の東南の両面には武勇の輩を配置して雑人を通さないよう守護させていた。そのせいか一切の狼藉もなく兼実が「尤為レ悦不レ少」と喜んでいるところをみると、かような狼藉が時には

図44　藤原聖子　月輪南陵

あったことを暗示し、また遺骸が出御した後の御在所を勘解由判官をして竹箒で払わせているが、これが慣例であったことを知る。

次に埋葬となる。車の後方つまり墓穴の南頭において導師による呪願があり、布施を受け取った僧らが退いた後、役人五人と侍たちで棺を舁き出してしばらく穴の南際に置いた（「有二筵道薦一」）。それから棺を穴に下ろす過程は「解二縢布一切レ中、懸二御棺上下一、又儲二他布一（四丈）、懸レ中、役人五人、侍一人、取二布端々一、（他侍等又扶二持之一）漸奉レ沈二穴底一（北首）」で、まず兼実が鋤を取って土を三度入れ、ついで良通が同じようにした後に役人らが土を入れ、最後に侍たちによって埋められた。ようやく終わるにあたって釘抜を巡らせ、その上に石の卒塔婆を立てた。その卒塔婆は生前に用意してあり、銘は女院の手になるものであった。

兼実父子は来た時とは別の道を用い、山中を通って最勝金剛院の西面の八足門から出ている。ここで足を洗ってから車に乗り（「大将同以二小桶小盥一、共人令レ洗レ之等如レ形也」）、道筋や河辺では「僕従進二草人形一、意気了返給了、（大将同之）」をおこなっているが、いずれも慣例であった。帰宅後ただちに御堂（最勝金剛院）へ赴き「毎日仏事」に臨み、この夜から兼実父子、旧臣の二人の女房、籠僧らがこの御所に候宿している。いっぽう女院終焉の九条殿においても仏事が始められた。御堂における毎日の仏

事や初七日以降の仏事は盛大におこなわれている。(205)

長い紹介となったが、これまでにはみられなかった数々の事柄が知られた。

この女院の葬儀で中心となった兼実は次世紀まで命脈を保ったが、子の良通は七年後の文治四年（一一八八）に二二歳の若さで薨じている。(206)二日後の申の刻に入棺がおこなわれ（「仏厳上人書ニ野草衣梵字一」）、遺骸はその夜に九条堂から嵯峨に所在の小堂に運ばれた。平生の出行と同様に網代車で共人は騎馬、侍は歩行であった。(207)葬送は死の八日後に挙行されたが、その様子を兼実は以下のように伝えている。(208)

内府葬送也、堂与ニ葬場一、其間可レ謂ニ咫尺一、仍毎事有ニ便宜一云々、用ニ火葬之儀一、内府平生之時常曰、火葬有ニ功徳一、土葬不ニ甘心一云々、余又存ニ比(此カ)旨一、仍用ニ火儀一也、不レ用レ薪用レ藁也、是近代之意巧、第一之上計云々、子細可ニ尋記一、此夜先於ニ御堂一修ニ初日分仏事一、帰来後又修レ之、

故人が生前に火葬は功徳があると語り、父も同感という点が注目され、これに従っていること、材料として薪か藁が使用されるが最近は後者が主流で藁を用いたとある。葬礼が終わった後、慈徳寺法印以下が拾骨して二つの瓶に納め、一つは右馬権頭藤原兼親が頸に懸けて木幡の浄妙寺へと向かった。(209)

ところで最後の半世紀は、四〇〇年の平安時代のなかでは最も激動の時期といえる。つまり従来の貴族中心の社会に、台頭してきた武家が喰い込んでくる重畳的な新しい社会体制への移行期であって、確かに各分野で様々な変動が認められるが、こと葬送に関しては旧態依然としたところがあり、この

分野において大きな変化はみられない。

これまでみてきたように、この時代には火葬が一般的であり、藤原氏の場合には鳥辺野で荼毘に付して木幡の墓地へ埋骨というかたちをとっている。天皇の后となった藤原氏出身の娘もそうであって、藤原道長の娘で三条天皇の中宮となった妍子の荼毘については詳細な描写が見られ規範となる。当の道長も死去の翌日の夜に入棺、二日後に鳥辺野で荼毘に付され、翌朝、木幡に埋葬された。同日に薨去の藤原行成は一〇日ほどして葬送とあるが、埋骨などの記述は見えず、外祖父や妻をそうしたように、骨粉にして川に流すよう遺言していた可能性が高い。

木幡の墓所の様相は藤原伊周が一年前に埋葬された父、故関白道隆の墓を参った時の描写（『栄花物語』）によってわかる。それは回りに柵を巡らして木の卒塔婆を立てるといった簡素なもので一般的であった。一〇世紀末の婉子女王（村上天皇孫）は改葬に際して石の卒塔婆（早い例か）を立て、一二世紀中期の藤原基実の改葬の際には五輪の石塔を立てている。石塔の出現としては早いものと見做される。

木幡が藤原氏の墓地として強く意識されるのは一〇世紀末から一一世紀にかけての藤原兼家・道長父子あたりからであり、それは墓地に出現する詣り寺ともいうべき浄妙寺と深く関わっているようである。頼通が父道長の、そして師実が父頼通の墓参をしているが、後者においてその詳細な様子が知られる。このように摂関による墓参が活発となるのは一一世紀後半からとみてよい。

道長の妻の源倫子は出自が宇多源氏ゆえ仁和寺の北に埋骨された。また村上源氏出身の源麗子（摂関藤原師実の妻）は火葬して（死去から一八日後）村上源氏の北白川墓地へ埋葬されている。麗子の姪の師子（白河天皇に入って皇子を生み、のちに摂関忠実に嫁して忠通を生む）は北白河墓地で麗子の墓所の傍らに改葬されている。このように藤原氏の権力者に嫁しても墓は生家のところに入ったのである。それは改姓しないことにも通じる。

一般に死去から入棺、葬送そして埋骨にいたる一連の儀は、亡くなった当日か翌日ないし二、三日内の入棺、数日から一〇日位の間での葬送と火葬、拾骨（故人の身内や親しく仕えるものによることが多い）そして墓地へ、というのが常態であった。入棺や葬送の時間帯が「今夕」と記述されることが多いが、実際には夜におよぶ場合がほとんどである。

『源氏物語』（御法）によれば、八月十四日の夜明け頃に他界した紫の上の葬送は翌日の暁におこなわれているが、これはいかにも早く、史実としての例はみあたらない。

土葬もそれなりにみられた。遺言による中宮定子、母の高階貴子、三条天皇皇后の藤原娍子（遺言）をはじめ女性が多い。摂関忠通の妻の藤原宗子は翌日に入棺、梵字が書いてある野草衣で覆われた遺骸は袈裟・数珠・経文などとともに納棺され、葬送があり、その日のうちに塔の地下に埋納しているが、遺言によったとある。鳥羽天皇皇后の藤原泰子（摂関忠通の姉）は翌日入棺、葬送そして泰子御願の白河御堂に埋葬されている。鳥羽天皇中宮の藤原璋子（待賢門院）は翌日の入棺、そして法金剛院三昧堂に埋葬、これに倣ったという後白河天皇の女御平滋子（建春門院）は、二日後に葬送、法華三昧堂の下に穴を掘って置いた石の辛櫃に埋葬している。

このように土葬の場合入棺と葬送・埋葬が同日か数日中という例が多い。崇徳天皇中宮となった摂関忠通の娘の藤原聖子（皇嘉門院）の場合は、棺の底に香と土砂をいれ、新調の小袖に着替えさせた遺骸、それに袈裟・数珠・経文・身に着けていた御護（これは遺言による）・衣装などを納め棺蓋をして釘を打っており、翌日に葬送がおこなわれた。さまざまな点で故人の遺言が重視され、多少の禁を破ってでも遺言に従って実行されている。先例重視の当時にあっては意外なことである。

以上、平安時代の公卿から上級貴族の葬送の実態を九世紀から一二世紀におよんで通覧してきたが、死・入棺・葬送・埋骨などに関して一定のルールがあったことが知られる。なお、一二世紀までといいながら、その下限を平安時代末でとどめたが、その後の十数年間については作業を続行する機会を得たいと思っている。

（1）『小右記』寛仁二年六月十六日条。

（2）『日本紀略』『扶桑略記』『御堂関白記』寛仁元年六月一日条。そして五日には「般若寺艮地」に葬送された。なお、遵子は「素腹后」であったため、父の藤原頼忠は藤原兼通の推挙で関白になりながら外孫のいる藤原兼家（娘詮子が円融女御で、一条天皇の母）に取ってかわられる遠因となった。

（3）「二十一日、今日故太皇太后御改葬、左将軍云、大納言、拂暁詣其所了」「二十二日、故宮御改葬事問二達《〔遣カ〕》大納言一、御返状云、御骨入レ壺了、為三来月奉二移木幡一也者」（『小右記』寛仁二年六月）、「寛仁二年七月十九日前大后御骨、奉二移木幡一事」（『小記目録』第二十）。

（4）康保四年（九六七）三月二日に七五歳で他界（『日本紀略』）。

（5）源雅信・重信兄弟のすぐれていることを語るなかで「ちゝ宮は出家せさせ給ひて、仁和寺におはしましゝかば」とある（『大鏡』）。それゆえに「仁和寺の親王《みこ》」（『栄花物語』巻第三）とか「仁和寺宮」（『尊卑分脈』第三篇）などの呼称があり、仁和寺内に八角堂を造ったことも知られる（『日本紀略』天慶二年三月二十七日条）。

（6）『権記』同日条には「入道左大臣従一位兼行皇太子傅源朝臣雅信薨、年七十四、身仕数代、位至二一品一、三朝為二輔佐之臣一、朝家所レ重也、洛陽士女薨逝而皆恋慕矣」と、政治家としてすぐれていたことの指摘はあるが、仁和寺については見えない。ただ雅信の七回忌を娘の倫子が長保元年七月二十九日に仁和寺において盛大に行っている（『御堂関白記』『権記』）。なお、宇多源氏の主流となるのは雅信・重信兄弟（母は藤原時平の娘）の系列である。

（7）『日本紀略』正暦五年十月十二日条。

（8）増淵勝一「翻刻標注　書陵部蔵『定家朝臣記』(天喜元年〜同五年条)」（『立正女子大学短期大学部研究紀要』一五、一九七一年）の天喜元年六月条によった。

（9）源倫子には「鷹司殿」の称があるように平安京の左京一条四坊九町に所在のその邸を居所としたが、

臨終の地は二町西の子息頼通の高倉殿（東洞院東、土御門南）であった可能性が高い。それは葬送の経路について「申辛方門」の垣を壊して邸を出て、東洞院大路を北行、土御門大路を西行した、とあることによる。「申」は西南西を指し、「辛」には方角の語意がないけれど高倉殿の西南方から出邸したらしい。なお、十五日条にも方角を表す語として二か所に「辛方」の記載があり、陽明文庫蔵の『定家記』を見てもそのように読めそうなので、校訂者の誤読でもなさそうだ。「辛」には方角の意があるのだろうか。

(10)『大鏡』裏書（第五巻）には「天喜元年六月廿六日〔廿二ノ誤記〕、葬広隆寺乾原」とある。

(11)『中外抄』上には「康治二年九月廿五日。御前に候ふ。仰せて云はく、「我、先年故殿の御共に法輪寺に参りし時、小松の有りしに、馬を打ち寄せて手を懸けむとせしかば、故殿の仰せて云はく、「あれは鷹司殿の御葬所なり。そもそも墓所には御骨を置く所なり。所放也。葬所は鳥呼事なり。また骨をば先祖の骨を置く所に置けば、子孫の繁昌するなり。鷹司殿の骨をば雅信大臣の骨の所に置きて後、繁昌す」と云々」（新日本古典文学大系『江談抄・中外抄・富家語』〈岩波書店、一九九七年〉による）とあり、藤原忠実が祖父師実のお供で法輪寺へ行く途次、広隆寺北の倫子（鷹司殿）の葬送の地を教えられているが、そこには何か指標でもあったものか。また墓所が仁和寺の北で父の雅信と同所であったことがわかる。ちなみに生前の倫子は仁和寺に灌頂堂を供養している（『御堂関白記』寛弘七年三月二十五日条）。

(12)『御堂関白記』長和五年七月二十六日、八月一日条。『日本紀略』七月二十六日条によると、穆子は夫の死後に出家して尼となった。穆子が「一条尼上」と呼ばれた所以である。道長は夜半の納棺は

「依㆓遺言㆒」と記すが、これは、死の床にあった穆子が、曾孫である後一条天皇の即位当初にこのようなことになるのは残念なこと、「さるべきやうにてしばしは山寺に納め置かせたまへれ。雲煙とも、この世の大事の後に、心やすくせさせたまへ」と言い置いたこと（『栄花物語』巻第十二）と関わる。八〇歳の時に穆子は、観音寺に無常所を造って法事をおこなったことが知られるが（『御堂関白記』寛弘七年九月二十九日条）、穆子は遺骸を安置する場所を前もって用意していたことになる。それは道長の「今日一条尼上渡㆓観音寺㆒、此存生作㆓置舎㆒所也」（八月一日条）からもわかる。

(13) とくに小論と深く関わる先行業績を管見のおよんだ限りで列挙すれば以下のとおり（発表年次順）。

ⓐ田中久夫「平安時代の貴族の葬制——特に十一世紀を中心として——」（『近畿民俗』四三、一九六七年、上井久義編『墓の歴史』〔葬送墓制研究集成 第五巻〕名著出版、一九七九年）

ⓑ森浩一「古墳時代後期以降の埋葬地と葬地——古墳終末への遡及的試論として——」（『古代学研究』五七、一九七〇年、森浩一編『論集・終末期古墳』〈塙書房、一九七三年〉再録）

ⓒ白石太一郎「考古学より見た日本の墓地」（森浩一編『日本古代文化の探究・墓地』社会思想社、一九七五年）

ⓓ田中久夫「文献にあらわれた墓地——平安時代の京都を中心として——」（森浩一編『日本古代文化の探究・墓地』社会思想社、一九七五年、前掲『祖先祭祀の研究』に再録）

ⓔ和田萃「東アジアの古代都城と葬地——喪葬令皇都条に関連して——」（大阪歴史学会編『古代国家の形成と展開』吉川弘文館、一九七六年）

ⓕ栗原弘「平安中期の入墓規定と親族組織——藤原兼家・道長家族を中心として——」

（秋山国三先生追悼会編『京都地域史の研究』国書刊行会、一九七九年）
ⓖ服藤早苗「墓地祭祀と女性――平安前期における貴族層――」（大隅和雄・西口順子編『信心と教養』〔シリーズ女性と仏教3〕平凡社、一九八九年、『家成立史の研究』校倉書房、一九九一年）
ⓗ水藤真『中世の葬送・墓制――石塔を造立すること――』（吉川弘文館、一九九一年）
ⓘ山田邦和「墓地と葬送」（角田文衞監修『平安京提要』角川書店、一九九四年）
ⓙ山田邦和「平安京の葬送地」（『季刊考古学』四九〔平安京跡発掘〕一九九四年）
ⓚ山田邦和「平安貴族葬送の地・深草――京都市深草古墳の資料――」（『考古学と信仰』〔同志社大学考古学シリーズⅥ〕同志社大学、一九九四年）
ⓛ藤澤典彦「平安京の墓所と石塔」（『近畿文化』五四六、一九九五年）
ⓜ五十川伸矢「古代・中世の京都の墓」（『国立歴史民俗博物館研究報告』六八、一九九六年）
ⓝ北康宏「律令国家陵墓制度の基礎的研究――『延喜諸陵寮式』の分析からみた――」（『史林』七九‐四、一九九六年）
ⓞ山田邦和「京都の都市空間と墓地」（『日本史研究』四〇九、一九九六年）
ⓟ橋本義則「古代貴族の営墓と〝家〟――『延喜式』巻二一　諸陵寮陵墓条所載「陵墓歴名」の再検討――」（笠谷和比古編『公家と武家Ⅱ――〝家〟の比較文明史的考察――』思文閣出版、一九九九年）

このなかで家族形態と深く絡ませながらいち早く墳墓の同異を指摘しているのはⓓであり、これに対するⓖの異見もある。またⓕでは火葬地と墓地を一覧表にして氏族間の異同を明示している。いずれも同姓と異姓について同墓、異墓に視点を置いた墓地を対象としての行論が中心であるが、小論ではむしろ葬送や埋骨の実態に力点を置いている。またⓟでは八世紀から九世紀、つまり奈良時代から平安時代前期における貴族の営墓について、宮都との関わりが深いこと、向葬地の存在、夫婦間の同墓、異墓のことなど問題提起が多くみられる。

(14)『日本後紀』(逸文)天長三年七月二十四・二十六日条(以下『後紀逸文』と略)。

(15)『延喜式』巻二十一「諸陵寮」に「後宇治墓 贈太政大臣正一位藤原朝臣冬嗣、文徳天皇外祖父、在二山城国宇治郡一、兆域東西十四町、南北十四町、守戸二烟」、「次宇治墓 贈正一位藤原氏、同天皇外祖母、在二山城国宇治郡贈太政大臣墓内一」とある(以下、『延喜式』の陵墓については単に『延喜式』と略す)。後者の美都子の死は天長五年九月四日である(『後紀逸文』)。服藤早苗論文ⓖ、橋本義則論文ⓟ参照。

(16)外孫の文徳天皇即位の四か月後に冬嗣は太政大臣、尚侍従三位美都子は正一位を追贈されており(『文徳実録』嘉承三年七月十七日条)、このように即位などで外祖父母らに追贈があるのは通例であるが、以下においては特別のことがない限りふれない。

(17)『三代実録』貞観十三年十月五日条。『延喜式』にも「後山科陵」とある。

(18)潔姫の死と葬地のことは『文徳実録』斉衡三年六月二十五日条に詳しく、『延喜式』で潔姫のを「愛宕墓」とし、良房のを「後愛宕墓」としているのは、妻の死が一六年早いことによるものであろう。昌泰三年(九〇〇)に崩じた太皇太后明子の「愛宕郡上粟田郷」に所在の白河陵の四至は「東限二勝隆寺東谷一、南限下自二御在所一南去十一丈上、西限二贈正一位源氏墓北一、北限二白河一」であった。この例を服藤氏は、九世紀には異氏夫妻の同墓が存在する確実な事例とし、異氏夫妻が異墓となるのは一〇世紀末から一一世紀中葉にかけてで、一一世紀中葉には氏墓観念が確実にできあがっており、異氏夫婦は異墓という入墓秩序が確立していた、とみる(ⓖ)。また田中氏は、良房夫婦と娘のあり方から、墳墓は母方によって経営されるもので、原則として娘は母方の、男性は母方か妻方の墳墓地に埋葬されるのが風習であったとみるが(ⓓ)、この見解に服藤氏は疑義を抱いている。橋本論文(ⓟ)参照。

(19)『三代実録』貞観九年十月十日条。

(20)長良の死は斉衡三年七月三日(『文徳実録』)であり、一八年後の『三代実録』元慶八年十二月二十日条に「贈太政大臣正一位藤原朝臣(長良)墓在山城国宇治郡、贈正一位藤原氏(長良妻)墓在山城国紀伊郡」とあり、乙春については『延喜式』に「深草墓」とある(『三代実録』元慶元年十二月十三日条によると五墓の一つに挙げられている)。この夫妻の贈位官は外孫の即位(陽成天皇)による。

(21)このことについて、父方の墳墓に埋葬される風習の発生を基経あたり、つまり九世紀末頃からとみる田中氏の見解は傾聴すべきである。

(22)『日本紀略』寛平三年正月十三・十五日条。埋葬のあった十五日に正一位の追贈と越前国に封ぜられている。

(23)『古今和歌集』巻第十六　哀傷歌。『大鏡』(基経伝)では「古今に侍ることどもぞかしな」としてこの一首を引いている。

(24)『貞信公記』における両所の併記は「参拝宇治、又詣極楽寺行諷誦、例也」(延喜八年二月二十九日)ほか同記に散見するし、「参向後山階山陵・宇治御墓」(承平二年十二月八日)の記載も見られ、基経の墓が一〇世紀初頭において宇治に所在したことを明示するものである。延長五年(九二七)

に完成した『延喜式』には基経の墓を「次宇治墓」としている。なお宇治木幡の許波多神社境内にある三六号陵は基経の墓に比定され、嫡男の時平の「又宇治墓」（『延喜式』）は三五号陵に比定されている。また摂政忠平は、任太政大臣の慶として先帝醍醐天皇の後山科御陵と亡父基経の宇治御墓に詣った後、亡兄時平が病の床で「自分の骨を基経の墓所の東南に置くよう」遺命したことを子息の師輔に語っており、師輔は「是若象皇太子宮平、前々太政大臣(良房)並内麿大臣墓在二某辺一云々、慥不レ知二其所一者」と記している（『九暦』承平六年九月二十一日条）。

(25) 極楽寺創建の理由は『大鏡』（藤原氏物語）に見えるが、どうやら真意はこの地に眠る母の追善のためであったようだ。その『大鏡』には道長の無量寿院（法成寺）建立にふれて「造らしめたまへる御堂などの有様、鎌足のおとどの多武峰(妙楽寺)、不比等のおとどの山階寺(興福寺)、基経のおとどの極楽寺、忠平のおとどの法性寺、九条殿の楞厳院(横川中堂)」とあり、村上天皇の皇后藤原安子が父師輔の五十の賀の折に諷誦を修した五か寺は「比叡・横川・興福・法性・極楽」（『九暦』天徳元年四月二十日条）、道長の五十の賀で経巻等を送ったのは「興福寺・法性寺・極楽寺・慧心院(横川中堂)・天台(延暦寺)」（『御堂関白記』『小右記』長和四年十二月二十六日条）という具合に、これらの寺々は藤原氏にとって重要であったことが知られよう。なお、藤原氏きっての博学多識をもって知られる左大臣頼長（三一歳）は、久安六年（一一五〇）正月一日に子息の今麻呂（隆長）が昇殿を聴されたことで寺社に諷誦を修しているが、氏寺として興福寺・極楽寺・法性寺・法興寺・法成寺・平等院を挙げている（『台記』）。ちなみに極楽寺の南には基経の父、良房ゆかりの貞観寺があった。極楽寺・貞観寺についての概要は『京都市の地名』（日本歴史地名大系、平凡社、一九七九年）に要領よくまとめられている。

(26)『貞信公記』天慶八年九月五・七・十六日、十月二十三日条。

(27)温子の崩御は延喜七年六月七日で（『日本紀略』）、「後深草陵」の範囲は「東限ニ禅定寺一、南限ニ大墓一、西限ニ極楽寺一、北限ニ佐能谷一」とある（『延喜式』）。

(28)森浩一氏は、紀伊郡深草の地（山）は早くにその地域の人々の葬地となっていたが（「深草山型埋葬地」）、九世紀には厳しい禁止の対象となったと指摘する⒝。この背景には、この地が皇室陵やそれと関わる有力貴族たちの葬墓に取り込まれたという事実が介在していたのである。ちなみに平安時代になって紀伊郡深草の地へ最初に埋葬された天皇は嘉祥三年（八五〇）三月二十一日に崩御した仁明天皇であり、四日後の二十五日に深草山陵に葬られた（『続日本後紀』）。この御陵は貞観寺に西接していたらしい。

(29)穏子は天暦八年（九五四）正月四日に内裏の梨壺で崩じ、十日に葬送のことがあった（『西宮記』巻十七）。

(30)長保三年閏十二月十日に荷前使を十陵に発遣した時、藤原行成は宇治三所の長官を兼ねたが、その三所とは「宇治 太皇太后穏子」、「後宇治 皇后安子」、「今宇治 贈皇后懐子」である（『権記』）。また『中右記』天仁元年六月二十四日条には「近代国忌」として「正月四日 太后穏子、朱雀院村上母后 ……四月廿九日 皇后安子、冷泉円融院母后 六月廿一日 贈后義子、法王母后 ……、穏子安子茂子皆木幡陵、称宇治三所是也」とある。なお義子と茂子は同一人物でなければならず、義子は誤記で茂子が正しい。彼女は後三条天皇の東宮時代の妃となって白河天皇を生んだ藤原公成の娘（藤原能信の養女）。穏子が宇治に埋骨されていることは明白である。

(31)『吏部王記』天暦三年八月十八日条。同月十四・十五日条および『日本紀略』参照。

(32)『貞信公記』延長二年（九二四）二月十日条に「参二法性寺一、始聴二鐘音一、家及公卿家人等行二小諷誦一、九度」とあるのが同記における初見記事であり、創建は九二〇年代前半であろう。

(33)『吏部王記』天慶八年正月十八・二十二日条。寛子の葬送は卒日の四日後であった。栗原氏は、寛子の「火葬地・納骨地ともに宇多天皇系の塋域であり、寛子は父系出自の藤原氏ではなく、夫重明親王方の墓地に入っている」とし、基経から兼家までとの限定つきで墓地の判明している人で宇治ないし木幡を墓地としないのは忠平・寛子父娘のみという(f)。ちなみに朱雀天皇代の伊勢斎王となった娘の徽子女王は一〇歳の天慶元年（九三八）九月に群行して多気の斎王宮（こんにちの三重県多気郡明和町斎宮）にあったが、母の喪にあって天慶八年正月に退下。その後、村上天皇の女御となったことから斎宮女御と呼ばれ、『斎宮女御集』という歌集をのこすなど和歌に秀でた。この徽子女王の同母妹の悦子（旅子）女王も斎宮を経験しており、八歳の時に群行したが父、重明親王の喪にあい斎王宮にあること五年で退下した。

(34)『貞信公記』天慶八年正月二十二日条。

(35)重明親王は天暦八年九月十四日に四九歳で薨じた（『扶桑略記』）。

(36)『日本紀略』天禄元年五月十八〜二十日条、『小右記』万寿四年十二月六日条。なお、実頼の死に際して京中の人々が門前までやって来て嘆き悲しんだ、と源雅信の日記にあるという（『富家語』）。

(37)『政事要略』巻二十九「荷前事」に「新加太政大臣正一位藤原氏在宇治郡」として実頼と伊尹の名が記されている。

(38)「九条殿二の人にておはすれど、なほ九条殿をぞ、一くるしき二」(『栄花物語』巻一)、つまり九条殿こと右大臣師輔は二の人であるが、左大臣の実頼が一の人で居るのが苦しいほどに二の人がすぐれていたという。師輔の薨去記事は『日本紀略』天徳四年五月四日条。

(39)『大鏡』に「冷泉院の御世になりてこそ……。小野宮殿(実頼)も、一の人と申せど、よそ人《びと》にならせたまひて、若くはなやかなる御舅《をぢ》たち(師輔子息の伊尹・兼通・兼家ら)にまかせたてまつらせたまひ、また帝は申すべきならず」とある。

(40)この時に誕生したのが安子所産の七番目の選子内親王で、彼女は円融から後一条天皇まで五代にわたり賀茂斎王をつとめ(ゆえに大斎院と称す)生涯独身をとおした。『日本紀略』によると、安子が主殿寮で崩御したのは康保元年四月二十九日、選子内親王の誕生を四日前とするが、『栄花物語』(巻第一)では同日とする。

(41)『日本紀略』康保元年五月三日条。なお、皇后の遺骸が移された東院について「東院者皇后領、在・東院東路与待賢門路之宅」と意味不鮮明な点があり、国史大系本の頭注を見ても皇后領である東院の位置は判然としない。ただ『西宮記』(巻十二)応和四年四月二十九日の記事に「皇后崩産、入棺後自二主殿寮一遷二一条一、警固、火葬……」とあることが参考になるか。

(42)『日本紀略』康保元年五月七・八日条。なお、洪水のため逗留したという荘厳寺が鴨川の西に所在したことは間違いないが位置は不詳である。

(43)為平親王といえば兄の冷泉天皇(憲平親王)の践祚の時に東宮になるはずであったが、左大臣源高明の娘を妻にしていたことで弟の守平親王(円融天皇)に取ってかえられた。これは賜姓源氏に権勢が移るのを警戒して藤原氏が仕組んだもので安和の変（九六九年）に発展した。しかし安子崩御の時点では村上天皇、憲平東宮体制であったから不穏な動きはみられない。『栄花物語』が為平親王をさも哀れを誘うような書きぶりであるのは安和の変以降に執筆されているからであろう。

(44)『政事要略』巻二十九。なお、安子の墓が宇治木幡に所在したことは注(30)参照。

(45)浄妙寺に関しては近年の発掘成果をふまえ考古・文献の両面から述べた宇治市教育委員会編『木幡浄妙寺跡発掘調査報告』（『宇治市文化財調査報告』第四冊、一九九二年）があり、末尾に関係史料が所収されているなど有益であるので多くはこれにゆずる。

(46)『御堂関白記』『小右記』『権記』寛弘二年十月十九日条。

(47)『御堂関白記』『権記』寛弘四年十二月二日条。三昧堂・多宝堂の遺構がこれまでの発掘調査で明らかになっている。

(48)「木幡寺鐘銘并序」（『政事要略』巻二十九）と「為二左大臣一供二養浄妙寺一願文」（『本朝文粋』巻十三）の二種あり、いずれも寛弘二年十月十九日付で文章の重複部分もあるが、前者の日付の後には「皇后大臣陵墓多在木幡山中、此願文為見寺之草創、便付墓之末」の一文が見える。木幡の地が基経に始まること、父についてこの地を訪ねた若き道長が目撃した墓地の荒廃のことなどは「真実の御身を斂《おさ》められたまへるこの山には、ただ標《しるし》ばかりの卒塔婆一本ばかり立てれば、また詣《まゐ》り寄る人もなし」とある『栄花物語』（巻第十五）や『大鏡』にも出典する。

(49)『栄花物語』巻第五。なお、長徳二年の伊周左遷の原因は花山法皇の襲撃、東三条院の呪詛、大元帥法の私行によるものであるが（『小右記』四月二十四日条）、摂関をめぐる争いの余波でもあった（長徳の変)。

(50)　藤原道隆の薨去は四月十日亥の刻で、二週間後に葬送がおこなわれた(『小右記』長徳元年四月十一・二十四日条)。

(51)　『栄花物語』(巻第四)に「五月八日のつとめて聞けば、六条の左大臣、桃園の源中納言、清胤僧都といふ人などうせぬとののしれば、……同じ日の未の時ばかりにあさましうならせたまひぬ」とあって、源氏の二人は朝までに他界、道兼の死は昼過ぎのことであった。道兼は自邸の二条殿で薨じ、遺骸は山荘の粟田殿に移され、十一日に葬送がおこなわれているが、木幡への埋骨の記載はない。その点では、康保二年(九六五)四月二十四日薨去の藤原顕忠(時平の子)は二十七日に「葬㆓故右大臣於南白川東山辺㆒」、安和二年(九六九)十月十五日薨去の藤原師尹は十七日に「葬㆓左大臣於東山観音寺西岡㆒」、天禄三年(九七二)十一月一日薨去の藤原伊尹は五日に「故太政大臣葬送也」、貞元二年(九七七)十一月八日薨去の藤原兼通はその夜に東山雲居寺に移し、十四日に「故太政大臣葬送也」(いずれも『日本紀略』)とあるが、木幡への埋骨の有無は不明。しかし、伊尹について「二日、遷㆓天安寺㆒、五日、葬㆓彼寺艮辺㆒」(『一代要記』)とあるなど、ここに挙げた人たちの木幡への埋骨はなかったように思う。道長以前の人で木幡との関わりが知られるのは道長に続く摂関家の直系か道長家に近い人ということを思うと、その点も頷けそうだ。直系でも忠平をはじめ木幡に埋骨されていない人もいることはすでにみてきたとおりだ。ただ、藤原氏出身で后妃となった女性などは木幡に埋葬されるのが慣例のようである(上述のほか冷泉天皇女御の藤原懐子や超子〈『権記』長保三年閏十二月一日、寛弘八年十二月二十七日条〉など)。また摂関をめぐる骨肉の争いのおこぼれで思いがけずに関白となった頼忠は永祚元年（九八九）六月二十六日に薨じると翌日の巳の刻に入棺、戌刻に法住寺の北の帝釈寺に移されて荼毘に付され、遺骨は翌日に家司の手で木幡に運ばれ埋葬されたが、遺言によるものではなかった（『小右記』）。なお「六条の左大臣」こと源重信の葬送は十五日（『日本紀略』）。

(52) 松前寺は松崎寺（訓通）とも書き、源保光が正暦三年（九九二）六月八日に供養し、それは円明寺と呼ばれたことが『日本紀略』同日条によって知られる。松前寺がこの家と関わり深いことは保光の実兄の重光の法事をこの寺で催していることからもわかる（『権記』長保元年七月二日条）。

(53) 『権記』長保四年十月十六～十八日条。この件に関して角田文衞「藤原行成の妻――散骨の一例として――」（『古代文化』一〇-二、一九六三年、同『平安人物志』下〔角田文衞著作集六〕〈法蔵館、一九八五年〉再録）参照。

(54) 高階貴子の死は長徳二年（九九六）十月下旬のことで桜本での埋葬の様子は『栄花物語』（巻第五）に詳しい。

(55) 『権記』長保三年閏十二月二十二・二十五日条、『日本紀略』同二十四日条。『栄花物語』（巻第七）には道長が自ら遺骨を頸に懸けて木幡まで赴いたとあるが、それをしたのは藤原兼隆である（『権記』）。

(56) 『日本紀略』長徳四年九月条に「其日、前女御無位婉子女王卒、年廿七、華山院女御、為平親王女、」とあり、『大鏡』中「右大臣師輔」には、為平親王が甥の花山天皇（兄冷泉天皇の子）に婉子女王を入れ、世継の皇子の誕生もないまま藤原実資の北の方になった、とある。花山天皇には婉子を含め四人の女御がいたが、弘徽殿の女御といわれた藤原忯子を寵愛し、この女性が身籠ったまま他界すると、その落胆に付け込まれて出家に追い込まれる。

(57)『権記』同日条には「此日太皇太后宮大夫(藤原実資)室家女御(婉子女王)周闋法事於二禅林寺一修レ之云々、」とある。

(58)『小右記』長保元年七月十三日条。これによると婉子女王の薨日は七月十三日ということになり、『日本紀略』の「九月其日」は誤りである。

(59)『小右記』長保元年九月二十八日条に「来月十日故女御改葬事可レ行、其料石卒都婆造立、今日令レ給二料物一三石、招二禅林寺律師一、申二合女御改葬雑事一」とある。なお卒塔婆に関して藤原実資は、三年前に婉子女王の乳母であった左衛門のために卒塔婆を立ててやっている(『小右記』長徳三年七月五日条)。

(60)『小右記』長保元年十月十日条。

(61)『小右記』長保元年十月九日条に「今夜、李部大王(式部卿為平親王)被レ度二天台山西脚随願寺一、明日故女御改葬、依レ有二方忌一、下官相従、依レ可二忌避一」とある。

(62)『小右記』長保元年十月十一日条に「申云、依二甚雨一于レ今不レ参、但去夜戌剋始行、不レ及二一時一事了、地鎮・釘貫等事如レ期令二奉仕一了者、」と当日の様子を語っている。

(63)『小右記』長保元年十月十二日条。「可レ請二七个日一、然而近代不二此間出仕一似二不義一、仍請二治病假一、自レ内有レ召、令レ申二病由一、五節仰云々、」と述べるが、仮病とするもので大して変わらない。

(64) 藤原道長の生涯については朧谷寿『藤原道長——男は妻がらなり——』(ミネルヴァ書房、二〇〇七年)を参照。

(65)『小右記』万寿四年十一月二十一日条。三日後、侍医の和気相成の見立てによる背の腫れ物は乳房ほどの大きさになり、その毒気が腹部にまわり、一〇日後の夜半に但波忠明が針を刺して膿汁を出し、「吟給声極苦気也」(十二月二日条)とある。
(66)『小右記』万寿四年十二月五日条に「按察大納言朔日受レ病、去夜亥時許薨、向二隠所一之間顛仆逝去云々、無二一言一、如二頓死一云々」、十六日条に「今夜権大納言葬送」とあるのみ。
(67)『権記』長保四年十月十八日、寛弘八年七月十二日両条。
(68)『小右記』万寿四年九月十四日条。息絶えてゆく妍子に道長は「あな悲しや。老いたる父母を置きて、いづちとておはしますぞや。御供に率ておはしませ」と大声で泣き、事切れてからも御衣を引きのけて見つめ、遺骸に取りすがって泣いたという(『栄花物語』巻第二十九)。
(69)『小右記』万寿四年九月十七日条。前日条に「今夜皇太后宮御葬送云々」とある。
(70)河添房江「貴族の通過儀礼――葬送・服喪――」(山中裕・鈴木一雄編『平安時代の儀礼と歳事〈平安時代の文学と生活〉』至文堂、一九九一年)。
(71)ちなみに『陵墓要覧』(六七)には「皇后妍子　宇治陵　京都府宇治市木幡中村、圓墳」とある。
(72)『左経記』万寿二年三月二十六日条に「風聞、去夕戌刻許之、皇后宮崩、数日病悩、仍近曽遷二御大蔵卿近衛御門家一、……」とある。ここにいうところの病の皇太后娍子が遷御した近衛御門家は一歳下の同母弟、藤原通任(時に参議大蔵卿)の邸で、その行啓は三月十三日のことであった(それを伝える『小右記』には「陽明門家」とあるが、近衛御門大路は陽明門大路とも称したので矛盾はない)。
(73)『左経記』万寿二年四月四日条。『栄花物語』(巻第二十五)には「雲林院の西の院といふ所におはしまさせたまふ。やがてその夜入棺といふことせさせたまふに」とある。

（74）『左経記』万寿二年四月十四日条。「雲林院西調戌亥方」に玉屋を作ってそこに遺骸を「奉㆓殯喪㆒」ったとあり、『栄花物語』（巻第二十五）をみると「四月十四日に納めたてまつらせたまふに、御遺言にや、世の常のさまにておはしまさせたまふまじきなめり。（中略）西の院の戌亥の方に築地つきこめて、檜皮葺の屋いとをかしげに造らせたまひて、そこに納めたてまつらせたまふべきなり。（中略）さて、その屋に御しつらひをいみじくせさせたまひて、やがて御車ながら舁き据ゑておはしまさせたまふ」と、土葬についての詳細がわかる。しかし、五か月後になぜか改葬されている（『小右記』万寿二年九月二十四日条）。娍子の葬送については田中久夫氏の分析ⓐがある。

（75）新谷尚紀「火葬と土葬」（林屋辰三郎編『民衆生活の日本史　火』思文閣出版、一九九六年）。その葬法により「遺体は大気中でそのまま自然の朽腐に任せられたようである。このように、遺体を大気中に置いて自然に朽腐に任せるという方法は、古代の殯屋の習俗からの伝統ではないか」とも指摘している。

（76）『左経記』万寿二年七月八日条に「小一条院上、年来煩㆓霊気㆒、水醤不㆑通已及㆓数月㆒、仍今夕落髪入道云々」とあり、翌日の『小右記』に「院御息所亡、寅時云々、禅門高松腹」とある。怨霊云々の話は『栄花物語』巻第二十四に見え、小一条院（敦明親王）生母の娍子も取り憑かれた。延子は六年前、顕光は四年前に他界している。ちなみに寛子は提子・媞子とも記す。なお七月八日に道長が危篤の寛子を訪ね、小一条院、源明子ともども涙にくれる描写が『栄花物語』巻第二十五に出るが、日記には見えない。わずか三か月ほどの間に母と妃に先立たれた小一条院はその悲しみを次のように詠んでいる

(『玉葉和歌集』十七　雑歌四)。

　別れにし春のかたみの藤ころも　たちかさねぬる秋ぞかなしき

(77) 一条天皇の葬送所として「巌陰、長坂東云々」(『小右記』寛弘八年七月九日条)とあるのをはじめ三条天皇、道長娘の寛子、嬉子(後朱雀天皇妃)らが荼毘に付された場所で、巌(岩)蔭、巌(岩・石)陰などと書く。こんにちの京都市北区衣笠に所在。注(25)『京都市の地名』の「北区」に詳しい。

(78) 『左経記』万寿二年七月十一日条、『栄花物語』巻二十五。

(79) 『小右記』『左経記』万寿二年八月三日条。

(80) 『小右記』万寿二年八月五日条。「連月有㆑事如何」と実資も相次ぐ死を訝っている。また「尚侍煩㆓赤班瘡㆒之間有㆓産気㆒」とあるから嬉子は麻疹に罹っているさなかでの出産であり、誕生の皇子も患い、乳母も患って退出している(『小右記』同八月九・十日条)。この時期に赤班瘡(麻疹)が流行していたことは「雲上侍臣年少之輩多煩云々、件疾遍満㆓京洛㆒、誠是可㆑謂㆓凶年㆒」(『小右記』同七月二十七日条)からもうかがい知れる。

(81) 「禅閤悲歎無㆑極」(『小右記』同八月七日条)をはじめ北山辺での隠居をほのめかし、嬉子が蘇生した夢を見たり(同九日条)、二か月後の参内の途次、嬉子の旧居である登花殿を過ぎる間に「涕泣如㆑雨」(同十月十二日条)といったことなど。

(82) 『小右記』万寿二年八月六日条、『左経記』同日条。

(83) 『小右記』万寿二年八月十五・十六日条。

(84) 『左経記』万寿二年八月十五日条。

(85)『小右記』万寿二年八月十六日条。この木幡行きには「両人途中騎馬向二木幡一云々、奇恠也者、彼夜前行執二続松一者安芸守頼定〔宣カ〕赴二他道一、傍人指示、仍改二向造踏〔路カ〕一、恠歟云々」と疑義がもたれている。

(86) この行為を「死者に別れを告げるというばかりでなく、霊物が死者にとり憑かないようにする呪的行為」、すぐ後にでる身体清めを「御産の穢を浄めるための沐浴」と見なす考えがある（注70参照）。

(87)『小右記』『左経記』万寿二年十一月十二日条。

(88) 香隆寺については注(25)『京都市の地名』の「北区／香隆寺跡」を参照。大谷寺としては『扶桑京華志』巻之二（『京都叢書』第二所収）に「在二鳥戸山一、親鸞修道之地大谷乃其地名也、紫藤蔓延為二都下之勝塋一也、有下親鸞所二修道一之石窟上」の説明とともに掲示されているが、ここなのか否かは定かでない。既述の三条中宮の藤原妍子の葬送所は「大谷寺北、粟田口南」であった。

(89)『春記』長暦三年十月七～十一日条。藤原資房は源経相と一八年間交わってきて「于レ今雖二其志薄一、衣食等雑事、巨細皆在二彼人養顧一、又不レ異二父子一也」の関係にあったが、この二、三年は「其心尋常、皆有二変改一、為二予等一一切無二懇志一、又為二子孫一如レ此之、是死命之讉近故歟」の状況であった。こうした根底には妻（経相の娘）との不仲が介在していたことは間違いなく、近来は経相が娘に対して「愛念殊甚」という。加えて妻は、「京蔵内已無二遺物一云々、縦雖レ有二少々一、彼妻可二推知一歟」ということで三河国に徴し置く物などを独自で関白頼通を頼みとして運び込む段取りをつけている。これに対して資房は「其事為二子孫一有二何益一乎、太以無レ由、至愚之人子孫太無レ益也、経相愚者之第一也、何為乎、此女凶悪人也」と憤懣やる方ない。

(90)『扶桑略記』永承七年三月二十八日条以下。

(91) 頼通は承保元年二月二日に宇治において薨じており、この日に野鹿が法成寺に闖入している。いっぽう彰子の崩御は同年十月三日のことで法成寺阿弥陀堂においてであり、六日に大谷に葬られている（いずれも『百錬抄』『扶桑略記』）。なお『大鏡』裏書には六日に「大谷□本院」で火葬とある。

(92) 『後二条師通記』『中右記』寛治六年二月二日条。師実嫡男の師通（内大臣）は春日・大原野祭の奉幣以前の参詣は憚りあるとして取りやめている（『後二条師通記』二月一日条）。翌年には父子揃って赴いており、辰の刻に京を発って午の刻に宇治殿に到着、法要が終わって僧侶らへの布施が未の刻、夜には還御している。これには左大臣の源俊房（妹の麗子は師通の母）も同道している。師通は平等院の眺望を「無疆」と表現している（『後二条師通記』寛治七年二月二日条）。

(93) その場所は師実の墓の西であった（『殿暦』康和三年二月二十一日条）。

(94) 一一年前に関白師実が新造の大炊殿に渡った（『後二条師通記』永保三年七月三日条）のを契機として、前年には後冷泉皇后藤原寛子（師実の同母姉）の御所、八か月後には近在の皇居堀河院の焼失により一年余り堀河天皇の里内裏となるなど重要な邸と位置づけられる。大炊殿の歴史については太田静六「関白藤原師実の大炊殿」（同『寝殿造の研究』吉川弘文館、一九八七年）、山田邦和「左京全町の概要――二条三坊三町――」（古代学協会編／角田文衞監修『平安京提要』角川書店、一九九四年）など。

(95) 『中右記』嘉保元年二月二日条。

(96) 『康平記』（『群書類従』巻第四百五十所収）康平五年八月二十九日条。なお『扶桑略記』同日条にも簡単に「太政大臣参二浄妙寺一、拝二先公墳墓一」とある。

(97)　伏見邸といえば橘俊綱のそれが有名であり、加えて彼は天喜四年（一〇五六）に丹波守の現任官であったから（宮崎康充編『国司補任』第四、続群書類従完成会、一九九〇年）、「前丹波守」を俊綱と見なしてよい。この伏見邸の素晴らしさは、実父を迎えた三〇年後の焼失に際して藤原宗忠の「辰時許、修理大夫俊綱朝臣臥見亭已以焼亡、件處風流勝地、水石幽奇也、悉為㆓煨燼㆒、誠惜哉」の記述によってても知られよう（『中右記』寛治七年十二月二十四日条）。この翌年に俊綱は六七歳で他界している。俊綱は頼通の長男に生まれながら正妻の隆姫を憚って讃岐守の橘俊遠の養子とされた。

(98)　荒川史「浄妙寺の変遷と宇治陵」（注45）。この報告書は浄妙寺の三昧堂と多宝塔の全容が判明したのを契機に刊行されたもので、発掘成果報告をはじめ西山恵子「文献から見た浄妙寺」や「浄妙寺史料」が所収されていて浄妙寺全般にわたる重要な文献といえよう。

(99)　『扶桑略記』承暦元年二月十七日条。師房は死の四日前に右大臣・左大将以下の諸官を辞する上表を提出していたものの死の当日に勅使を遣わしてこれを返し、太政大臣に任ずべき旨を宣したが、宣命が届いたのは薨去後といい、出家して薨じたので薨奏はなかったともいう（『公卿補任』承保四年の項）。

(100)　『水左記』承暦四年十一月十日条。

(101)　『御堂関白記』寛弘六年（一〇〇九）七月二十九日条に「子時許中務卿親王薨云々、具平、」（『日本紀略』は二十八日の丑の刻とする）、八月十四日条に「薨奏事、下㆓御簾㆒」とあるが、ほかの記録を含め葬送の記載は見あたらない。薨奏の日に故人の北の方（為平親王の娘）と遺児の源頼定を慰問した藤原行成の『権記』にも見えない。しかし具平親王が白河の地に埋葬されていることは師房の孫の師子の「北白河、寂楽寺北山、」への改葬（後述）にふれて「凡件所中務宮以下一族御墓廿一所云々」とあり、そこの三昧堂は土御門右大臣（師房）が中書王こと具平親王のために草創した（『兵範記』久寿二年五月二十日条）とあるから間違いない。なお後にも取りあげる村上源氏の墓地については、角田文衞「村上源氏の塋域」（『古代学』一六―二～四合併号、一九六九年、同『王朝文化の諸相』〔角田文衞著作集四〕〈法蔵館、一九八四年〉再録）、田中久夫ⓓなどの業績がある。

(102)『水左記』永保元年七月十五・二十七日条。十五日条の「□埋㆓故宮御墓傍㆒也、取㆓諸御墓㆒可㆑用㆓何□㆒哉、又其間□有哉者、答云、可㆑被㆑奉㆑埋㆓御墓傍㆒也、可㆑被㆑用㆓巽方㆒歟」、つまり具平親王の墓（北白河）の傍らに埋めてほしいと遺言した人に関して、源師房の妻の藤原尊子（道長の娘）とする角田説（注101）を当時の入墓規定に反するとして退け、これを夫の源師房とする栗原弘説ⓕが、この直後の改葬とも連動していて妥当である。なお改葬には嫡男の大納言俊房は「閉門蟄居」とあるから障りでもあったのだろう、顔を見せていない。

(103)骨を瓶子に入れることは道長のところで出典。

(104)「三昧僧―法華堂、常行堂などに常住して、法華懺法や念仏、誦経をする僧」（『日本国語大辞典』第九巻、小学館、一九七四年）。

(105)『水左記』承暦元年九月十・十五・十六日条。

(106)『本朝世紀』康和元年六月二十八日条。師通を評して「公受性豁達、好㆑賢愛㆑士、以㆑仁施㆑人、以㆑徳加㆑物、多進㆓文学之士㆒、漸退㆓世利之人㆒嘉保永長間、天下粛然、機務余暇、好学不㆑倦、就㆓権中納言大江匡房卿㆒、受㆓経史説㆒、以㆓儒宗㆒也、又召㆓大学頭惟宗孝言朝臣㆒令㆓侍且読㆒、凡厥百家莫㆑不㆓通覧㆒、又巧㆓篆隷㆒、能長㆓絲竹㆒、就㆓大宰帥経信卿㆒、学㆓琵琶㆒、論㆓其骨法㆒有㆓藍青㆒、又体貌閑麗、容儀魁梧、匡

房卿倫語レ人云、望二公威容一、殆不レ類二本朝人一、恨不レ令レ見二殊俗之人一、薨時春秋三十八、天与二其才一不レ与レ寿、嗟乎惜哉」と述べ、心身ともに優れ、政治・学問・諸芸全般に通暁していたと伝える。彼の死は父師実から関白を引き継いで六年目のことである。

(107) 七月一日「殿下入棺云々」(『中右記』目録)、七月九日「前関白葬送也、広隆寺東北野、依二出家儀一、無二薨奏贈位等事一」(『本朝世紀』)。出家者が薨奏・贈位を行わない前例として左大臣藤原顕光の「左府御葬送云々、依二出家一無二薨奏并贈位等事一葬所天安寺辺云々」(『左経記』治安元年六月六日条)がある。

(108) 『殿暦』康和三年二月十三日条。忠実は二年前の父の死の二か月後に内覧宣旨を受け、その二か月後に氏長者となっている(『公卿補任』承徳三年の項)。

(109) 『殿暦』康和三年二月二十一日条。『中右記』(目録)の同日条に「大殿御葬送、去十五日入棺」とある。葬送に関わった僧は行賢をのぞいて「皆悉宇治供僧」であった。忌が明けた四月十三日を初回として月忌講説を、翌年からは忌日に正日法会をそれぞれ宇治で挙行している(『殿暦』)。また康和五年の京極殿での盂蘭盆会について「北政所(源麗子)御二渡京極殿一、余(忠実)参二御供一、今日依二日次宜一拝レ瓫、余衣冠、於二簾中一拝レ之、先大殿(師実)、次二条殿(師通)、各拝二二度一、瓫具居レ延〔筵カ〕、職事・非職事着二束帯一雑役、大殿御瓫送二宇治一、二条殿御瓫送二木幡一也」とある(『殿暦』七月十四日条)。

(110) 『殿暦』康和三年二月二十二日条。

(111) 「御墓所栗子馬山也、宇治御〔殿カ〕御墓所辺也、東、」とある(『殿暦』二十一日条)。「栗子馬山」は「栗前山」「栗小山」「栗子山」などとも書き「宇治一の坂より坤の方十町ばかりにあり」(『都名所図会拾遺』)ともあり、現在の宇治市の東南部の丘陵をいう栗隈山(栗駒山)を指す(注25『京都府の地名』

の「宇治市／一の坂、神明神社」を参照）。

(112)『中右記』康和五年正月二十五日条。二八歳の苡子は第一皇子を出産した藤原顕隆の五条高倉邸で亡くなったが、それは皇子が祖父の白河上皇御所の高松殿（西の対）に遷御した直後のことであり、「正月十六日夜誕二生皇子一、其後不レ食之上、頗煩二邪気一、有二不例事一、彼家隠二此事一不二披露一之間、遂以有二不吉事一、早不二祈請一、誠此愚慮也、但運命有レ天、又何為哉、抑今朝有二臨幸之栄耀一、夕逢二非常之哀哭一、誠則憂喜聚レ門、吉凶同域之謂歟、世常〔事カ〕宛如二春夢一者也」とは藤原宗忠の弁。この日に上皇は孫の顔を見に院御所から御幸しており、高松殿の西門を出た行列は西洞院大路を南行、三条大路を東行、東洞院大路を南行して顕隆邸の南門から入御しているが、その間、路頭には桟敷や物見車等の見物人であふれ、「已如レ無二其路一」といった状況である。なお夕刻に他界したような書きぶりだが、実際には子の四刻であった。『殿暦』および『為房卿記』（内閣文庫本）同日条も参照。

(113)『中右記』康和五年正月二十七日条。『本朝世紀』同日条には「今夜故女御密々被レ渡二樋口町尻前斎宮一、俊子、依二養母儀一也、自二件所一可レ有二葬礼一云々」とあり、前斎宮邸について南北路に異同がある。

(114)『中右記』康和五年二月三日条。ちなみに前年に崩御した後冷泉天皇皇后の藤原歓子（関白教通の娘で小野皇太后と称す）も鳥辺野で火葬にされている（『中右記』康和四年八月二十五日条）。

(115)『中右記』康和四年十二月二十八日条によると、民部卿こと大叔父の源俊明を訪ねて一条殿尼上の病悩を報告した宗忠に対して、彼は姉のことを「年来之習如二母儀一」といい、この数日来、不例のため馳参できないことを嘆いて涕泣することしきり、いっぽう宗忠自身は「是雖二祖母一、只如二悲〔慈カ〕母一之故也」と記す。宗忠が前年の閏五月七日にこの尼上の霍乱を聞いて馳せ参って以来、歿するまでの間しばしば訪れて見舞っていることが『中右記』に散見する。

(116)『殿暦』康和五年三月十一・十三日条。忠実の母全子の母が一条尼である。

(117)『中右記』康和五年三月二十一日条。この葬送は源俊賢と宗忠が取り仕切っている。

(118)『中右記』保安元年七月二十二日、八月六日両条。日記の著者宗忠は、この叔父について、夏ごろ背中に大きな腫れ物（二禁）ができて灸治や祈禱をおこなったが効果もなく、危篤の状態の前夜に丈六堂（九条堂の建物）に駆けつけ、深更におよんで気絶し、亥の刻には薨じたと記したあと「年及二五十一俄以薨卒、不レ図レ思事也、此人容体頗勝レ人、心性誠叶レ時、上皇被レ仰二合万事一、仍天下之権威傍若無人也、家累二宝貨一、富勝二衆人一、就中子孫繁昌只如レ任レ意也、誠可レ恐可レ慎歟、良臣去レ国、可レ哀々々、為二世間一為二一家一可レ惜人也、……一家之間此人先夭、不レ慮之外事也、深染二心肝一所二悲歎一也」と述懐している。また八月六日の葬送のことについては「喪礼之事、檳榔毛車、不急、有雨皮、但前火散位橘元輔、有二行障一、後朝散位藤資文懸レ骨向二木幡一、宰相中将頭弁相具云々」とある。この九条堂は九条大路北、堀川大路東に所在の九条邸内に営まれた仏堂（九条堀川堂）である（山田邦和「左京全町の概要」〈注94〉を参照）。

(119) 河野房男氏は、この西御方に関して、宗忠の弟で忠良の母とみる堀池春峰氏の説を誤りとし、「宗俊の父右府俊家の室で宗通の母（備前守源兼長女）をさすのではないか」とし、葬送についてもふれている（『右府藤原宗忠と日野法界寺』〔別府大学史学研究叢書　第一集〕広雅堂、一九七九年）。いっぽう栗原氏は俊家の娘、すなわち宗通の兄弟と見なしているが（注102）、河野氏の方が可能性が高いように思う。

(120)『中右記』保安元年九月十九・二十二・二十六日条。その直前の七・十一・十七日条も参照。なお河野氏は、前掲書で宗忠と法界寺の結びつきを母の父藤原実綱が創建者である資業（日野三位）の子であることに求め、法界寺への諸堂宇の建立についても論じている。西口順子氏も「宗忠は亡き母の縁につらなるこの寺を積極的に経営した。塔、日野新堂、奥の院弥勒堂、阿弥陀堂などの諸堂を造営し、宗忠母の忌日には、日野で追善供養の法会を営んだり、施物を欠かさなかった。宗忠の五女が、永久四年（一一一六）十二月九日に没して、奥の院に葬られ、その墓の上に建立されたのが、西の御方の棺を安置した弥勒堂である。奥の院には、この弥勒堂のほか、西の御方を荼毘に付したとき、仏教供養が行なわれた阿弥陀堂もあった。（中略）日野観音堂の寺内は、日野流一族だけでなく、母の縁につらなって、宗忠一族の人びとの葬送・埋葬の地として用いられ、その目的での墓堂や菩提所が、次々に建立されていたのである」と述べ、西御方の葬送を取りあげるなかで「廿五三昧」は葬送の地そのものを意味したと規定している（「骨のゆくえ」〈同『女の力——古代の女性と仏教——』平凡社、一九八七年〉）。

(121)『中右記』保安元年九月二十七日条。定助については「朝雨脚殊甚、早旦奉レ送二木幡墓所一、定助得業奉レ懸レ骨也、是依レ為二親人一也、年来依レ有二養母命一所二沙汰一也」とある。この日は土用の間であったが、忌まなくてもよいとの陰陽家の意見を前もって得ていた。

(122)『中右記』保安元年九月二十九日条。

(123)『中右記』保安元年十月二十一・二十七日条。「今年七月遭二父民部卿喪一服解、其間瘧病数月発之程自力盡了、未レ復レ任之間今日逝去也」と病死を伝え、「弾二琵琶一、吹二横笛一、頗伝二家風一也」と、信通は奏楽に抜きんでていた。

(124)　源顕房の娘の師子は初め白河上皇の寵を得て皇子を出産、後に関白忠実の妻となって後継者の忠通を生んでいるから、院政期初頭における村上源氏の皇室・摂関との関わりは強かった。

(125)　『殿暦』永久二年三月二十六日条に「巳剋許自二京極殿一告了〔云ヵ〕、北政所無レ術云々、仍馳参、実無レ術歟、仍女房雖二不例一渡給、今夜侍宿」とあるのを皮切りに「不二出行一、候二京極殿一」の記事が死の前日まで続く。この時には妻の師子も体調がよくなかったようだ。

(126)　『殿暦』永久二年四月三日条に「子剋許御入滅、親女房・余等悲歎無レ盡、頃之改二御座一、北首奉レ成、改レ畳奉レ移レ筵、有二枕燈一、改二御衣一、爪々し乃無綿御衣を令レ着、立二障子一、其外親女房候」とある。また『中右記』同日条には「夜半許、兵部少輔(平)知信為二殿下(忠実)御使一来云、子時許京極殿大北政所遂薨給了、此間沙汰誠如二暗夜一者、仍乍レ驚馳二参京極殿一、殿下令二相逢一給、被レ仰云、高年人数年重悩、是雖二兼日案一、当時之悲不レ可二言盡一、只後之沙汰如何、召二(高階)泰仲朝臣一、先遣レ尋二陰陽助(賀茂)家栄許一之處、返事云、明日不レ当二人々御衰日一、早御入棺可レ候者、於二御葬送一者、賀茂祭以後者、大略如レ此」と、従兄弟の関白忠実（三七歳）から麗子死去の知らせを受けた権中納言藤原宗忠（五三歳）は、馳せ参じて葬儀について何かと助言をしている。さらに同日の末尾に「裏書」として「大北政所名麗子、従一位、」の書き出しで、師房の四女で母は道長の六女（尊子）、故山井大納言信家の養子となり、師実に嫁して師通を生んだことなどを記し、「一家藤氏源氏多以服レ假、被二籠居一人々」として忠実はじめ一二名を記載している。それが公卿の半数におよんでいる点（藤原氏と源氏がほぼ同数）、麗子の出自の変遷と婚姻からくる多様さを物語っていよう。

(127)『殿暦』『中右記』永久二年四月四日条。

(128)『中右記』『殿暦』永久二年四月二十二・二十三日条。この一週間前に関白忠実は陰陽師や行事の藤原永実を連れて葬送所や仮御所の検分をおこなっている（『殿暦』四月十六日条）。

(129) 山作所が葬送所であり、火葬所を指称していることは田中氏の指摘（注74）のとおりである。

(130) 田中久夫ⓓ・角田文衞（注101）・栗原弘ⓕおよび服藤早苗ⓖなど。源麗子の例を敷衍して田中氏は「貴族は自族のみの墳墓地を所有していること、……女子も出生の氏族の墳墓地に埋葬されること」と指摘し、墳墓は母方によって経営され、男性は母方か妻方の墳墓に埋葬されるのが当時の風習であって、基経の頃（九世紀末）から父方の墳墓に埋葬される風習が生まれたか、と予察する。いっぽう服藤氏は、この史料を異氏夫婦の別墓の例として重要と位置づけたうえで田中説には疑問を発している。ここではあくまで源麗子に関わってのことに限ったが、時代による墓地の変化を分析した顕著なものは服藤氏の作業であろう。

(131) 角田文衞「村上源氏の塋域」（注101）では、この史料を噛み砕いて詳しい解説を加え、「寂楽寺北山」に存したという村上源氏の北白河の墓地については、周囲を垣が巡り、丸山（鉢を伏せたような小山）の北斜面、こんにちある聖護院宮内御廟の辺りに所在、との現地比定をおこなっている。

(132) 師子の薨日の記事として、異母子の藤原頼長は「寅刻遂以薨去、上下大哭、自㆓御悩之始㆒、至㆓暮年之終㆒、具載㆓別記㆒」と述べ、五日後に「葬㆓聖霊於尼谷北辺㆒」と記すが（『台記』久安四年十二月十四・十九日条）、肝心の別記が伝わらないので葬送などの詳細は明らかでない。なお師子の実妹の藤原賢子（関白師実の養女）は、白河天皇中宮として堀河天皇らを生んで応徳元年（一〇八四）九月二十二日に二八歳で崩じている（『後二条師通記』同日条に「中宮極重煩給、於二三条殿一已以薨給、万人泣涕難レ止」とあり、天皇は衝撃のあまり数日間、御膳を召さなかったと『扶桑略記』同日条に見える）。師子が白河上皇の寵を得て皇子を出産するのは賢子の崩後であることは間違いない。

(133) 左府一族被レ出二假文一、其書様、

請二假廿日一、

右、依下改二葬母一所上請如レ件、

久寿二年五月廿日、従一位藤原朝臣頼〔長〕、

請二假十箇日一、

右、依下改二葬祖母一所上請如レ件、

久寿二年五月廿日条、正二位権中納言兼右近衛大将皇后宮権大夫、藤原朝臣兼〔長〕、中納言中将（師長）、新中将（隆長）假文、同前、可レ准二知之一、殿上分、蔵人高忠書写送レ之、

師子を（異）母とする藤原頼長は左大臣、祖母とする兼長・師長・隆長は異母兄弟で父は頼長。上席に関白がいるにもかかわらず「左府一族」としているのは、頼長が藤氏長者であったことによるか。

(134) 『台記』久寿二年六月一日条。記事が途中で切れた闕文であり、六月が六日分しかないなど散逸が想定される。幸子には子がなかったようだ。

(135) 『兵範記』久寿二年六月一日（卒去）、六日（入棺）、八日（葬送）条。『山槐記』同、一日条に物故記事、八日条には「左府北方葬二菩提樹院一云々」とある。

(136) 幸子は死去の半月ほど前に高陽院から公親宅に移っていた（『兵範記』久寿二年五月十三日条）。

(137) 内府堂は藤原実能所有の御堂で、その場所は菩提樹院がヒントとなる。それは後一条天皇の菩提所として建立された寺院で神楽岡の東に所在した（注25『京都市の地名』「左京区／菩提樹院陵」参照）。順路を見ても村上源氏の墓所の場合と符合し、その近くにあった可能性が高い。内府堂の北山辺の山作所が、六月は幸子終焉の公親邸の「三鏡方乙」にあたるので少し問題があったらしいが、公親邸の乙方（東か）の築垣を壊して出立している。

(138)『中右記』大治二年八月十四日条。

(139)『中右記』大治二年八月十五日条。前火に関しては、作者の祖父の藤原俊家（大宮右大臣と号す）の死去の際に「不レ可レ有二前火一」との遺言にもかかわらず用いられたことを例にあげて「火道間不レ消之故也」ということで用いることにした。俊家の葬送に関する記事は伝わらないので確認できないが、彼の周辺の親族の葬送については既述のとおりである。なお棺への人形の納入は取りやめとなった。

(140)『中右記』大治二年八月十六・二十一日条。

(141) 注(111)参照。

(142)『台記』『百錬抄』久安元年八月二十二日条。

(143)『台記』久安元年八月二十三日条に「待賢門院先入棺、次幸二仁和寺三昧堂一、其儀如二生存一、但群臣歩行、即安二置石穴一云々、西方当二大将軍、王相方一云々、然而依二御遺言一、猶奉レ渡云々、有二議定一云々」とあり、本来は悪い方角であったが故人の遺言に従ったという。角田文衞氏は埋葬されたところを現在の御陵に引きつけて三昧堂の北手の「五位山に点定された御陵の石穴の中に納置された」とみるが（『椒庭秘抄——待賢門院璋子の生涯——』朝日新聞社、一九七五年）、如何なものか。法金剛院は待賢門院の発願によって一五年前に造営された寺院で、仁和寺の子院であった。三昧堂の建立は六年前のことで「万歳御願」つまり死後に備えてのものであった（『百錬抄』保延五年十一月二十五日条。古代学協会編／角田文衞監修『平安時代史事典』〈角川書店、一九九四年〉竹居明男筆「法金剛院」参照）。「仁和寺三昧堂」とは法金剛院三昧堂のことである。

(144)『本朝世紀』久安四年正月五日条。死因は一か月前に背中にできた小瘡を医師の丹波基康が大事に非ずと称して治療しなかったところ、その中の一粒が大きくなってそれで命を落としたという。享年五五歳。

(145)『本朝世紀』久安四年五月十三日条。故顕頼の遺骸が出立した後、為忠入道堂が焼亡したが、それは「是下人取二炬火一、投弃之間、又無二守護之人一故也、堂塔数宇一旦焼失、与二葬火一同時燃云々、頗奇恠事歟」ということであった。藤原為忠は「号二常磐丹後守一」したとあり（『尊卑分脈』第二篇、長良卿孫）、院の近臣で受領の歴任をとおして巨万の富をつくり、院御所の造進や造寺造塔を請け負い、自らは常磐に別荘を構えたりした。いっぽうで歌作に優れ、常磐三寂（大原三寂）の父としても知られる（井上宗雄筆「藤原為忠」〈注143『平安時代史事典』〉）。

(146)『中右記』大治四年正月十五日条。「天下之政在二此人一言一也、威振二一天一、富満二四海一、世間貴賤無レ不レ傾レ首」と評されるほどに権力をもった。

(147)『台記』久安六年十一月五日条に「以二巳時一、一条殿入滅、従一位、准三宮、年九十一、弟禅閤已籠御云々」とあり、『本朝世紀』同日条には、入道大相国（忠実）が喪家として籠ったこと、全子は世間では一条殿と呼ばれたこと、享年は九一歳であったことなどを記す。なお『台記』の七日条には忠実の言葉として「摂政既絶二父子之儀一、仍行二喪事一、不レ可レ避二彼衰日一、唯避二左大臣衰日一、年来、不二避左大臣衰日一、高陽院御衰日、不レ避レ之、御堂被レ行二凶事一、不レ避二上東門院御衰日一、」とあり、本来の喪家は摂政忠通が勤めるべきであるが、義絶したことにより自分が勤めること、忠通と泰子の衰日を無視し、頼長のそれを避けていることは氏長者としての立場を考慮してのことかと思われる。当初、忠実が母である全子の喪家とならなかったのは出家していたことによるか。

(148)『台記』久安六年十一月十七日条。

(149)『台記』久安六年十一月十八日条。

(150)『台記』久安六年十二月十八日条に「寅刻、臨二東河一、着二除小川殿御服一了、促レ駕参二宇治一、禅閤御二小川殿一、即参入、奉レ謁レ之、去月十八日葬レ之、其穢至レ昨之由存レ之、而直講師元申曰、御葬翌日、拾二御骨一、仍其穢至レ今、今日所レ申、未レ詳二是非一、因レ之不レ昇レ堂罷帰」とあり、葬送の穢れは一か月後の昨日まで（鴨川での除服はそのためか）、拾骨のそれは今におよぶといわれ、ゆえに昇堂せずに帰った。葬送と拾骨に臨まずとも穢れは避けられなかったようである。

(151)『宇槐記抄』仁平元年九月二十二日条。

(152)王相方禁忌の詳細はベルナール・フランク『方忌みと方違え——平安時代の方角禁忌に関する研究——』（斎藤広信訳、岩波書店、一九八九年）参照。

(153)『宇槐記抄』仁平元年九月二十三日条に「三長献二暇文一、余依二衰日一不レ献、兼長、隆長、献二本陣殿上一、亦師長、献二外記本陣一、両所書様同、」とある。この時点において兼長は非参議（正三位）、師長は参議（正四位下）でともに一四歳の異母兄弟、隆長は不詳。二年後に兼長は参議を経て権中納言（一年後に師長も）、その三年後の保元元年七月に起きた保元の乱で頼長が敗死すると、その縁坐により兼長は出雲に配流され、二年後に客死。隆長は伊豆に配流。師長は土佐に配流となるが、八年後に召還されて本位に復し、大納言、内大臣を経て太政大臣にいたるも治承三年に「十一月十七日有レ事解官宣旨、流浪、即被レ追二出宮城一、十二月十一日於二尾張国一出家、号二妙音院一」という事態におちいっている（『公卿補任』該当年項、『尊卑分脈』第一篇、摂家相続孫）。

(154)『台記』久寿四年九月十五日条に「今旦関白室薨、従一位藤宗子、准后、而関白不レ触レ穢云々、未レ曾レ有事也」とある。故人の夫の触穢の理由は不明。『兵範記』同日条によると事切れたのは巳の刻という。なお『山槐記』十四日条として「馳二参法性寺一、於二九条川原一奉レ逢二殿下一々レ車、即参二御□一渡二御九条之故光房朝臣宿所一、次参二法性寺殿一、今日□〔辰刻歟ノ〕許薨給了云々、此数月所二令レ煩給一也、御年六十一、□下不二令レ籠給一、御閇眼之後令レ駕二御車一給、於二門外一□事等云々」と、宗子の死を述べるが、虫損により遺骸の動きなど不詳である。享年六一歳とするが（『本朝世紀』によれば六七歳）、享日が一日早いのも気になる。

(155)『台記』久安四年七月十七日条。この日の供養は崇徳上皇と皇嘉門院（皇太后）夫妻が鳥羽法皇と皇后藤原得子夫妻を迎える恰好でおこなわれた。この新堂が最勝金剛院であり、これがのちの東福寺に発展する。このあたりの変遷に関しては、杉山信三「法性寺から東福寺へ」（同『院家建築の研究』吉川弘文館、一九八一年）、福山敏男「法性寺の位置」（『寺院建築の研究 下』〔福山敏男著作集三〕中央公論美術出版、一九八三年）を参照。後者では宗子のことにふれている。

(156)『本朝世紀』仁平元年十月二十四日条。

(157) 崇徳天皇といえば待賢門院を母に鳥羽天皇の第一皇子となっているが、実父は白河法皇といい、法皇の意により五歳で即位（譲位した鳥羽天皇は二一歳）、しかし法皇の崩御後、院政の主となった鳥羽上皇に疎まれ、後には義弟の近衛天皇（三歳）に譲位を余儀なくされた。時に二三歳。中宮と母の宗子も心を痛めたに違いない。そして近衛天皇の崩御（一七歳）と後白河天皇の践祚（二九歳）を耳にしながらその一か月余後に宗子は旅立った。

(158)『兵範記』久寿二年九月十六日条。

(159) 故人御願の最勝金剛院と御塔があまり離れていなかったことは「今度御墓所無二便宜一之上、最勝金剛院依レ為二彼御塔近辺一、偏唯殯殿人々少二仏事一、於二此丈六仏前一、各所二勤修一也」（『兵範記』久寿二年十月九日条）の一文によってわかる。

(160)『兵範記』久寿二年九月十六日条に「供膳供浴御手水等事無レ之、依二遺令一也、不レ被レ勘二日時一、只被レ問二時剋一許也、依レ非二火葬一也、又不レ被レ書二定文一、同依二遺令一也、（中略）今日以後、雖二土用間一、依二存日遺令一、被レ存レ殯云々」とあることによる。

(161)『兵範記』久寿二年九月二十一日条。この日の初七日以後、七七日（十一月一日）まで一週間ごとに法性寺殿で誦経などが挙行されている。

(162)『兵範記』久寿二年十二月十六日条に「今日酉剋高陽院崩御、于レ時御二坐土御門殿一、去春以後御膳乖レ例、常以不豫、有レ増有レ減、已送二旬月一、近日陪増、内外祈療逐レ日繁多、併忘二験力一、遂崩給了、春秋六十一、入道殿（忠実）令レ觸給了」とあって前年から体調を崩していた。『台記』同日条参照。

(163)『兵範記』『台記』久寿二年十二月十七日条。前者のほうがすこぶる詳細なので主としてこれによる。

(164) 宮内庁書陵部本『上皇御所移徙記』保延六年十月二十七日条に「高陽院自二三条烏丸殿一初遷二御新造正親町殿一（中略）上皇御同車、姫宮同渡御」とあり、中略の部分に、土御門の北（つまり正親町南）、東洞院東（つまり高倉西）に所在し、保延四年（一一三八）の炎上後に前関白忠実が造進したとある。ちなみに泰子の院号宣下は保延五年七月のこと。これ以降、高陽院がここを御所としていたことは『台記別記』久安三年三月二十七日条からも知られ、寝殿東北の小廊に忠実の宿廬もあった。この御所が二十数年後には藤原邦綱の所有するところとなって里内裏などに活用されることも多く、一四世紀後半には禁裏（京都御所）へと発展する（概略は朧谷寿筆「土御門第②」〈注143『平安時代史事典』〉参照）。

(165) 平信範が早朝に高陽院の方へ行ってみると、四面の門は閉まっていたので東南の脇門に佇立して奉行役の源顕親から葬送のことなどを聞いている。それによると、今夕挙行の葬送の儀は生前の御幸によること、この日の朝、忠実の命により陰陽頭が「造棺、素服裁縫、同着時、御出」などの吉時を申上し、「依レ無二地鎮并次第事等一、不レ及二勘文一、不レ召二別陰陽師一」ということになり、造棺以下のことがおこなわれたのである。

(166) 福勝院は高陽院泰子の御願寺で白河御堂の名もあり（『兵範記』同日条や久寿三年正月十九日条ほか）、三重塔・護摩堂・阿弥陀堂などがあった（注25『京都市の地名』「左京区／福勝院跡」参照）。

(167) 故人が生前使っていたり葬送で用いたら焼却する物を「上物」と称したらしく、この時は延長八年（九三〇）の醍醐天皇崩御にともなう葬送を記した「李部王記」を参酌しており（史料纂集本『吏部王記』同年十月十一日条参照）、その折には御物は焼却したほかに陵中に納置した物もあったが、今回はみな焼いてしまったのは如何か、とは左大臣藤原頼長の弁（『台記』）。

(168) 護摩三壇の内訳は福勝院、護摩堂（「御墓所」）、土御門殿である。

(169) それに続けて「存日没後、不レ渡二御宇治一、親疎誹謗、已無レ所レ謝歟、偏是入道殿御迷惑之至歟、尤有二若亡一、実以可レ然之」と述べている。

(170) 『台記』久寿二年十二月十七日条ほか。

(171) 『山槐記』永暦元年七月九日条。公教は一か月ほど赤痢に悩まされ、二日ほど前から危篤状態にあった（七日条）。琮子は保元二年（一一五七）に後白河天皇の女御となっていた。八〇歳を過ぎて存命ゆえに「老少不レ定之世悲哉」と言わしめた父実行（前太政大臣）も二年後に八三歳で薨じている。ちなみに三条高倉邸は三条高倉の東南に所在し、待賢門院璋子の御所となり崩御したのもここであった。実行から公教そして琮子へと伝領された邸であった。

(172) 『山槐記』永暦元年七月十三日条に「今夜内府葬二送観音寺一云々」とあるのみだが、九日条に「亡者明暁可レ渡二八条堂一、其後十三日可レ有レ葬云々」とあるから遺骸は翌日に父実行の八条堂（山田邦和「左京全町の概要」〈注94〉参照）に移され、そこからの葬送となったようだ。観音寺は仙遊寺（泉涌寺）の北にあったそれか（竹居明男筆「観音寺①」〈注143『平安時代史事典』〉）。とすれば八条堂とも近い。

(173) 『山槐記』永暦元年十一月二十三日条に「日来御二重悩一也、……亥剋許崩御云々」とある。この日は賀茂臨時祭であったが御神楽は中止された。

(174) 『山槐記』永暦元年十一月二十四日条。白河押小路殿については中谷雅治・朧谷寿「押小路殿の研究」（『平安博物館研究紀要』第二輯、一九七一年）の史料一覧を参照。

(175)『山槐記』永暦元年十二月六日条に「宮内卿師綱朝臣語曰、美福門院御骨奉レ渡二高野御山一、依二御遺言一也、而鳥羽東殿故院令レ起二立御塔二基一御、一基被レ納二故院御骨一、今一基此女院御料也、然而可レ置二高野一之由有二御意趣一云々、而彼御塔三昧僧天台僧也、六口、并故院御塔三昧六口合レ力奉レ留二御骨一、訴下申何被レ貴二弘法大師一可上被レ賤二伝教大師一哉、故院令二定置一御事今更改易不当之由申レ之云々、仍遣二重方一被レ仰二子細一之處、申云、然者可レ聞二置御骨於両所一、此儀又以外事也、御骨雖レ不二御坐一、御塔三昧僧者不レ怠之由、能々被二仰含一、仍去二日遂奉レ渡二高野一了云々」とあることで二か所へ埋骨の事情が理解できる。『百錬抄』（十一月二十三日条）によれば、女院による鳥羽東殿への二基の御塔の建立は死後の埋骨のためという。

(176)『台記』久寿元年五月二十九・三十日条。享年四八歳。死の報に接した藤原頼長をして「天下無双之幸人也」と言わしめた。また白河法皇崩御の直後、鳥羽院政の到来とみて取った参議源師時は、当時二三歳で加賀守にすぎなかった家成を「天下事一向帰二家成一」と予見している（『長秋記』大治四年八月四日条）。家成は歌人としても鳴らした。

(177)『百錬抄』応保二年六月十八日条。

(178)『百錬抄』仁安元年七月二十六日条。『公卿補任』仁安元年の基実の項に「七月廿六日薨(痢病)、亭左女牛東洞院直廬、俊成卿家、葬二船岡北辺一、八月十二日薨葬」とある。

(179)たとえば『兵範記』仁安元年九月十三日条。

(180)『山城名勝志』巻第十一参照。この書に所引の基実の孫の家実は仁治三年（一二四二）に薨じると遺骸を「雲林院西林寺」へ運び、「西林寺堂」の側の空き地に「山作所」を構え、そこで荼毘に付している（『平戸記』同年十二月二十七・二十八日条）。この寺は近衛家との縁が深かったようである。

(181)　知足院は船岡山の南西で雲林院の近くにあった天台寺院で、「知足院殿」「知足院入道」の異名が語るように関白忠実はここに堂を造作するなどして晩年には籠居したことで有名。薨去もここであった可能性が高い。寺の概略は竹居明男筆「知足院①」（注143『平安時代史事典』）参照。

(182)　『兵範記』仁安元年九月二十六日条。これを含め『兵範記』に摂関家の葬送などが詳しいのは信範が基実に親しく仕え、父知信が仕えた忠実をはじめ忠通・基実・基通ら摂関家累代の家司であったことによる。いっぽう兄時信の娘に清盛妻や後白河上皇女御がおり、信範は清盛一門や上皇周辺の事情にも通じていた。加えてこの時点では頭弁であった。ちなみに信範は翌日から月末まで連日にわたり西林寺に行っており、それ以降も時々、そして翌年に入るとその頻度が増えるが、それは移骨を控えているためもあろう。

(183)　『兵範記』仁安二年正月二十三日条。

(184)　『兵範記』仁安二年六月十二・十六日条。「午剋大仏師法橋院慶参入、以㆓小仏師十余人㆒、先令㆑居㆓大座㆒、次華実、此間法橋昇㆓麻柱㆒、手自入㆓見間〔眉カ〕玉㆒、次奉㆑居㆓御身㆒、先㆑是奉㆑籠㆓阿字等㆒了、次賜㆑禄、単重、小仏師布各一領云々」と造像の最後の様子がわかり、御堂の建立が「偏奉㆓為故殿㆒也」であったことも知られる。

(185)　『兵範記』仁安二年七月二十六日条。一周忌法会の様子を図を加えて詳述した信範は中座し、「明暁先公遺骨可㆑奉㆓移浄妙寺㆒、仍為㆑参㆓西林寺㆒之故也」の理由で知足院に向かっている。

(186)　『兵範記』仁安二年七月二十七日条。

(187)『兵範記』仁安二年七月二十八日条。

(188)ここに見える浄光明院とは藤原忠通の時に法性寺内に建立された御堂であり（注25『京都市の地名』「東山区／法性寺跡」参照）、ここの小御堂での供養を恒例とした（『猪隈関白記』建久八年七月二十六日条ほか）。なお忌日前日の二十五日条に「明日故殿御忌日也、自二今日一於二西林寺一有二一昼夜念仏事一、殿下渡御」とあり、このように二日にわたることもあった（『猪隈関白記』正治元・二年七月二十五・二十六日条）。

(189)『百錬抄』『一代要記』長寛二年二月十九・二十一日条。

(190)『山槐記』治承三年六月十七日条に「子剋白川殿准母、故六条摂政室、六波羅入道大相国女、於二白川亭一延勝寺、昨日依二獲麟一、自二重宗法師宅一令レ渡二此亭一給、薨逝、日来重悩憔悴□于レ時入道相国被レ参二伊都伎島一間也」とあり、同記の前日条によると、この数年は白川亭を避けて八条亭に居住していたが、病いにより（一年ほど前か）重宗法師の六条猪隈宅に渡っていて今朝に白川亭に渡ったとある。盛子の死を世間では、異姓の身で藤氏の家を伝領したため氏神の罰が下ったのだ、と噂したという（『玉葉』同年六月十八日条）。

(191)『玉葉』および『山槐記』治承三年六月十九日条。

(192)平信範についての「摂政乳母」の注記は故基実の乳母子ないし乳母兄弟のいずれかを云々しているのであろうが、母の藤原惟信の娘が乳母となったことは確認できないし、信範の姉妹にそのような女性は見当たらない。

(193)二条天皇崩御三年後の中宮藤原育子（忠通の猶子、実父は左大臣藤原実能、『山槐記』は香子とする）の出家のおり宇治大僧正覚忠が戒師、法印道円が剃除を務めている（『兵範記』仁安三年十月九日条）。出家の四年後に皇后となり、翌承安三年（一一七三）崩御。道円は嘉応二年（一一七〇）、覚忠は治承元年（一一七七）に他界。ちなみに育子は入内のとき義兄の関白基実の猶子のかたちをとっている（『山槐記』応保元年十二月十七日条）。道円は「中山法印」とも呼ばれた（育子の埋葬でふれる）。

（194）『山槐記』安元元年八月十二日条には「院昨日密々御二幸相模守業房浄土寺堂一、今朝還御之便路、臨二幸予中山堂一、兼下二知其旨一、後聞之驚思給之由、申二建春門院女房一、御返事云、還御之即渡二御此御方一、殊有二御感一、少々有二見取事等一之由、所レ被レ仰也、又後日資賢卿云、兼日候二御共一、地勢殊勝、仏壇之体神妙之由、於二御前一西光所レ申也、又聞、西光依レ仰忽取二指図一云々、蝸舎之面目也」と家主の忠親は喜びを隠せない。黒谷から神楽岡にかけての中山には上掲以外に中山観音堂をはじめ諸堂が散在し（同、治承三年十一月二十六日条など）、「中山葬所」などもあった（『山州名跡志』巻之四）。ちなみに平業房は法皇に親しく仕え、妻の高階栄子は後に法皇の寵愛を得て丹後局として後宮で絶大な権勢を振るったことはあまりにも有名。

（195）『玉葉』承安三年八月十六日条。育子の死については前日条に「今日戌剋許、皇后宮薨逝、……宮御年二十八、十二年之后位如レ夢歟、奉レ始二故摂政殿一一家之道俗、併以短命、可レ恐事也」とある。

（196）兼実は「関白并中将、共其女子為二皇后宮之御養子一、故此人々殊執二行万事一也」と述べ、基房・兼房ともに娘を故人の養子にしており、本来なら葬送万端を取り仕切るべきなのに、と批判的だ。

（197）『山槐記』安元元年九月十七日条に「亥剋女子……逝去、数月所労、於二乳母〔・夫カ〕家一有二此事一」、そして翌日条に「今夜亥剋女子葬二船岡西野一、最密儀、土葬也、乳母・頼成朝臣偏致二其沙汰一也、聖人三口所レ令レ籠也、於二西隣頼成宿所一可レ行二仏事一也」とある。

(198)『顕広王記』(増補史料大成本『伯家五代記』所収) 安元二年七月八日条に「建春門院崩給、年三十五、生来飲水之上、去六月八日已後、病ー重也、今日遂以早世、天下如レ暗」とあって死因は糖尿病であったらしい。『玉葉』同日条参照。

(199)「此日、前建春門院御葬礼也、毎レ事省略、仍先無レ被レ定二雑事一云々、御喪家中陰奉行人四人云々、前大相国忠雅、別当時忠(已上公卿院司)、権右中弁親宗(四位別当)、木工頭親雅(五位判官代)、蓮花王院東造二法華三昧堂一、今日中造畢、其下堀レ土、案二石辛櫃一、奉レ籠二其中一、是待賢門院例云々、件所、年来奉二為法皇御終焉一、被レ建二立同堂一、本儀奉レ納二女院於件所一、追可レ被レ造二法皇御料一云々、而前大僧正、及仁和寺宮相共申云、此事不レ可レ然、為二奉院一有二禁忌一、只新可レ被レ造二女院御料一云々、因レ之、忽有二此儀一之間、甚以物忩云々、今夜、御葬礼、追可レ尋二記之一」と『玉葉』十日条には埋葬法の詳細と法皇のを代用した経緯を記す。なお『玉葉』では「葬送」ではなく「葬礼」の用例が多い。また『顕広王記』同日条には「女院御葬送也、無二礼儀一無二行幸一、歩索公卿三人、左衛門督殿、兵部卿、別当殿上人八人、権右中弁行事、蓮花王院東、不レ日造二法花堂一、被レ奉二安置一云々、事不レ及二広聴一、為二密儀一云々」とあり、『百錬抄』には「建春門院崩御、三十五、帝母后、天下諒闇、上皇御嘆息、葬二新法華堂一、平生所レ被二造営一也、但未二作事等一、臨レ期終二其功一」とある(八日条)。ちなみにこんにちの後白河天皇の御陵は法華堂といい、蓮華王院(三十三間堂)の東辺に存し、平安時代の天皇陵としては確信のおける唯一のものといってよい。

(200)『吾妻鏡』養和元年閏二月四日条に清盛の遺言のことが見え、『保暦間記』(『群書類従』巻第四百五十八所収)に「(養和元年二月)同七日、六波羅ニテ焼上奉テ、骨ヲバ円実法印首ニ懸テ福原へゾ下リケル」とある。清盛が薨日の朝に僧円実(法眼とする)を使者として法皇のもとへ「自分の死後は万事を嫡男の宗盛に仰せ付けられるように」と申し入れてきたことを日記に記した（清盛の死はその日の戌の剋）兼実は、円実のことを「乱二国家一之濫觴、天下之賊也」と評している。

(201) 女院の死を兼実は「寅刻遂以崩御、御心身安穏、手取二五色旗一、心係二九品望一、安然而令二入滅一給了」と伝える（『玉葉』養和元年十二月四日条）。

(202) 多賀宗隼筆「藤原聖子」（注143『平安時代史事典』）。

(203)『玉葉』養和元年十二月五日条。

(204) ちなみに裏松固禅の『皇居年表』（巻第五）養和元年の項に「十二月五日皇嘉門院崩二於九条殿一」とある。

(205) たとえば葬儀の翌日の「申刻有二毎日仏教供養一、今日第一局也、……有二例時一、毎日如レ此、自二今日一、余奉二為聖霊一、奉レ始二阿弥陀大咒一、今旦之悲泣、無レ物二于取一レ喩、憂心不レ休、悲涙無レ乾」（六日条）を初見として連日記載があり、初七日（十一日条）、二七日（十八日条）と続き、三七日にあたる二十五日には墓所において随意曼荼羅一鋪（「件仏等、故院殊令レ積レ功給仏等也」）を供養し、女院自筆の八名経一巻（「依二夢想一殊奉レ書二此経一也」）の読経が大原聖人を導師とし六人の僧によって挙行され、兼実はこれを聴聞している（いずれも『玉葉』）。

(206)『玉葉』文治四年二月二十日条に「及二卯刻一智詮来雖二加持一、更有二何益一哉、閇眼之後経二二時一所レ来也、……及二辰刻一聊鼻気令レ通云々、仍重以雖二加持一、即其気止了、……猶数刻加二持之一、遍身皆冷了、仍巳刻披二露事一定之由一」と、彼が頓死であったことを示唆している。その証拠に良通は死の二日前には仏事で九条堂に来ていた父を妻とともに訪ね（「……所労此両三日復レ例、仍所レ来也」）、候宿して故忠通の年忌法要に顔を出した後、夜に父と同車して冷泉亭まで帰って妻ともどもしばらく雑談して夜中に自室に戻り、深更に兼実が就寝して間もなく妻が周章して駆け込んできて「大臣殿絶入之由」を告げ、兼実が飛んでいって見ると「身冷気絶、一塵ノ無レ憑」き状態であった（十八・十九日条）。ちなみに『公卿補任』には「頓薨」とある。良通についての「僕之家得也、余十九女房十六、年始自レ出二胎内一以来、其性稟柔和、志在二至孝一、一事一言不レ逆二父母之命一」で始まる父の述懐（二十日条）は痛々しい。

(207)『玉葉』文治四年二月二十二日条。嵯峨辺の堂について二十日条に「経光法師所領也、太有二便宜一所也、無二方忌一」の注記があり、さらに「余女房等今夜向二九条亭一、内府(故良通)女房猶留二此亭一(冷泉亭)、来廿二日同可レ向二九条一也、以二九条堂一可レ為二喪家一也」とある。

(208)『玉葉』文治四年二月二十八日条。

(209)『玉葉』文治四年二月二十九日条。

〔付記〕近作に小林理恵「平安期の葬送と喪葬令」（『古代文化』第六十六巻三号、二〇一四年十二月）があり、奈良時代から平安時代におよぶ天皇・皇族・貴族の葬送を扱い、なかでも火輿・香輿・歩障といった具体的な葬列の様子や出棺などについて小著と関わる部分でみるべき点がある。しかし、既発表の論文に最小限の訂正と補入をおこなった程度にとどめた小著にそれを生かすことが叶わなかった点を論者にお詫びしておきたい。

葬　法	葬法の変遷	備考
土葬	↓	★1　崩後先奉璽釼於太子(安殿親王)固関　桓武天皇[延暦廿五年三月十七日崩於正寝、七十]
土葬	土	
土葬	葬	
火葬(散骨)	↑	
土葬		★2　崩後警固後奉璽釼於太子(道康親王)　仁明天皇[嘉祥三年三月廿一日崩於清涼殿、四十一]
土葬		★3　先廿六日固関・警固次日璽釼奉太子(惟仁親王)崩後也　文徳天皇[天安二年八月廿七日崩冷泉院、三十二]
火葬		
土葬ヵ	↓	
土葬	混	★4　崩後先警固・固関次奉釼璽於太子(定省親王)　光孝天皇[仁和三年八月廿六日崩仁寿殿、五十八]
火葬	在	
土葬	↑	
火葬		
土葬		★5　奉璽釼於太子(憲平親王)後行固関・警固　村上天皇[康保四年五月廿五日崩於清涼殿、四十二]
火葬		
火葬		
火葬		
火葬(土葬遺詔)		
火葬	↓	
火葬	火	★6　奉釼之後有数日行固関・警固事　後一条天皇[長元九年四月十七日崩清涼殿、廿九]
火葬		
火葬		★7　同後一条院時　後冷泉天皇[治暦四年四月十九日崩高陽院中殿、四十四]
火葬	葬	
火葬		
火葬		★8　又同件例　堀河天皇[嘉承二年七月十九日崩堀河院中殿、廿九]

平安時代の天皇　葬送一覧

天　皇	生年	践　祚	践祚年齢	譲　位	崩　御	在位期間	享年(院政)
50桓武	737	781・4・3	45	ナシ★1	806・3・17	26	70
51平城	774	806・3・17	33	809・4・1	824・7・7	4	51
52嵯峨	786	809・4・1	24	823・4・16	842・7・15	15	57
53淳和	786	823・4・16	38	833・2・28	840・5・8	11	55
54仁明	810	833・2・28	24	ナシ★2	850・3・21	18	41
55文徳	827	850・3・21	24	ナシ★3	858・8・27	9	32
56清和	850	858・8・27	9	876・11・29	880・12・4	19	31
57陽成	868	876・11・29	9	884・2・4	949・9・29	9	82
58光孝	830	884・2・4	55	ナシ★4	887・8・26	4	58
59宇多	867	887・8・26	21	897・7・3	931・7・19	11	65
60醍醐	885	897・7・3	13	930・9・22	930・9・29	34	46
61朱雀	923	930・9・22	8	946・4・20	952・8・15	17	30
62村上	926	946・4・20	21	ナシ★5	967・5・25	22	42
63冷泉	950	967・5・25	18	969・8・13	1011・10・24	3	62
64円融	959	969・8・13	11	984・8・27	991・2・12	16	33
65花山	969	984・8・27	16	986・6・23	1008・2・8	3	41
66一条	980	986・6・23	7	1011・6・13	1011・6・22	26	32
67三条	976	1011・6・13	36	1016・1・29	1017・5・9	6	42
68後一条	1008	1016・1・29	9	ナシ★6	1036・4・17	21	29
69後朱雀	1009	1036・4・17	28	1045・1・16	1045・1・18	10	37
70後冷泉	1025	1045・1・16	21	ナシ★7	1068・4・19	24	44
71後三条	1034	1068・4・19	35	1072・12・8	1073・5・7	5	40
72白河	1053	1072・12・8	20	1086・11・26	1129・7・7	15	77 (44)
73堀河	1079	1086・11・26	8	ナシ★8	1107・7・19	22	29

土葬		
火葬		
火葬		
土葬		
火葬		
火葬		
火葬		

74鳥羽	1103	1107・7・19	5	1123・1・28	1156・7・2	17	54 (28)
75崇徳	1119	1123・1・28	5	1141・12・7	1164・8・26	19	46
76近衛	1139	1141・12・7	3	ナシ	1155・7・23	15	17
77後白河	1127	1155・7・24	29	1158・8・11	1192・3・13	4	66 (34)
78二条	1143	1158・8・11	16	1165・6・25	1165・7・28	8	23
79六条	1164	1165・6・25	2	1168・2・19	1176・7・17	4	13
80高倉	1161	1168・2・19	8	1180・2・21	1181・1・14	13	21
81安徳	1178	1180・2・21	3	ナシ	1185・3・24	6	8

◇33代の在位期間の平均は、14年ほど
◇践祚年齢の平均は、18歳ほど
◇摂関期(清和～後冷泉まで15代)の践祚年齢の平均は、19歳ほど
◇院政期(堀河～後鳥羽まで10代)の践祚年齢の平均は、8歳ほど
◇33代の享年の平均は、43歳ほど
◇院政期(白河～後鳥羽まで11代)の享年の平均は、38歳ほど
◇生没年の月日は和年号の月日。ゆえに西暦年にすると1か月前後ずれる
◇宇多・崇徳・堀河・後鳥羽天皇は立太子と践祚が同一日
★1～8　堀河以前の在位中崩御の天皇は『中右記』嘉承2年7月19日条を参照

平安京邸宅配置図

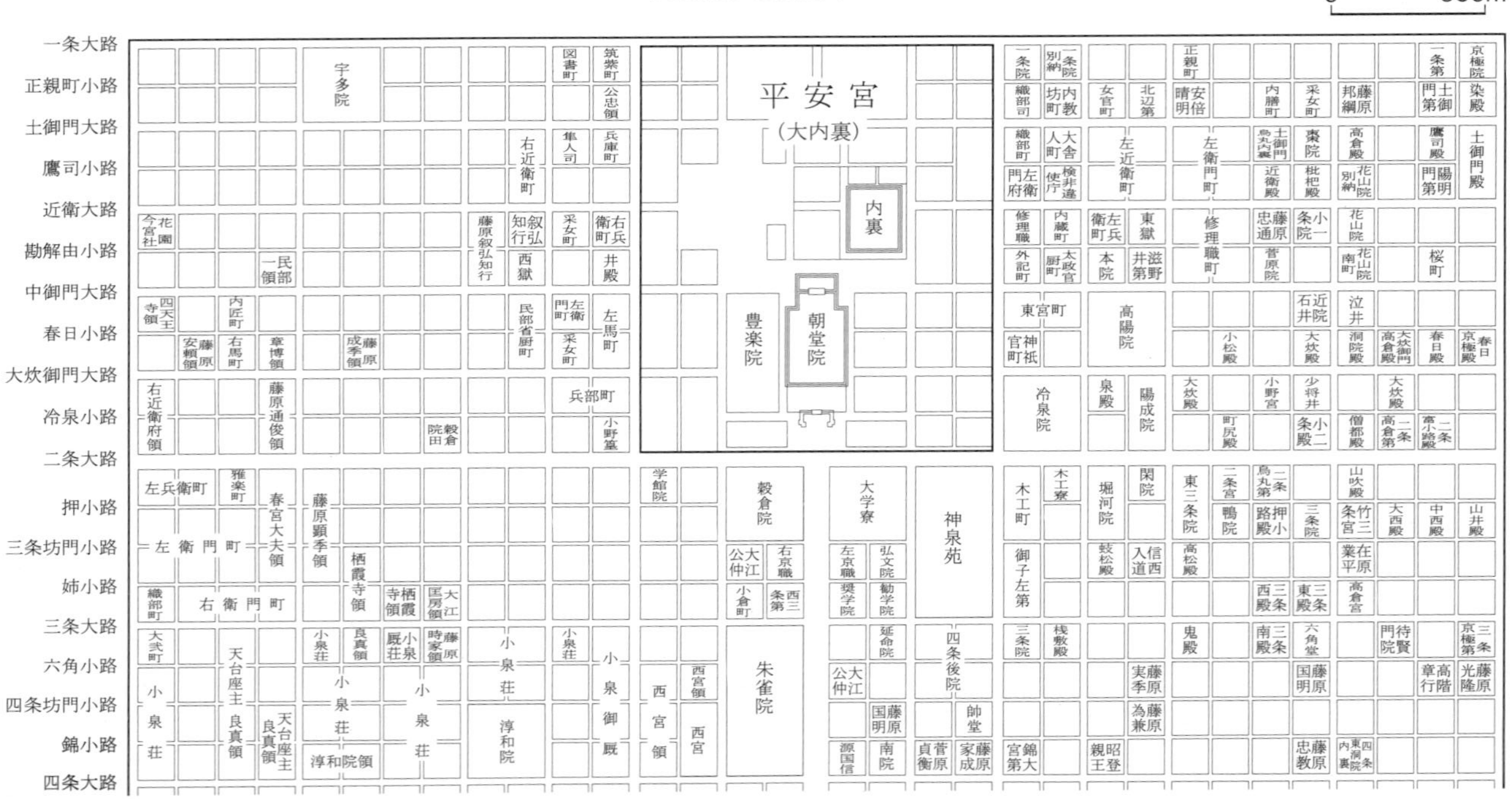
0 500m
一条大路
正親町小路
土御門大路
鷹司小路
近衛大路
勘解由小路
中御門大路
春日小路
大炊御門大路
冷泉小路
二条大路
押小路
三条坊門小路
姉小路
三条大路
六角小路
四条坊門小路
錦小路
四条大路
平安宮
（大内裏）
内裏
朝堂院
豊楽院
宇多院
右近衛町
兵部町
左兵衛町
左衛門町
右衛門町
藤原顕季領
春宮大夫領
藤原通俊領
右近衛府領
穀倉院
学館院
大学寮
神泉苑
朱雀院
西宮
西宮領
四条後院
淳和院
淳和院領
小泉荘
小泉御厩
冷泉院
高陽院
陽成院
閑院
堀河院
東三条院
東宮町
木工町
木工寮
御子左第
左近衛町
左衛門町
修理職町
修理職
鬼殿
泉殿
一条院
京極院
京極殿
土御門殿
染殿
桜町
花山院
高倉殿
大炊殿
春日殿
中西殿
山井殿
大西殿

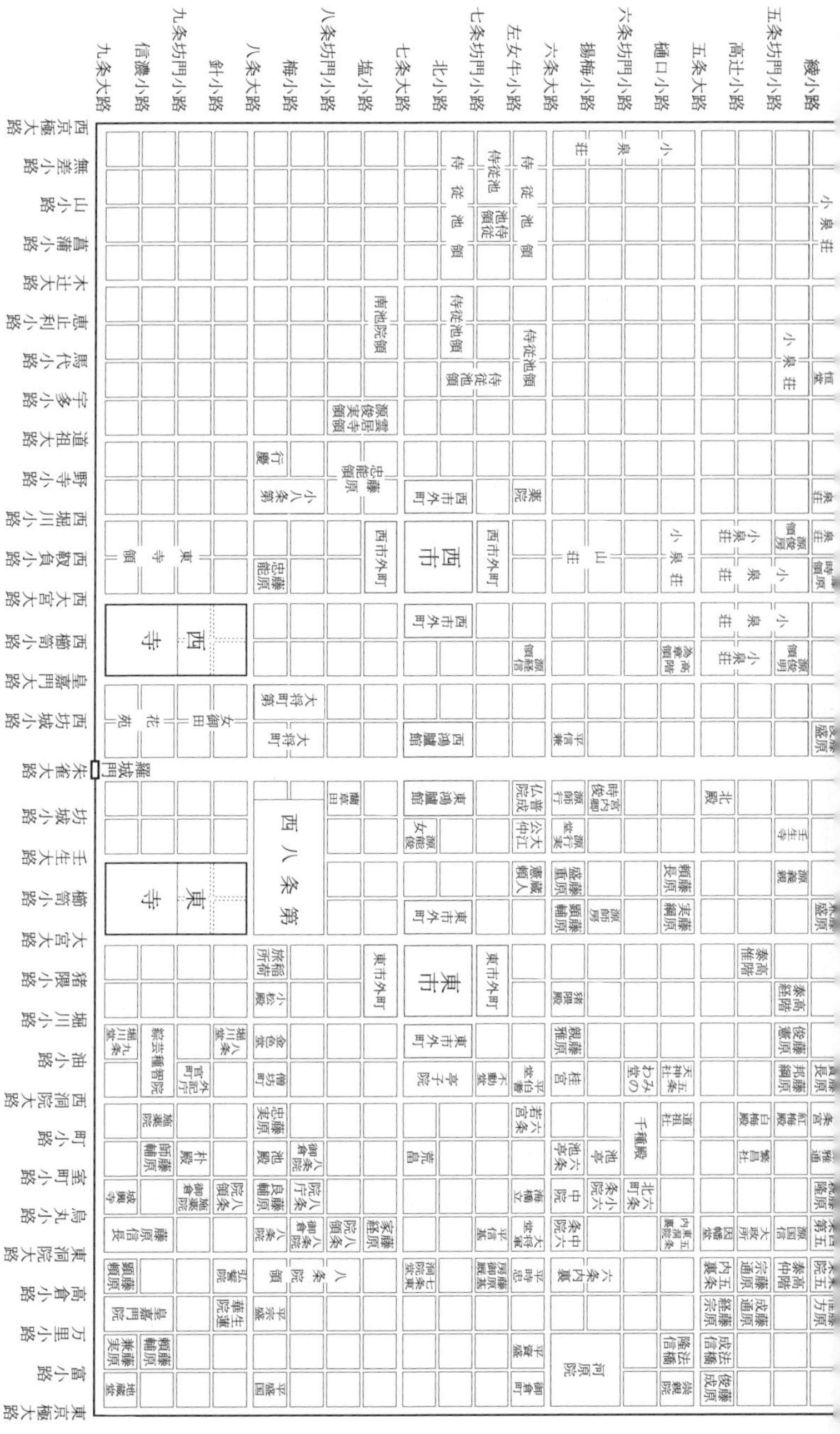
綾小路
五条坊門小路
高辻小路
五条大路
樋口小路
六条坊門小路
楊梅小路
六条大路
左女牛小路
七条坊門小路
北小路
七条大路
塩小路
八条坊門小路
梅小路
八条大路
針小路
九条坊門小路
信濃小路
九条大路
東京極大路
富小路
万里小路
高倉小路
東洞院大路
烏丸小路
室町小路
町小路
西洞院大路
油小路
堀川小路
猪隈小路
大宮大路
櫛笥小路
壬生大路
坊城小路
朱雀大路
西坊城小路
皇嘉門大路
西櫛笥小路
西大宮大路
西靱負小路
西堀川小路
野寺小路
道祖大路
宇多小路
馬代小路
恵止利小路
木辻大路
菖蒲小路
山小路
無差小路
西京極大路
羅城門
西市
東市
西寺
東寺
西八条第

山田邦和作図・提供

天皇陵分布図（京都）

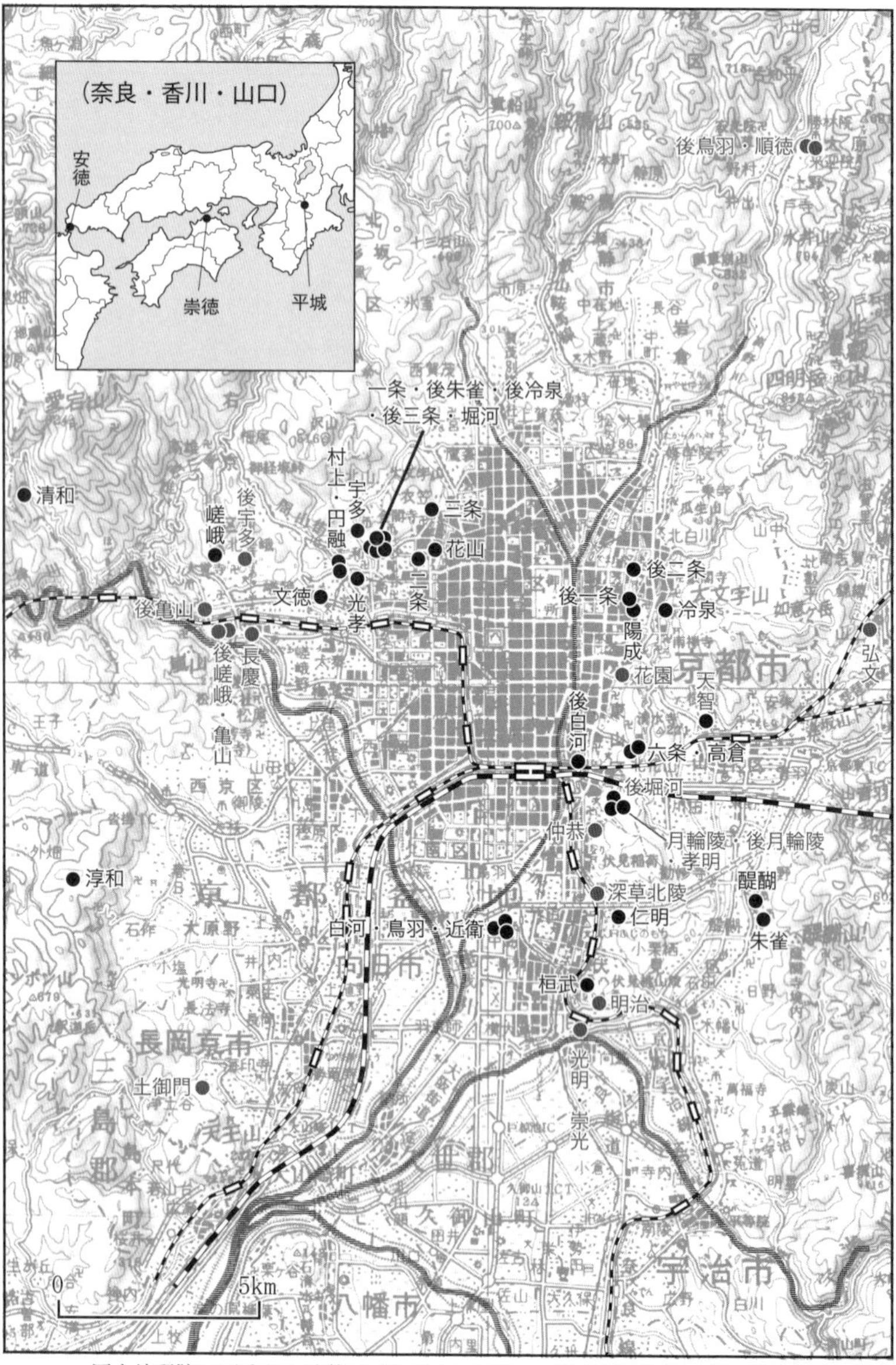

国土地理院20万分の１地勢図 N1-53-14 京都および大阪に加筆　山田邦和作図・提供

あとがき

ここに本書が成った経緯を簡単に述べておくことにする。

そもそも葬送の研究に手を染めることになった契機は、一九九三年に始まり、数次に及んだ国際日本文化研究センターでの共同研究「公家と武家」（研究代表者は村井康彦氏、のち笠谷和比古氏）のメンバーに加えていただいたことにある。そこで最初に行った報告は日本古代の貴族のあり様についてであった（「日本古代における〝貴族〟概念」、村井康彦編『公家と武家──その比較文明史的考察』思文閣出版、一九九五年／「日本古代の貴族」、笠谷和比古編『国際シンポジウム　公家と武家の比較文明史』思文閣出版、二〇〇五年、関連して「摂関時代と貴族──文人貴族の地方官に触れて──」、歴史物語講座刊行委員会編『歴史物語講座　第七巻　時代と文化』風間書房、一九九八年）。

ついで「日本社会における〝家《イエ》〟の成立と展開」という共通テーマのもと取りくんだのが貴族の葬送であった。それらは研究発表後にそのつど論文として書籍化されていった。

Ⓐ「平安時代の公卿層の葬墓──九・一〇世紀を中心として──」（笠谷和比古編『公家と武家Ⅱ──〝家〟の比較文明史的考察──』思文閣出版、一九九九年）

これに続く一一・一二世紀の公卿層の葬墓については当時、勤務していた同志社女子大学から一年間のサバティカルを与えられたのを機にまとめることがかない、Ⓐと合冊して私家版として公刊した。

Ⓑ『平安貴族の葬送の様態――平安時代の公卿の死・入棺・埋骨――』（二〇〇一年）

こうして平安時代全般にわたる公卿層の葬送の実態を知った段階で、関心はおのずと天皇の葬送へと向かったのである。

Ⓒ「摂関期の天皇の葬送の実態」（笠谷和比古編『公家と武家Ⅲ――王権と儀礼の比較文明史的考察――』思文閣出版、二〇〇六年）

Ⓓ「摂関盛期の天皇の葬送」（朧谷寿・山中章共編『平安京とその時代』思文閣出版、二〇〇九年）

Ⓒでは第五五代 文徳から第六二代 村上天皇の八代、Ⓓでは第六三代 冷泉から第七〇代 後冷泉天皇までの八代の天皇を取りあげている。そして、その前後、第七一代 後三条天皇から第八一代 安徳天皇の一一代、平安初期の第五〇代 桓武天皇から第五四代 仁明天皇までの五代は書下ろしである。

このように作業は貴族から天皇へと進めたが、一書にするにあたって天皇の葬送を前にもってきた。これまでに公刊されたすべてが思文閣出版という縁から、一冊にまとめるにあたり同社にお世話になることにした。企画立案の原宏一氏、そして編集の実務に精力的に当たっていただいた大地亜希子さんに感謝の意を表します。

平成二十七年十二月、喜寿の歳に

朧谷　寿

人名索引

注：貴族・僧の名前は音読み昇順とした。

◆著者略歴◆

朧谷　寿（おぼろや・ひさし）

1939年生まれ　同志社大学文学部卒業　平安博物館助教授・同志社女子大学教授・特任教授を経て同志社女子大学名誉教授　平安時代の政治・文化・生活空間を研究

主要著書；『源頼光』（吉川弘文館　1989）『冷泉家の歴史』（共著 朝日新聞社　1981）『清和源氏』（教育社　1984）『王朝と貴族』〈日本の歴史⑥〉（集英社　1991）『藤原氏千年』〈講談社現代新書〉（講談社　1996）『源氏物語の風景』（吉川弘文館　1999）『平安貴族と邸第』（吉川弘文館 2000）『光源氏が見た京都』〈共著〉（学研　2003）『藤原道長』（ミネルヴァ書房　2007）『堀河天皇吟抄』（ミネルヴァ書房　2014）

「源氏物語アカデミー」監修者　「紫式部顕彰会」副会長
「国際京都学協会」理事

平安王朝《へいあんおうちょう》の葬送《そうそう》――死《し》・入棺《にゅうかん》・埋骨《まいこつ》――

2016（平成28）年1月20日発行

定価：本体3,700円（税別）

著　者　朧谷　寿
発行者　田中　大
発行所　株式会社　思文閣出版
〒605-0089　京都市東山区元町355
電話　075-751-1781（代表）

印　刷
製　本　株式会社 図書印刷 同朋舎

ISBN978-4-7842-1832-5　C3021